LA MÉTHODE BULLET JOURNAL

RYDER CARROLL

La Méthode Bullet Journal

Comprendre le passé, organiser le présent, dessiner l'avenir

TRADUIT DE L'ANGLAIS (ÉTATS-UNIS)
PAR VALÉRY LAMEIGNÈRE

MAZARINE

Titre original :

THE BULLET JOURNAL METHOD
Édité par Portfolio/Penguin, une maison du groupe
Penguin Random House LLC
375 Hudson Street, New York 10014.

© Ryder Carroll, 2018.
© Mazarine/Librairie Arthème Fayard, 2018,
pour la traduction française.
ISBN : 978-2-253-18819-3 – 1re publication LGF

ILS ONT AIMÉ
LA MÉTHODE BULLET JOURNAL

« *La Méthode Bullet Journal* est une des méthodes d'organisation les plus élégantes et les plus efficaces qu'il m'ait été donné d'essayer. Elle vous aidera non seulement à mieux vous organiser, mais aussi à devenir une meilleure personne. Je recommande chaudement ce livre – et la méthode qu'il expose – à quiconque cherche à mieux profiter de la vie. »

Cal Newport, auteur de *Deep Work,
retrouver la concentration dans un monde de distractions.*

« Que vous soyez déjà expert dans l'art de noircir les pages d'un carnet ou que vous ayez toujours eu envie d'en savoir plus sur les bénéfices à en tirer, *La Méthode Bullet Journal* fait toute la lumière sur le pouvoir d'une vie couchée sur le papier. Elle transformera sans nul doute la vôtre, plus profondément que vous ne pouvez l'imaginer. »

Hal Elrod, auteur de *Miracle Morning,
offrez-vous un supplément de vie !*

« Ryder a formidablement réussi à partager sa méthode à la fois globale et concrète qui donne les clefs pour se lancer dans cette puissante pratique qu'est l'externalisation de la pensée – quel que soit son objet ! Excellent traité doublé d'un mode d'emploi, *La Méthode Bullet Journal* nous aide à libérer et à gouverner notre conscience, nous fournissant au passage un tas d'astuces bien utiles pour jouer à ce jeu merveilleux qu'est la vie. »

David Allen, auteur de *S'organiser pour réussir.*

À mes parents pour à peu près tout

À la communauté du Bullet Journal
pour son audace

Merci,

Ryder

SOMMAIRE

I. LA PRÉPARATION
Introduction : 17
La promesse : 33
Le guide : 45
Le pourquoi : 49
Se désencombrer l'esprit : 59
Les carnets : 70
L'écriture manuscrite : 77

II. LE SYSTÈME
Le système : 85
   L'écriture rapide : 91
   Les sujets et la pagination : 95
   Les puces : 99
   Les tâches : 102
   Les événements : 106
   Les notations : 113
   Les indicateurs et les puces personnalisées : 119
Les collections : 124
   La feuille de route quotidienne : 126
   La feuille de route mensuelle : 131
   La feuille de route de l'avenir : 137
   L'index : 142
Migration : 152
La lettre : 160

III. LA PRATIQUE
La pratique : 169
Commencer : 174

La réflexion : 179
Le sens : 192
Les objectifs : 206
Pas à pas : 229
Le temps : 242
La gratitude : 253
Le contrôle : 261
Le rayonnement : 269
L'endurance : 280
La déconstruction : 289
L'inertie : 300
L'imperfection : 306

IV. L'ART ET LA MANIÈRE
L'art et la manière : 317
Les collections personnalisées : 324
Design & mise en page : 334
Se préparer : 342
Les listes : 348
L'emploi du temps : 354
Les traqueurs : 359
Personnalisation : 364
La communauté : 370

V. CLAP DE FIN
Bujoter dans les règles de l'art : 385
Quelques mots d'au revoir : 388
Foire aux questions : 391
J'aimerais remercier… : 399
Notes : 401
Index : 407

Table des matières vs index : Le Bullet Journal combine table des matières et index traditionnel afin que le contenu de votre carnet reste organisé et facilement accessible. (Pour en savoir plus à ce sujet, lire page 143).

*Ne remettons rien au lendemain ;
soyons tous les jours quittes envers la vie […]
Qui sut chaque jour mettre à sa vie la dernière main
n'est point à court de temps.*

Sénèque, *Lettres à Lucilius*

I

LA PRÉPARATION

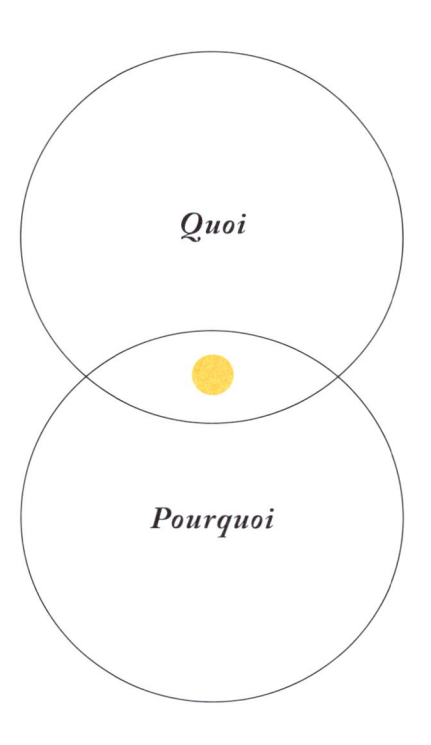

Quoi

Pourquoi

INTRODUCTION

Le colis mystère est arrivé sans crier gare. Plus étrange encore, l'écriture reconnaissable entre mille de ma mère ornait l'étiquette de ses petites majuscules. Un cadeau surprise, sans raison ni occasion particulières ? Peu probable.

À l'intérieur, j'ai découvert un assortiment disparate de vieux cahiers en piteux état. Perplexe, j'ai saisi le premier qui m'est tombé sous la main par un coin de sa couverture orange fluo, toute gondolée et couverte de graffitis. Une multitude d'illustrations rudimentaires, sorties de l'imagination d'un enfant, constellaient ses pages. Robots et monstres. Scènes de combat. Dialogues et légendes bourrés de fautes d'orthographe. Toutes sortes de… Un frisson m'a parcouru l'échine : c'étaient mes cahiers !

J'ai pris une profonde inspiration et je me suis plongé dans le contenu du carton. C'était plus qu'une simple bouffée de nostalgie. C'était comme se remettre dans la peau d'un moi que le temps avait presque effacé de ma mémoire. Une feuille pliée s'est échappée des pages d'un autre cahier que je venais d'ouvrir. Je l'ai dépliée, mû par la curiosité, et mes yeux se sont posés sur une caricature d'homme en colère. Il hurlait si fort que les yeux lui sortaient des orbites et la langue de la bouche. Deux mots étaient inscrits sur la feuille. L'un, tout petit et timidement niché dans un coin, révélait l'identité du type furibond : un de mes anciens professeurs. L'autre, écrit en caractères larges et irréguliers, désignait l'objet de sa rage : moi.

Mes problèmes scolaires ont commencé tôt, dès l'école primaire, avec des notes catastrophiques, des enseignants à bout de nerfs et des professeurs particuliers résignés. Mes résultats étaient tellement inquiétants que j'ai passé une bonne partie de mes vacances d'été à suivre des cours de rattrapage ou dans des cabinets de psychologues.

On a fini par me diagnostiquer un trouble du déficit de l'attention. C'étaient les années 1980, une époque où la coupe mulet suscitait davantage d'intérêt que ma pathologie. Les solutions proposées étaient rares, et celles qui n'étaient pas trop complexes pour être vraiment utiles n'étaient pas adaptées à mon cas. Elles ne faisaient que mettre du sel sur la plaie. Rien ne fonctionnait de la façon dont mon cerveau fonctionnait, et la plupart du temps je ne pouvais compter que sur moi-même pour m'en sortir. Le grand fautif était mon manque manifeste de concentration, ou plus exactement mon incapacité à canaliser mon attention sur un seul sujet. J'étais capable de concentration, mais le défi consistait à focaliser mes efforts sur le bon objet et au bon moment ; être à cent pour cent à ce que je faisais. Il suffisait d'un rien pour

Introduction

que mes pensées dérivent, irrésistiblement attirées par les sirènes de la première distraction venue. Au fur et à mesure que je m'éparpillais, les choses à faire s'accumulaient jusqu'à ce que je me sente submergé. Mes notes s'en ressentaient. À force de vivre ça jour après jour, je me suis fait malmener par un cousin (pas si éloigné que ça) de la peur : le doute de soi. Et peu de choses vous déconcentrent autant que les histoires tissées par nos peurs.

J'admirais les bons élèves, avec leur attention sans faille et leurs cahiers minutieusement remplis de notes. Quel était leur secret ? J'ai éprouvé une fascination grandissante pour les notions d'ordre et de discipline, des qualités qui me semblaient aussi admirables que lointaines. Je me suis efforcé d'en percer les mystères en organisant pas à pas mon chaos à l'aide de petites astuces conçues pour s'adapter à ma façon de penser. Au prix de *beaucoup* d'essais et d'autant d'erreurs, j'ai graduellement mis sur pied un système qui fonctionnait et tenait tout entier dans les pages d'un bon vieux carnet. C'était à mi-chemin entre l'agenda, le journal intime, le bloc-notes, le pense-bête et le carnet à dessin. Ça m'a fourni un outil à la fois flexible et intuitif pour hiérarchiser mes idées. Petit à petit, je suis devenu moins distrait, moins accablé par le poids de mes pensées, et bien plus productif. Surtout, j'ai compris que j'étais capable d'y arriver ! Lentement mais sûrement, la chape de plomb du doute de soi a commencé à s'alléger.

En 2007, je travaillais en tant que graphiste web pour une grande marque de mode dont le siège était niché au cœur de Manhattan, parmi les néons de Times Square. J'avais trouvé ce boulot grâce à une amie qui bossait là, et qui avait par ailleurs le plus grand mal à organiser son mariage. Son bureau disparaissait sous une épaisse couche de feuilles volantes, de Post-it et de bloc-notes. On aurait dit un de ces repaires de psychopathe qu'on voit dans les séries policières.

Cela faisait déjà un moment que je cherchais un moyen de la remercier de m'avoir trouvé ce travail lorsqu'un jour, alors que je l'observais une fois de plus sonder le désordre de son bureau à la recherche d'une note qui jouait à cache-cache, je lui ai proposé à brûle-pourpoint de lui montrer la façon dont j'utilisais mon carnet. Elle s'est tournée vers moi, haussant un sourcil intrigué. Puis, à ma grande surprise – mâtinée de panique –, elle a accepté ma proposition. Aïe... Dans quoi m'étais-je fourré ? Partager mon carnet était comme offrir à quelqu'un une vue imprenable sur l'intérieur de mon crâne, ce qui, eh bien... Bref.

Quelques jours plus tard, nous sommes allés boire un café en sortant du travail. Mes explications maladroites ont pris un bon moment. Révéler la façon dont j'organisais mes pensées m'a plongé dans un profond sentiment de vulnérabilité. Les symboles, les techniques, les gabarits[1]*, les cycles, les listes... Pour moi, c'étaient autant de béquilles inventées pour soutenir un cerveau défectueux. J'ai évité de croiser son regard pendant toute la durée de mon exposé. Quand j'ai enfin osé lever les yeux, son expression perplexe a confirmé mes craintes. Mais au terme d'un insoutenable suspens, elle a prononcé

---

* Les notes figurent en fin d'ouvrage, page 401. *(N.d.T.)*

Introduction

ces mots : « Il faut que tu partages ça avec d'autres personnes. »

Après cette première présentation teintée de malaise, beaucoup d'autres encouragements furent nécessaires pour me convaincre de divulguer ma méthode. Mais, au fil du temps, je me suis surpris à répondre aux questions de graphistes, de développeurs, de chefs de projet ou encore de comptables qui m'interrogeaient sur ce carnet dont je ne me séparais jamais. Certains me demandaient conseil pour organiser leur quotidien et je leur ai montré comment ma méthode pouvait les aider à consigner rapidement tâches, notes et événements à venir. D'autres voulaient se fixer des objectifs et je leur ai montré comment ma méthode pouvait les aider à se projeter dans l'avenir et à élaborer des plans d'action. D'autres encore trouvaient simplement qu'ils se dispersaient trop et je leur ai montré comment réunir soigneusement l'ensemble de leurs notes et projets dans un seul et unique carnet.

L'idée que ces solutions esquissées au fil des ans puissent s'appliquer à un si large éventail de problématiques ne m'était jamais venue à l'esprit. Si quelqu'un avait un besoin spécifique, il était simple d'adapter une de mes techniques d'organisation pour y faire face. J'ai fini par me demander si partager les remèdes que j'avais conçus pour répondre aux défis organisationnels communs pouvait permettre à d'autres d'éviter, ou au moins d'atténuer, cette frustration que j'avais endurée lorsque j'étais plus jeune.

C'était bien beau, mais si je devais à nouveau prendre la parole, il n'était pas question de revivre la gêne de mon premier exposé improvisé. J'ai formalisé et rationalisé mon système d'organisation, ne conservant que les techniques qui s'étaient révélées les plus efficaces au fil des ans. Puisque rien de vraiment comparable n'existait encore, j'ai dû inventer un nouveau langage avec son propre vocabulaire. Il devenait ainsi beaucoup plus facile d'enseigner ma méthode, mais aussi – du moins l'espérais-je – de l'apprendre. À présent, il me fallait un nom, quelque chose qui évoquait sa rapidité d'utilisation, son efficacité, son héritage et sa raison d'être. Je l'ai appelé le Bullet Journal[2].

Après ça, j'ai créé un site web qui proposait des tutos pour aider les utilisateurs à s'approprier la méthode fraîchement revue et corrigée du Bullet Journal – BuJo de son petit nom. J'ai souri quand le site a atteint les cent visiteurs uniques. Pour moi, c'était mission accomplie ! C'est alors que s'est produit l'impensable. Lifehack.org[3] a parlé de bulletjournal.com, puis lifehacker.com[4] et bientôt *Fast Company*[5] s'en sont fait l'écho. À partir de là, mon tuto vidéo est devenu viral. Le site est passé de cent à cent mille visiteurs uniques en l'espace de quelques jours seulement.

Des communautés virtuelles créées autour du Bullet Journal se sont multipliées sur Internet. À ma stupéfaction, des gens partageaient ouvertement la façon dont ils s'y prenaient pour surmonter des problèmes très personnels. D'anciens combattants disaient mieux vivre avec leur trouble de stress post-traumatique grâce au journal quotidien qu'ils tenaient dans leur BuJo. Des gens atteints de trouble obsessionnel compulsif expliquaient leurs

INTRODUCTION

techniques pour mettre à distance leurs pensées envahissantes. J'étais touché d'entendre des élèves souffrant comme moi d'un trouble du déficit de l'attention raconter comment leurs résultats scolaires s'étaient améliorés et leur angoisse s'était calmée. Dans l'univers souvent fielleux des communautés en ligne, ces gens réunis autour du Bullet Journal créaient des espaces d'échanges incroyablement positifs au sein desquels les jugements s'effaçaient au profit d'un soutien mutuel, tous étant aux prises avec des défis différents qu'ils relevaient avec le même outil.

La rencontre entre Sandy et le Bullet Journal a eu lieu en mai 2017, lorsqu'elle est tombée sur une vidéo publiée sur Facebook. L'attention constante que réclame un tout petit garçon la privait du sommeil nécessaire, faisant d'elle une femme distraite et désorganisée, des adjectifs que son entourage n'aurait pas, en temps normal, utilisés pour la décrire. Ses pensées se chevauchaient dans un désordre inextricable : A-t-il assez dormi ? Ses vaccins sont-ils à jour ? C'est quand, déjà, la date limite pour remplir le formulaire d'inscription à la maternelle ? Chaque fois qu'elle rayait mentalement une tâche accomplie, une autre surgissait à sa place. Elle se sentait stressée, démoralisée. D'autres mamans connaissaient-elles des moyens de s'en sortir qu'elle ignorait ? Alors, quand elle a entendu parler d'un système d'organisation qu'on pouvait mettre en place à l'aide d'un simple carnet et d'un stylo, elle s'est dit qu'elle n'avait rien à perdre.

La première étape a été la création d'un tableau récapitulatif de tout ce qu'elle devait faire au cours du mois. Puis elle a inscrit l'emploi du temps des membres de sa famille, chacun dans une colonne séparée. Tous avaient des horaires de travail différents. Elle a eu l'impression de pouvoir enfin mettre les montagnes russes sur pause, le temps de voir qui serait où au cours des quatre semaines à venir. C'était effrayant de songer que l'un d'entre eux pourrait aisément oublier d'aller chercher son petit garçon à la maternelle, lorsqu'il serait scolarisé. Manifestement, ce n'était qu'une question de temps avant qu'ils finissent par négliger quelque chose d'important.

D'un geste décidé, Sandy a tracé une nouvelle colonne dans son carnet et y a noté les événements à venir et les anniversaires, de manière à pouvoir les embrasser d'un seul coup d'œil. Dans son livre de comptes mensuel, elle a dressé une liste des factures à régler avec leur date limite de paiement et le montant déboursé. Elle a également ajouté des cases journalières pour assurer le suivi de ses habitudes et de ses objectifs – ou juste pour y écrire une note lui rappelant de faire une pause et de respirer !

Écrire à la main était curieusement apaisant. Pourtant, Sandy ne voulait pas se faire trop d'illusions : tant d'autres méthodes lui avaient promis de réveiller la femme organisée qui sommeillait en elle, sans toutefois apporter d'amélioration à long terme.

Sandy est passée à l'étape suivante. Le but des nouvelles instructions était de l'aider à conserver une vision d'ensemble. Quelles étaient ses aspirations pour l'année à venir ? Sur sa page « Objectifs annuels », elle a osé noter un projet personnel qui lui tenait à cœur ; une idée qu'elle caressait timidement depuis des années, mais qui ne s'était jamais concrétisée. Son trouble obsessionnel

Introduction

compulsif sabotait-il sa détermination à trouver enfin le temps de s'adonner à sa passion du dessin et du lettrage créatif ? Ou était-ce simplement qu'elle était débordée ? En tout cas, elle avait conscience de ne pas exploiter pleinement son potentiel.

Au cours des semaines suivantes, prendre quelques minutes pour consulter ou alimenter son carnet lui est devenu aussi naturel que de se brosser les dents. Ça peut paraître tout bête, mais rayer les tâches effectuées la motivait : le nombre de choses à faire chaque jour n'était donc pas infini. Plus aucune facture n'a été oubliée. Finis les longs mots d'excuse pour se justifier après un anniversaire manqué. Autre surprise, l'agencement du Bullet Journal lui rappelait que ses tâches les plus triviales contribuaient à la réalisation d'un ensemble plus ambitieux. Les pages consacrées à ses « Objectifs mensuels et annuels » lui prouvaient jour après jour qu'elle savait où elle allait. Son astuce était d'ajouter un petit projet personnel – disons, un quart d'heure de lettrage créatif – à chacune de ses feuilles de route quotidiennes, et de commencer la journée par cette activité. Elle parvenait toujours à se ménager une quinzaine de minutes, si elle les prenait avant de consulter son portable. C'était comme si le temps s'étirait.

Sandy s'était lancée dans l'aventure du Bullet Journal parce que la désorganisation de sa vie lui donnait l'impression de devenir folle, mais elle s'est vite rendu compte que les bénéfices qu'elle en tirait dépassaient ses espérances. Depuis toute jeune, elle souffrait de dermatillomanie – également connue sous les noms d'acné excoriée ou de grattage compulsif –, une pathologie dont elle avait eu honte toute sa vie. Dans son cas, la sensation de démangeaison se concentrait principalement au niveau des doigts. Elle avait parfois dû annuler des rendez-vous ou des entretiens d'embauche tant l'aspect de ses mains lui semblait hideux. La douleur l'empêchait souvent de dormir, les objets lui échappaient sans cesse des doigts et réaliser les tâches les plus simples devenait un cauchemar. Par exemple, elle demandait toujours à sa mère ou à son mari de presser les citrons lorsqu'elle préparait un thé, pour s'épargner la douleur cinglante provoquée par le jus acide.

Elle tenait son Bullet Journal depuis quelques mois lorsqu'elle s'est retrouvée dans la cuisine, les yeux noyés de larmes. Elle les a baissés vers ses mains qui pressaient enfin un citron, soudain consciente que la peau de ses doigts n'était plus à vif. Chaque phrase écrite, chaque lettre tracée, chaque note consignée lui avait occupé les mains et leur avait permis, lentement mais sûrement, de cicatriser. Pour célébrer ça, elle a consacré une page de son journal à l'événement que j'ai choisi de partager ici.

« Bujoter[6] » l'a non seulement aidée à organiser sa vie, à effectuer un suivi de ses actions et à en conserver la trace, mais cela lui a aussi permis d'être créative, de vaincre son TOC et de cesser de se cacher. Enfin, cela lui a ouvert la porte d'une communauté bienveillante et motivante. Je sais le bien que ça fait : tous ces « Bullet-journalistes » (ou « bujoteurs ») inventifs, résilients et pleins d'enthousiasme qui se sont emparés de ma méthode et l'ont personnalisée selon leurs besoins ont été pour moi aussi une grande source d'inspiration. C'est en partie à eux que je dois l'écriture de ce livre.

Introduction

Que vous soyez un Bullet-journaliste expérimenté ou débutant, *La Méthode Bullet Journal* s'adresse à tous ceux qui ont du mal à trouver leur place dans ce monde numérique. Elle vous aidera à vous organiser en vous fournissant des outils et des techniques simples, capables d'insuffler clarté, sens et efficacité à chacune de vos journées. Si satisfaisant soit le sentiment d'être organisé, ce n'est que la partie tangible de quelque chose d'infiniment plus profond et précieux.

Pendant longtemps, j'ai cru que mon trouble du déficit de l'attention me rangeait dans la catégorie des gens bizarres. Une des choses que la communauté du Bullet Journal m'a permis de comprendre est que cette pathologie m'a simplement contraint à m'intéresser avant d'autres à un problème devenu une maladie symptomatique de l'ère numérique : le manque de conscience de soi.

Nous vivons à l'époque la plus connectée de tous les temps, et pourtant nous perdons de plus en plus le lien avec nous-mêmes. Submergés par un flux ininterrompu d'informations, nous finissons par être surstimulés mais fébriles, surchargés de travail mais insatisfaits, au courant de tout mais exténués. Alors que la technologie s'infiltrait dans le moindre recoin de ma vie, charriant son flot de distractions, ma méthode m'a fourni un refuge prénumérique dont l'aide s'est avérée inestimable pour définir – et focaliser mon attention sur – ce qui comptait vraiment. Aujourd'hui, innombrables sont ceux pour qui le Bullet Journal est devenu un outil essentiel pour ralentir le rythme, se retrouver, explorer leur potentiel, autrement dit : pour reprendre le contrôle de leur existence.

15/12/2017

AI PRESSÉ UN CITRON —MÊME PAS— *mal*

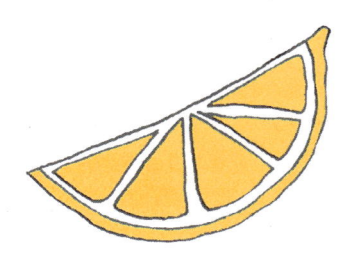

Introduction

En 2015, Anthony Gorrity, un désigneur timide, a quitté un poste peu épanouissant en studio pour travailler en free-lance. Il rêvait de se mettre à son compte depuis des années. Toutefois, la nécessité accrue d'être performant dans son travail et le besoin de structurer son temps l'ont pris au dépourvu. Il a essayé quelques applications pour mieux s'organiser, mais aucune d'elles n'était suffisamment flexible pour lui. Il s'est alors mis à utiliser des carnets en guise de pense-bête, mais c'était le bazar. Des clients l'appelaient à l'improviste et il devait fouiller fébrilement le contenu de six carnets différents pour essayer de retrouver ce dont il avait besoin. Il savait qu'il avait noté ça quelque part… Mais où ? Tous ces moments de panique entamaient son capital de confiance. N'étant pas d'une nature à se mettre en avant, Anthony avait déjà du mal à se vendre aux clients potentiels, et voilà qu'un tas de nouveaux obstacles se greffaient aux contrats qu'il parvenait malgré tout à signer. Il s'est demandé si, à bien y réfléchir, se mettre à son compte n'avait pas été une erreur. C'est alors qu'Anthony s'est vaguement souvenu de la vidéo d'un type qui ne jurait que par une sorte de journal de bord super-complexe dont il vantait les mérites organisationnels. Il s'est mis à taper au hasard des mots-clefs étranges dans la fenêtre de son moteur de recherche, jusqu'à ce qu'il finisse par tomber sur le site du Bullet Journal. Le système était loin d'être aussi difficile à comprendre que dans son souvenir. Il a déniché un carnet encore vierge et a commencé à consigner tout ce qu'il devait faire dans les pages de son nouvel outil.

Quelques changements se sont produits. Il est devenu beaucoup plus à l'écoute de lui-même. Il s'est rendu compte qu'il *adorait* faire des listes de tâches, et qu'il aimait encore plus rayer celles qu'il venait d'effectuer. Le mieux dans tout ça, c'est qu'il s'est remis à croire en lui : dans l'espace clair et bien ordonné de son carnet, la confiance trouvait suffisamment d'espace pour prendre racine et se développer. Avoir tout, tout de suite, sous les yeux lui donnait l'aplomb nécessaire lorsqu'il avait un client au téléphone. En étant bien préparé et donc en mesure de donner des réponses précises à ses interlocuteurs, il s'est senti davantage dans la peau d'un artisan, et moins dans celle d'un commercial. Le Bullet Journal lui a fourni un cadre pour mieux exploiter son potentiel.

C'est une des facettes essentielles de ma méthode : elle aide à cultiver le sens de soi, à la fois dans et hors de la sphère professionnelle. Au-delà d'un simple moyen d'organisation, coucher sur le papier les détails importants d'une vie aide les gens à rétablir le lien avec eux-mêmes et avec les choses qui leur tiennent à cœur.

Je passe désormais une grande partie de mon temps à échanger avec d'autres Bullet-journalistes comme Sandy et Anthony, et à répondre aux questions de la communauté. Nombreux sont ceux qui cherchent à élargir les fonctionnalités de leur Bullet Journal. D'autres vont plus loin et veulent relever des défis universels que la frénésie du monde contemporain ne fait qu'amplifier. Dans ce livre, je m'efforcerai de traiter ces questions et de montrer comment un simple carnet peut se révéler riche de solutions.

La Méthode Bullet Journal comprend deux parties : le système et la pratique. Nous nous intéresserons d'abord au système, pour vous apprendre à transformer votre

Introduction

carnet en puissant outil organisationnel. Puis nous nous pencherons sur la pratique, mélange de traditions philosophiques qui définit à la fois les contours d'une « vie intentionnelle » – une existence productive et délibérée – et les moyens de la mener. Le Bullet Journal, méthode de l'ère analogique conçue pour l'ère numérique, est le résultat de mes efforts pour traduire ce savoir ancestral en conduite consciente de notre quotidien. En vous aidant à comprendre le passé et à organiser le présent, le Bullet Journal vous permettra de dessiner votre avenir.

Lorsque j'ai imaginé ce système, je cherchais simplement un moyen de relever les défis qui se présentaient à moi. Mais il a mûri et ses réglages se sont affinés avec le temps, pour devenir aujourd'hui ce système d'exploitation personnel qui a profondément amélioré ma vie. J'espère qu'il en fera autant pour vous.

LA PROMESSE

La vie est devenue trop trépidante.
C'est comme si mon existence n'était plus
qu'un pense-bête sans fin.
J'ai oublié mes rêves, mes objectifs, mes « Et si » ;
mes « Et si j'étais capable de ? »
Amy Haines

Le Bullet Journal a pour mission de nous aider à prendre conscience de la façon dont nous utilisons nos deux ressources les plus précieuses : notre temps et notre énergie. Puisque vous avez décidé d'investir l'un et l'autre dans la lecture de ce livre, la moindre des choses est de commencer par mettre l'accent sur les bénéfices que vous allez en tirer. Pour résumer :

La méthode Bullet Journal va vous aider
à en faire plus en vous dispersant moins.
En vous débarrassant de tout ce qui est insignifiant,
elle vous permettra d'identifier – et de vous concentrer
sur – ce qui compte vraiment.

Comment y parvient-elle ? En réunissant productivité, pleine conscience et intentionnalité dans une même structure souple et évolutive, mais surtout pratique. Regardons de plus près ce qui se cache derrière ces trois notions.

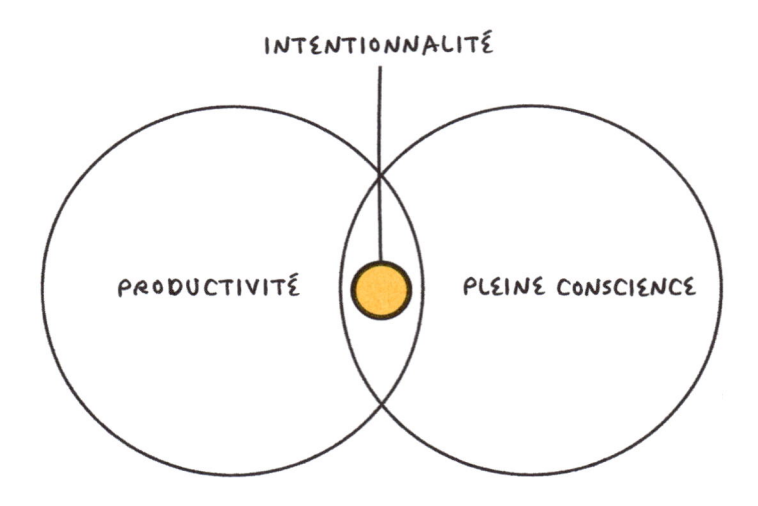

```
           INTENTIONNALITÉ
                |
   ( PRODUCTIVITÉ  ●  PLEINE CONSCIENCE )
```

La productivité

Vous arrive-t-il de vous sentir accablé par vos nombreuses obligations ? Parfois, la vie prend des airs de jeu de la taupe, une version infernale où d'incessantes corvées, rendez-vous, e-mails et autres SMS remplaceraient l'animal jaillissant de son trou. La folie multitâche de vos journées vous contraint à faire les cent pas dans votre appartement en guise d'exercice physique, tout en discutant sur une application d'appels vidéo avec votre sœur qui vous demande de respirer un peu moins fort. Aucune des obligations qui vous occupent ne reçoit l'attention nécessaire, et vous vous sentez mal. Vous détestez décevoir les autres tout autant que vous détestez vous décevoir vous-même. Vous avez même rogné sur vos heures de sommeil, les réduisant au strict minimum pour fonctionner. Sauf qu'il y a toutes ces matinées où vous dormez debout façon zombie, parce que… vous avez réduit vos heures de sommeil au strict minimum.

Revenons un peu en arrière. Entre 1950 et 2000, les Américains ont augmenté leur productivité de 1 à 4 % chaque année[7]. Pourtant, depuis 2005, cet essor a connu un *ralentissement* dans les pays développés, avec une baisse constatée aux États-Unis en 2016[8]. Et si, au bout du compte, toutes ces nouvelles technologies qui nous promettent des solutions presque illimitées pour occuper nos journées ne nous rendaient pas plus productifs ?

Une des raisons qui pourraient expliquer la baisse de notre productivité est la paralysie que finit par provoquer le trop-plein d'informations. Comme l'écrit Daniel Levitin dans *L'Esprit organisé* (Éditions Héloïse d'Ormesson, 2018), cet excès nuit davantage à notre concentration que la fatigue ou la consommation de cannabis[9].

Dans ces conditions, on comprend aisément que pour être plus productifs, il nous faut juguler le déferlement de distractions numériques. Nous avons besoin de débrancher, au moins un moment, pour pouvoir rester aussi efficaces que possible. C'est là que le Bullet Journal, solution prénumérique, entre en jeu. En choisissant de confier l'organisation de votre temps à un outil déconnecté, vous allez créer l'espace hors ligne indispensable pour traiter les vagues d'informations qui inondent quotidiennement votre cerveau, et pour vous concentrer sur l'essentiel. En ouvrant votre carnet, vous mettez le monde frénétique dans lequel vous évoluez sur pause. Vous permettez à votre esprit dépassé de s'extraire de l'agitation et de rattraper son retard. La brume qui vous entoure se dissipe et vous pouvez enfin poser un regard plus clair sur votre existence.

Nous avons tendance à bricoler, selon les besoins du moment, des moyens pour s'organiser : une pincée de cette application, un zeste de cet agenda… Avec le temps, ça dégénère en amas cauchemardesque aux allures d'usine à gaz : une prolifération incontrôlée de Post-it, d'e-mails et d'applis diverses. Une solution approximative, qui entretient la sensation d'être en permanence au bord de la rupture. On perd un temps fou à se demander où l'information doit être notée, puis à la retrouver quand on en a besoin : l'a-t-on consignée dans une application de type bloc-notes ou sur un Post-it ? Et, d'ailleurs, où est passé ce fichu Post-it ?

Tant de bonnes idées, de pensées précieuses ou d'importantes notes qu'on s'adresse à soi-même sont victimes d'un bout de papier égaré ou d'une application dépassée. Un manque d'efficacité qui entrave votre capacité d'action, mais qui peut aisément être évité. Le Bullet Journal a été conçu pour être votre « référentiel unique de contenus ». Cette expression issue du monde informatique signifie simplement que vous n'aurez plus à vous demander sans cesse où se trouvent vos pensées.

La promesse

Le Bullet Journal va vous aider à vous désencombrer l'esprit pour vous permettre d'examiner vos idées avec davantage de recul et une objectivité accrue.

Une fois que vous aurez appris à rassembler vos pensées dans un même et unique espace, nous nous intéresserons à la manière la plus efficace de les classer par ordre de priorité. Tous les gens qui vous contactent par téléphone, e-mail ou SMS veulent une réponse immédiate. Au lieu de définir nos priorités à l'avance, nous nous contentons bien souvent de réagir au coup par coup aux événements que nous impose la vie, au risque de nous débattre dans un océan toujours plus vaste d'obligations. Laisser le flot des sollicitations extérieures définir nos priorités, c'est prendre le risque de s'y noyer. De passer à côté des opportunités qui se présentent à nous : adieu la possibilité d'améliorer la moyenne générale, d'obtenir cette promotion, de courir ce marathon, de lire un livre tous les quinze jours.

Le BuJo vous met aux commandes de votre vie. Avec lui, vous apprendrez à répondre au lieu de réagir.

Le Bullet Journal vous donnera les armes pour vous lancer à l'assaut des défis que vous propose ou vous impose la vie, et à transformer vos projets indistincts en buts chargés de sens ; à les scinder en objectifs plus modestes et plus simples à gérer (les « sprints »), et à agir efficacement. Quelle est la prochaine étape pour améliorer ma moyenne générale ce trimestre ? Exceller dans toutes les matières ? Non, avoir une approche plus granulaire[10] du problème : Dans quelle matière suis-je à la traîne ? Quel est mon prochain devoir dans cette matière ? Une dissertation. D'accord, quel livre dois-je lire avant d'écrire cette dissertation ? Emprunter ce livre à la bibliothèque : voilà ce que j'ai de plus important à faire pour le moment. Et le petit travail supplémentaire qui pourrait encore augmenter ma moyenne dans cette matière où je brille déjà ? Perte de temps.

Dans ce livre, je vous ferai découvrir des techniques scientifiquement prouvées capables de transformer n'importe quel carnet en puissante machine à révéler les opportunités et à éliminer les distractions, de sorte que vous puissiez consacrer votre temps et votre énergie à ce qui compte vraiment.

La pleine conscience

Inutile de sortir les sitars et les bâtons d'encens, rassurez-vous. Lorsqu'on parle de pleine conscience, on désigne généralement la conscience aiguë de l'instant présent. Il n'y a rien de mal à vouloir être productif, mais le BuJo n'a pas été conçu pour vous aider à tourner le plus vite possible dans une roue de hamster.

La promesse

Nous vivons à une époque où la technologie nous offre un éventail presque infini de manières d'occuper nos journées. Comme à bord d'un avion, lorsque vous regardez le monde défiler à plus de 900 km/h sans avoir la moindre idée de l'endroit où vous vous trouvez vraiment. Avec un peu de chance, vous distinguerez peut-être un océan qui scintille quelque part sous vos pieds ou des éclairs zébrant le ciel entre les masses sombres de deux nuages lointains. Mais dans l'ensemble, nous restons des passagers à demi conscients qui tuent le temps en attendant le moment crispant où l'avion entamera sa descente.

Si la véritable destination est le voyage en lui-même, comme ont coutume de le dire ceux qui s'attachent à vivre dans le moment présent, nous devons apprendre à devenir de meilleurs voyageurs. Et pour devenir de meilleurs voyageurs, nous devons tout d'abord apprendre à nous repérer et à nous orienter. Où êtes-vous, aujourd'hui ? Est-ce bien là que vous souhaitez être ? Si la réponse est non, pourquoi voulez-vous passer à autre chose ?

Pour savoir où on est,
il faut commencer par savoir qui on est.

La pleine conscience, c'est ouvrir chaque jour les yeux sur ce qui est là, juste sous notre nez. Cela permet de comprendre plus en profondeur quelle personne nous sommes, quel est le chemin parcouru, et ce que nous désirons accomplir.

Sur le plan neurologique, le fait d'écrire à la main ancre notre esprit dans le moment présent, et cela plus que n'importe quel autre moyen de saisir des informations[11]. Or c'est en vivant le moment présent que nous apprenons à nous connaître. Joan Didion, fameuse adepte des notes manuscrites, a commencé à coucher ses pensées sur le papier à l'âge de cinq ans. Elle estimait que les carnets sont un des meilleurs antidotes à la distraction du monde : « Nous oublions bien trop vite ce que nous pensions ne jamais oublier. Nous oublions les amours comme les trahisons, nous oublions ce que nous avons chuchoté et ce que nous avons hurlé, nous oublions qui nous étions […]. Il est donc judicieux de garder un lien, et il me semble que la raison d'être du carnet de notes est de devenir le gardien de ce lien. Et c'est tout seuls que nous franchissons ce pont vers nous-mêmes ; vos carnets ne m'aideront jamais, et les miens ne vous aideront pas davantage[12]. »

Pour ceux d'entre vous qui sont des enfants de l'ère numérique, n'ayez crainte. Chassez de votre esprit l'image du personnage dickensien griffonnant dans une mansarde, voûté sur son bureau, à la lumière vacillante d'une bougie. Non, dans ces pages, vous apprendrez à capturer vos pensées, rapidement et efficacement. Vous apprendrez à tenir un journal à la vitesse du monde d'aujourd'hui.

Nous allons examiner diverses techniques qui aideront à prendre l'habitude de se poser ce genre de questions, de sorte à ne plus se noyer dans le train-train quotidien. Autrement dit, la méthode Bullet Journal permet de rester pleinement conscient du pourquoi et du quoi de ses actions (*pourquoi* nous faisons *ce que* nous faisons) afin d'avancer sur le chemin d'une vie plus intentionnelle.

L'intentionnalité

Songez à un livre, un discours ou une citation qui vous a profondément touché ou qui a changé le regard que vous portez sur le monde. De sages paroles qui vous ont inspiré, qui contenaient tant de promesses. Tout ce que vous aviez à faire était de suivre les préceptes de ce nouveau savoir et les choses allaient devenir plus simples, plus claires. Enfin, vous alliez avoir davantage de prise sur votre vie. En un mot, tout serait mieux.

Mais aujourd'hui, que reste-t-il de ces paroles pleines de sagesse ? Combien d'entre elles jouent-elles encore un rôle dans votre vie ? Pas seulement sur le plan intellectuel, mais aussi sur le plan pratique ? Êtes-vous devenu quelqu'un de meilleur ? Un meilleur ami ? Un meilleur conjoint ? Êtes-vous parvenu à garder la ligne ? Êtes-vous plus heureux ? Il est probable qu'il ne demeure plus beaucoup de traces de ces résolutions dans votre vie quotidienne, voire aucune. Ce n'est pas que ces paroles étaient vides de sens, mais elles se sont étiolées au fil des jours. Leur message n'a pas passé l'épreuve du temps. Pourquoi donc ?

Le rythme effréné de nos vies bien remplies creuse petit à petit un fossé entre nos actions et nos aspirations. Nous avons tendance à suivre le chemin qui oppose le moins de résistance, au risque de perdre de vue les choses qui nous importent vraiment. Modifier son comportement peut se révéler inconfortable, cela demande des efforts et de la discipline. Mais comme vous le dira n'importe quel athlète, un muscle a besoin d'être travaillé, encore et encore, pour se développer. La meilleure façon de pratiquer cet entraînement, de se forger une nouvelle habitude, est de l'inclure dans une routine solide, c'est-à-dire capable de durer dans le temps.

Si « oublier » de méditer un matin ou trouver une excuse pour rater un cours de yoga ne porte pas à conséquence, ignorer nos obligations quotidiennes peut avoir d'immédiates et sérieuses répercussions. Pour rester fidèle à ses bonnes résolutions, il faut qu'elles s'intègrent parfaitement à notre emploi du temps. Et si nous disposions d'un mécanisme qui soutiendrait nos aspirations tout en facilitant notre organisation quotidienne ?

La méthode Bullet Journal fonctionne
à la manière d'une passerelle
entre vos convictions et vos actions
en plaçant vos aspirations au cœur de votre quotidien.

Par exemple, Amy H. a constaté que ses collections personnalisées – un sujet qu'on abordera plus tard – l'aidaient à se débarrasser du sentiment de découragement qu'elle éprouvait face à ces interminables listes de tâches, mais aussi à ne pas perdre de vue ce qu'elle voulait vraiment faire. Elle s'est servie de son Bullet Journal pour garder un œil sur des idées destinées à développer son affaire, des auteurs qui avaient peut-être des choses à lui apprendre, des applis qui pouvaient l'intéresser et même de nouvelles sortes de thé qu'elle souhait essayer. Le BuJo lui a permis de conserver à portée de main toutes ces choses qui comptaient pour elle et qui avaient fini par disparaître dans le désordre d'une vie désorganisée.

L'autodidactisme est une des pierres angulaires de cette méthode. En bujotant, vous cultivez automatiquement l'habitude d'être à l'écoute de votre ressenti. C'est là, dans cet examen quotidien de votre vie intérieure, que vous commencerez à définir ce qui est important (le *quoi*), les raisons pour lesquelles c'est important (le *pourquoi*) et la meilleure façon d'aller vers ce qui compte pour vous (le *comment*). Le rappel bienveillant et régulier de ces informations éclairantes vous aidera à traduire vos convictions en actions où que vous soyez : dans une salle de réunion, une salle de classe ou même dans la salle des urgences.

Des bujoteurs ont trouvé des boulots de rêve, ont fondé leur société, ont mis fin à des relations destructrices, sont partis vivre ailleurs ou, dans certains cas, ont simplement amélioré l'image qu'ils avaient d'eux-mêmes grâce à la pratique quotidienne d'une introspection encouragée et encadrée par le BuJo. Les lignes directrices que vous fournit cette méthode condensent le savoir de traditions issues des quatre coins du monde. Comme un prisme inversé, le Bullet Journal s'inspire de ces traditions pour en dégager un unique faisceau lumineux qui non seulement vous aidera à vous situer, mais éclairera aussi le chemin restant à parcourir. En vous initiant à l'art d'une vie intentionnelle, le BuJo vous permettra de prendre le pouvoir sur votre existence ; de passer du statut de passager à celui de pilote.

LE GUIDE

Le Bullet Journal n'est pas seulement le compagnon des bons jours. Il a été à mes côtés dans la souffrance comme dans la joie tout au long des saisons de ma vie. Il a servi les nombreux maîtres qui se sont succédé en moi : l'étudiant, le stagiaire, le jeune homme au cœur brisé, le graphiste, et bien d'autres encore. Il s'adapte aux phases de ma vie. J'ai entrepris d'écrire ce livre avec l'idée de créer quelque chose qui pourrait vous servir de la même façon. J'ai voulu faire de cet ouvrage le camp de base de votre bujotage : à la fois repaire et repère, il est là pour vous aider à préparer votre première ascension et vous accueillir à votre retour, quand vous aurez besoin de vous reposer, de vous ravitailler et de faire les ajustements nécessaires avant de reprendre la route.

MATÉRIEL

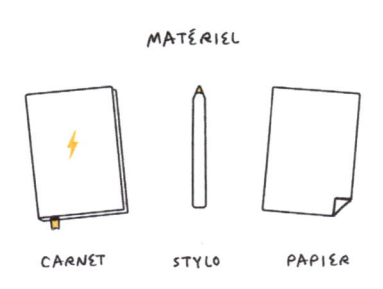

CARNET   STYLO   PAPIER

Pour ceux qui se lancent dans l'aventure

S'il s'agit de votre première expérience avec le Bullet Journal, soyez le bienvenu ! Merci infiniment de passer du temps en ma compagnie. Pour tirer le meilleur parti de ce livre, je vous encourage à suivre son déroulement de façon linéaire, du début à la fin. Nous allons utiliser le pouvoir de l'écriture manuscrite (page 77) pour vous aider à assimiler le système plus rapidement. Vous n'aurez besoin que d'une feuille de papier et d'un carnet vierges, ainsi que d'un stylo.

Si cet ouvrage était une école de cuisine et que vous étiez un apprenti cuisinier, la première et la deuxième parties vous aideraient à devenir un bon chef de partie : vous y apprendrez le nom des éléments qui composent le système et comment les utiliser. Dans la troisième et la quatrième parties, nous passerons à la pratique : c'est là que vous apprendrez à devenir un chef digne de ce nom. Vous découvrirez les sources et les savoirs dans lesquels le Bullet Journal puise ses ingrédients, de sorte que vous puissiez les faire vôtres et personnaliser la méthode afin qu'elle réponde à vos besoins.

Pour les bujoteurs chevronnés et tous ceux qui le deviendront un jour

Les chapitres sont conçus comme des collections indépendantes (page 124), calquées sur la structure du système que j'ai imaginé pour le Bullet Journal. Si vous êtes à l'aise avec le vocabulaire BuJo, vous devriez pouvoir ouvrir le livre à n'importe quel chapitre qui suscite votre attention. Si ce n'est pas le cas, rendez-vous dans la deuxième partie !

Si vous êtes là pour rafraîchir vos connaissances, cette dernière traite en détail du système que vous connaissez et appréciez. C'est là que nous nous penchons sur chacune des « collections » et des techniques principales – celles qui constituent le cœur du BuJo –, dévoilant à la fois le raisonnement et l'histoire qui sont à l'origine de leur conception. Puis, dans la quatrième partie, nous appliquerons tous ces procédés à un projet fictif. Ce sera l'occasion d'apprendre à élargir le système et à le personnaliser davantage encore.

Le système en lui-même n'est toutefois qu'une facette de ce qui constitue la méthode Bullet Journal.

La Méthode Bullet Journal

Les deux premières parties du livre se consacrent au comment bujoter. Les parties suivantes s'intéressent au pourquoi bujoter.

Si vous tenez un Bullet Journal depuis un moment, vous savez sans doute déjà qu'il peut vous apporter davantage qu'un simple moyen d'organiser vos différentes listes. Peut-être vous sentez-vous plus présent aux autres et à vous-même, plus sûr de vous, plus concentré, et même plus inspiré depuis que votre carnet vous accompagne au quotidien. C'est parce que cette méthode se nourrit de diverses sciences et philosophies qui nous encouragent à vivre de façon plus intentionnelle. Dans ce livre, je vais lever le rideau et dévoiler pourquoi le Bullet Journal a un tel effet sur ceux qui l'utilisent. Cette mise en perspective ne se contentera pas de vous conforter dans le choix que vous avez déjà fait ; elle peut faire entrer votre bujotage dans une toute nouvelle dimension. Quel que soit votre niveau, du novice à l'utilisateur confirmé, ce livre est une plongée au cœur de l'expérience Bullet Journal, là où la pleine conscience rejoint la productivité pour vous aider à modeler la vie que vous avez vraiment envie de mener.

LE POURQUOI

Vivre une vie intentionnelle
est l'art de faire ses propres choix avant que les choix des autres
ne déterminent ce que nous sommes.
RICHIE NORTON

Ma première start-up, Paintapic, est née dans un cagibi rempli de milliers de pots de peinture de la taille d'un dé à coudre. La société proposait de transformer n'importe quelle photographie en tableau grâce à un kit personnalisé de peinture par numéros livré avec un châssis entoilé, des pots de peinture et des pinceaux. À l'époque, j'avais également un travail à plein temps qui m'occupait une bonne partie de la journée, et Paintapic a été entièrement fondée à coups de soirées et de week-ends sacrifiés.

Mon travail régulier me plaisait jusqu'à ce qu'une nouvelle direction mette un terme aux projets créatifs qui, à mes yeux, faisaient tout l'intérêt de cet emploi. Le temps passant, la vision des nouveaux responsables est devenue si restrictive que j'ai eu le sentiment de ne plus rien apporter à l'entreprise. En revanche, l'impact que je pouvais avoir sur la réussite de Paintapic ne dépendait que de l'investissement que j'étais prêt à consentir pour le projet. Alors j'ai mis ma vie sociale entre parenthèses pour donner sa chance à Paintapic et je me suis retroussé les manches.

Mon associé sur ce projet avait persuadé son employeur de nous louer un minuscule débarras inutilisé pour y installer ce que j'ose à peine appeler « nos bureaux ». Cette pièce sombre, avec le carreau dépoli d'une fenêtre borgne pour seule source de lumière naturelle, a englouti nos soirées et nos week-ends pendant près de deux ans. Des milliers de décisions ont été prises dans cet espace exigu qui me faisait songer à la cavité crânienne d'un cyclope. Le moindre détail – jusqu'au nombre de poils des pinceaux – a été débattu *ad nauseam*.

Finalement, le moment tant attendu est arrivé : le jour du lancement de notre site marchand. Les commandes se sont enchaînées et l'argent a commencé à rentrer. Nos comptes étaient dans le vert dès les premiers jours, sans le moindre investissement extérieur. C'est rare pour une start-up. De l'avis général, c'était un (modeste) succès.

J'ai été l'un des premiers à commander un de nos kits, comme si j'étais un client lambda. Je me souviens de mon excitation quand il est arrivé dans ma boîte aux lettres. J'avais signé le design de ce tube d'expédition, de cet autocollant, de ce logo. Et c'était là, bien réel et prêt à être utilisé ! Mais le temps de monter l'unique volée de marches qui menait à mon appartement, j'avais déjà l'esprit occupé par autre chose. J'ai balancé le kit encore emballé dans un

Le pourquoi

coin de la pièce. Il n'a toujours pas été ouvert à ce jour et la photo d'un carlin (notre mascotte officieuse) attend encore d'être transformée en tableau.

Mon soudain manque d'intérêt pour ce que nous venions de créer n'a pas tardé à affecter le management de l'entreprise. Je me suis senti gagné par un profond sentiment de confusion et de frustration. Sur le papier, j'avais accompli tout ce qui était censé me rendre heureux. J'avais fait de gros sacrifices pour en arriver là. Mais maintenant que j'étais parvenu à mes fins, l'excitation s'était muée en indifférence. Mon associé semblait ressentir la même chose. Le processus de création d'une entreprise, le plaisir de la construire de toutes pièces nous avait aveuglés, masquant une vérité toute simple : la peinture par numéros ne nous intéressait pas vraiment. Certes, le produit que nous avions imaginé apportait quelque chose à nos clients, mais il n'en allait pas de même pour nous. Ni mon associé ni moi n'étions passionnés par ce que nous vendions ; nous étions simplement tombés amoureux du défi entrepreneurial.

Combien de fois se retrouve-t-on dans ce genre de situation ? Vous travaillez comme un dingue sur un projet, et un sentiment de vide vous attend au bout du chemin. Vous compensez en travaillant encore plus dur. Vous vous dites qu'en ajoutant des heures de boulot à une cadence pourtant déjà déraisonnable vous aurez peut-être enfin l'impression d'accomplir quelque chose et que vous pourrez pleinement savourer le fruit de votre labeur. Ça n'a franchement rien de drôle de se sentir au plus bas quand vos heures de travail sont au plus haut. Pourquoi cela se produit-il ?

Quelle est votre véritable motivation pour soulever des haltères, suivre un régime, travailler si tard ? Essayez-vous de perdre quelques kilos parce que vous vous souciez de votre santé ou vivez-vous une relation sentimentale destructrice qui vous fait perdre confiance en vous ? Peut-être n'avez-vous pas conscience de vous tuer au travail dans le seul but de repousser la conversation difficile qu'il vous faudrait avoir avec votre conjoint. Si c'est le cas, les heures supplémentaires que vous ferez au bureau, si nombreuses soient-elles, ne vous procureront qu'un soulagement passager. Parce que vous escaladez la mauvaise montagne.

Nos motivations sont largement alimentées par les médias. Les réseaux sociaux qui inondent nos vies charrient en continu des images d'opulence, de fabuleux voyages, de pouvoir, de détente, de beauté, de plaisir et de romances hollywoodiennes. Ce trop-plein virtuel s'insinue dans nos consciences, polluant notre sens de la réalité et notre estime de soi chaque fois que nous passons du temps en ligne. Nous comparons nos vies à ces mises en scène artificielles qui finissent par définir nos ambitions et nous vivons dans l'espoir de dénicher un jour le précieux sésame qui nous ouvrira les portes de ce paradis de pacotille. Bien entendu, l'envers du décor se dissimule hors de notre vue : les mois de préparation, les « talents » qui trimbalent leurs books de casting en casting, les équipes de tournage, les camionnettes bourrées de matériel de prise de vues garées en double file, les longues périodes sans travail, l'intoxication alimentaire d'une partie de l'équipe ou les semaines pluvieuses qui interrompent le tournage, les plateaux déserts après le clap de fin. Aveuglés par le flot ininterrompu d'images qui suscitent l'envie, nous passons à côté de l'essentiel : la possibilité de définir ce qui a vraiment du sens pour nous.

Bronnie Ware, une infirmière australienne qui a travaillé plusieurs années dans une unité de soins palliatifs, a demandé à ses patients en fin de vie quels étaient leurs cinq plus grands regrets. Celui qui revenait le plus souvent était de ne pas avoir su rester fidèle à soi-même.

Quand les gens comprennent que leur vie est sur le point de s'achever et qu'ils jettent un regard lucide sur ce qu'elle a été, ils contemplent souvent l'étendue de leurs désirs inassouvis. Tant de gens constatent qu'ils ont trahi la plus grande partie de leurs rêves et doivent partir avec la conscience que cet échec résulte des choix qu'ils ont faits ou n'ont pas faits[13].

En matière de choix, tous les parfums existent : le bon et le mauvais, le majeur et le mineur, le facile et le difficile, pour n'en citer que quelques-uns. Nous pouvons prendre des décisions de façon désinvolte ou les prendre de façon intentionnelle. Mais qu'est-ce que ça veut dire ? Que signifie mener une vie intentionnelle ? Le philosophe David Bentley Hart définit l'intentionnalité comme « la capacité fondamentale de l'esprit à se diriger vers quelque chose… un objet spécifique, un objectif ou une finalité[14] ». Ce terme étant un héritage de la scolastique, un courant de la philosophie médiévale, j'aimerais l'adapter et le mettre un peu à jour pour les besoins de ce livre :

l'intentionnalité est la capacité de l'esprit à viser quelque chose auquel il trouve du sens et à agir pour se diriger vers cette chose.

Si l'intentionnalité signifie agir en accord avec ses convictions, alors son contraire serait se mettre en pilotage automatique. En d'autres termes, savez-vous pourquoi vous faites ce que vous faites ?

Nous ne pouvons être fidèles à nous-mêmes si nous ne savons pas ce que nous voulons (le *quoi*) et, plus important encore, *pourquoi* nous le voulons. Apprendre à connaître le *quoi* et le *pourquoi* de nos actions exige un entretien constant de notre conscience de soi. Ça semble peut-être un peu nébuleux, mais en réalité cela peut se concrétiser de façon très simple, comme faire attention à ce qui trouve un écho en nous et – c'est tout aussi important – à ce qui n'en trouve pas. Nous devons découvrir ce qui éveille notre attention et titille notre imagination. Lorsque nous identifions ce par quoi nous sommes attirés – ce que vise notre esprit –, nous pouvons commencer à dessiner précisément le contour de nos ambitions et de nos aspirations, en les fondant sur de véritables convictions.

Quand on croit à ce qu'on fait, on cesse de travailler comme un robot. On devient impliqué, innovant, créatif et présent. Non seulement on travaille plus, mais on travaille mieux, parce que le cœur et le cerveau s'engagent sans réserve au service du projet dans lequel on s'investit.

Si cultiver la conscience de soi est un processus sans fin, il n'est pas sans début : cela commence tout simplement par prendre des nouvelles de soi-même. C'est là que la méthode Bullet Journal entre en jeu. Vous pouvez considérer votre BuJo comme une autobiographie en mouvement ; votre histoire qui s'invente et s'écrit chaque jour. Le Bullet Journal vous permet de voir clairement ce que l'agitation de la vie a tendance à obscurcir. Vous pouvez garder une trace des décisions et des actions qui vont ont conduit là où vous en êtes. Cela vous encourage à apprendre de vos expériences. Qu'est-ce qui a fonctionné ? Qu'est-ce qui a échoué ? Qu'ai-je ressenti sur le moment ? Quelles décisions ai-je prises par la suite ? Jour après jour, vous approfondissez votre conscience de soi en devenant le témoin indéfectible de votre propre histoire. Chaque page améliore votre capacité à distinguer l'important de l'anodin. Ce qui a du sens pour vous et ce qui n'en a pas. Si vous n'êtes pas satisfait de la manière dont se déroule votre vie, vous aurez développé l'aptitude et la détermination nécessaires pour en modifier la trame, comme l'ont fait Rachel M. et son mari :

> *Je suis une désigneuse graphique qui travaille à plein temps à son compte et je consacre aussi quelques heures par semaine à des jeunes en tant qu'animatrice, tout ça en aidant mon mari pasteur à s'occuper de son ministère. Nous nous sommes rencontrés il y a deux ans, lui et moi. Nous aimons la vie maritale, mais il y a eu tellement de choses*

à faire, à se rappeler et à planifier dès le lendemain du mariage, ou presque, que nous avons bien cru devenir fous.

Mon mari et moi avions beaucoup de mal à communiquer et à rester informés de nos emplois du temps respectifs. Je partais travailler, je faisais les courses sur le chemin du retour, je préparais à manger, je m'occupais du ménage et j'essayais de me souvenir de toutes les autres tâches qu'il me restait à accomplir. Mais c'était déjà l'heure d'aller au lit, et la même galère recommençait le lendemain. Pour couronner le tout, nous avons appris que j'avais un problème de thyroïde, ainsi qu'une intolérance au gluten et au lactose. Faire la cuisine est devenu encore plus compliqué. Je perdais pied.

Nous avions également du mal à ménager des moments privilégiés en tête à tête. Tout le monde sait pourtant que c'est essentiel pour être heureux dans son mariage. Mais mon mari étant pasteur, la plus grande partie de son travail s'effectue le soir et le week-end, et il a du temps libre quand la majorité des gens travaillent. Avec mes horaires classiques, de 9 heures à 17 heures et du lundi au vendredi, il était extrêmement difficile de concilier nos horaires pour faire des choses ensemble. De nous deux, c'est moi la plus sociable, mais j'ai fini par me sentir souvent seule à force d'être en week-end pendant qu'il travaillait.

Nous savions qu'on ne pouvait pas continuer comme ça, et nous avons commencé à tout planifier sur nos Bullet Journal. Nous nous sommes servis des feuilles de route hebdomadaire et mensuelle pour prendre de l'avance sur le planning et mieux anticiper. Ça nous a donné une vision d'ensemble des diverses tâches qui nous attendaient pour

Le pourquoi

mieux repérer à l'avance les périodes où il serait sans doute temps de faire une pause et de bloquer des moments rien qu'à nous. Ça m'a aussi aidée à comprendre que les samedis en couple étaient essentiels pour moi ; qu'ils m'étaient nécessaires pour avoir le sentiment de passer assez de temps avec mon mari. Du coup, nous avons fait des efforts pour moduler nos emplois du temps respectifs, de sorte à pouvoir consacrer autant de samedis que possible à notre vie amoureuse.

Tenir un Bullet Journal nous a également permis de faire le point sur nos objectifs personnels. Quand nous nous sommes rencontrés, nous étions tous les deux célibataires et déjà bien établis dans des activités professionnelles qui nous plaisaient beaucoup. Lorsqu'on aime ce que l'on fait, on consacre généralement une énorme partie de son attention et de son temps à son travail, et c'était notre cas. Mais malgré l'importance que nous accordons à nos métiers, il nous a fallu apprendre à faire de la place à notre vie de couple. Nous aurions pu utiliser des calendriers numériques pour synchroniser nos agendas, mais la discipline que demande une méthode à l'ancienne, comme le fait de devoir s'asseoir face à face avec nos carnets – de prendre le temps d'y inscrire à la main les événements à venir –, nous a permis d'avoir les conversations qui s'imposaient au lieu d'avancer le nez dans le guidon, aveuglés jour après jour par les sollicitations immédiates. Ça a aussi été l'occasion de partager nos préoccupations, si l'un de nous se mettait à planifier trop de choses en dehors de la maison. Et puis organiser notre vie ensemble – au lieu de chercher à synchroniser de force deux agendas bien remplis – nous *a donné le sentiment de former un bloc soudé face aux complications de la vie. Nous pouvons désormais nous épanouir dans notre mariage autant que dans notre travail, et prendre plaisir à aider l'autre à réussir sa vie professionnelle.*

Aujourd'hui, alors que près de huit mois se sont écoulés depuis que nous avons commencé notre premier Bullet Journal, nous parvenons à en faire plus qu'avant dans tous les domaines de la vie, tout ça avant 20 heures !

Grâce au bujotage, j'ai une prise sur ma vie. Je sais ce qui m'attend. J'ai ménagé des plages de temps pour réfléchir et m'assurer que je concentre bien mon énergie sur ce qui compte vraiment. Et j'ai retrouvé une entière confiance dans mon couple, parce que je sais que mon mari et moi sommes sur la même longueur d'onde ; que nous travaillons main dans la main pour atteindre des objectifs communs bien définis : nous les avons inscrits tout au début de nos carnets.

Rachel M.

Voilà ce que signifie vivre une vie intentionnelle. Ça ne veut pas dire mener une vie parfaite ou exempte de préoccupations, ni faire tout comme il faut. Ce n'est pas non plus une recette du bonheur, même si la joie accompagne souvent ceux qui avancent sur ce chemin. Mener une vie intentionnelle, c'est agir en accord avec ses convictions. C'est écrire une histoire en laquelle *vous* croyez et dont vous êtes fier d'être le héros.

SE DÉSENCOMBRER L'ESPRIT

*N'ayez rien chez vous que vous ne sachiez utile
ou que vous ne trouviez beau.*
WILLIAM MORRIS

Des études indiquent que nous aurions entre 50 000 et 70 000 pensées quotidiennes[15]. Autrement dit, cela signifie que notre cerveau génère suffisamment de contenu pour concevoir un livre par jour. Oui, vous avez bien lu : un livre par jour. Mais contrairement au contenu d'un livre, nos pensées ne sont pas minutieusement organisées. Quand on sait qu'elles sont vaguement cohérentes dans le meilleur des cas, on comprend mieux que notre pauvre matière grise ait du mal à mettre un peu d'ordre dans tout ce fatras. Où commencer ? Que faire en priorité ? Inévitablement, nous nous attaquons à trop de choses à la fois, dispersant notre concentration au point que plus rien ne reçoit l'attention nécessaire. C'est ce qu'on appelle communément « être occupé ». Mais être occupé ne veut pas nécessairement dire être productif.

> *Pour la plupart d'entre nous, dire « je suis occupé »*
> *est une façon acceptable d'avouer que nous avons dépassé*
> *nos limites fonctionnelles.*

Qu'est-ce que j'entends par là ? Nous manquons de temps parce que nous travaillons sur beaucoup de choses à la fois, et pourtant nombre de ces choses ne sont pas menées à bien. Ce phénomène problématique n'est pas spécifique au XXIe siècle, mais la quantité presque infinie de choix que la technologie met désormais à la disposition de tous l'a considérablement amplifié. Dois-je taper sur le clavier de mon ordinateur, rédiger un SMS, envoyer un e-mail, passer un coup de fil, bloguer, tweeter, Skyper ou hurler sur l'assistance numérique de mon smartphone pour parvenir à mes fins, quelles qu'elles soient ? Et dans quel ordre faire tout ça ? (Oh, et avant de m'y coller, je vais devoir mettre à niveau et mettre à jour, redémarrer, me connecter, m'identifier, m'authentifier, réinitialiser mon mot de passe, vider le cache et supprimer les cookies... J'en étais où, déjà ?)

Cette liberté de choix est un privilège à double tranchant. Toute décision demande un effort de concentration qui consomme du temps et de l'énergie. L'un comme l'autre sont des ressources limitées, et par conséquent extrêmement précieuses.

Intéressons-nous maintenant au conseil que Warren Buffett, un des investisseurs les plus brillants de tous les temps, a donné à Mike Flint, le fidèle pilote de son jet privé. La discussion portait sur les projets à long terme de Michael Flint, et Warren Buffett lui a demandé de dresser une liste de ses vingt-cinq objectifs professionnels. Après quoi, il l'a prié d'entourer les cinq qu'il considérait comme prioritaires. Quand il a demandé à son pilote les raisons de son choix, Mike Flint a répondu : « Eh bien, les cinq objectifs que j'ai entourés sont mes priorités, mais les vingt autres les suivent de très près. Ils restent importants à mes yeux et je compte travailler dessus de façon intermittente, quand j'aurai un petit moment de libre. Ils ne sont pas aussi urgents que ceux placés en tête de liste, mais j'ai tout de même l'intention de consacrer du temps et de l'énergie à chacun d'entre eux pour leur donner une chance d'aboutir. »

Ce qui lui a valu ce commentaire de Warren Buffett : « Mauvaise réponse, Mike. Tu as faux sur toute la ligne. Tout ce que tu n'as pas entouré vient de se transformer en liste d'objectifs à oublier de toute urgence. Quoi qu'il arrive, tu ne dois pas investir une seconde de ton énergie dans ces projets tant que tu n'auras pas mené à bien les cinq que tu estimes prioritaires[16]. »

Dans une interview accordée à *Vanity Fair,* Barack Obama a eu ces mots : « Vous remarquerez que je ne porte que des costumes bleus ou gris. En fait, je m'efforce de réduire le nombre de décisions que j'ai à prendre. Je n'ai pas envie de choisir ce que je mange ou ce que je porte, parce que j'ai tellement d'autres décisions plus importantes à prendre[17]. » On retrouve cette façon de procéder chez Mark Zuckerberg, le fondateur de Facebook, avec son éternel sweat-shirt à capuche gris, ou chez Steve Jobs, le fondateur d'Apple, qui portait son fameux col roulé noir au-dessus d'un blue-jean en guise d'uniforme. Leur conscience aiguë des efforts que requièrent des choix incessants les incitait à saisir toutes les occasions de limiter les décisions qu'ils avaient à prendre.

Comme l'a écrit le psychologue Roy F. Baumeister dans son livre *Le Pouvoir de la volonté* : « Quels que soient vos efforts pour faire preuve de rationalité et de hauteur d'esprit, vous ne pouvez pas prendre décision sur décision sans en payer le prix biologique. La fatigue qui en résulte n'est pas l'épuisement physique tel qu'on l'éprouve d'ordinaire : vous n'êtes pas conscient d'être fatigué, mais vous êtes à court d'énergie mentale[18]. » On appelle cela la fatigue décisionnelle. En d'autres termes, plus vous avez de décisions à prendre, plus il devient difficile de prendre des décisions judicieuses. Voilà pourquoi vous avez plus de chances de faire un repas déséquilibré à l'heure du dîner qu'à celle du petit déjeuner, quand vous démarrez votre journée avec une réserve de volonté encore intacte.

Ignorée, la fatigue décisionnelle peut vous conduire à fuir la prise de décision. C'est particulièrement vrai pour les choix de vie les plus cruciaux, que nous avons tendance à repousser tant que nous ne sommes pas au pied du mur. Les décisions les plus difficiles à prendre ne disparaissent pas quand on les ignore ; elles attendent, tapies en coulisses, de plus en plus menaçantes au fur et à mesure de nos atermoiements. Quelle université choisir pour mes études ? Ai-je vraiment envie de me marier avec cette personne ? Dois-je accepter cette nouvelle proposition d'emploi ? Lorsque finit par arriver le moment où nous sommes contraints d'arrêter cette grande décision – qui vient s'ajouter aux autres qu'il nous a fallu prendre pour éviter celle qui nous intimidait –, notre capacité de concentration a de bonnes chances d'être sérieusement entamée. Comment s'étonner, dans ces conditions, de se sentir stressé et angoissé ? Comment s'étonner d'avoir le sentiment de perdre pied ?

Nous tentons de traiter ces symptômes avec de nouvelles distractions : l'alcool, la nourriture, les voyages, le gavage télévisuel, etc. Les programmes que vous avez mis de côté sur votre liste Netflix ont beau être assez nombreux pour vous permettre de rester scotché devant votre écran pendant quatre ans, aucun ne vous tente au moment d'en choisir un ! Vous n'arrivez pas à vous décider, et vous voilà encore plus stressé alors que vous espériez vous détendre. Pour briser ce cercle vicieux et changer durablement les choses, ce ne sont pas les symptômes que nous devons traiter, mais la cause.

Nous devons réduire le nombre de décisions dont nous nous encombrons, de sorte à pouvoir nous focaliser sur ce qui compte vraiment.

L'inventaire mental

Pour sortir d'un état de fatigue décisionnelle, pour se libérer de la montagne de choix qui vous écrasent, la première étape consiste à prendre de la distance. Vous avez besoin de recul pour ordonner ces choix et les identifier clairement, et c'est en les couchant sur le papier que vous y parviendrez. Pourquoi les écrire ? Toute décision, tant qu'elle n'a pas été prise et suivie d'effet, reste une simple pensée. Essayer de retenir ses pensées est comme tenter d'attraper un poisson à mains nues : elles vous glissent entre les doigts et replongent dans les profondeurs obscures de votre cerveau. Écrire ses pensées permet de les saisir et de les examiner tranquillement à la lumière du jour : les extérioriser, c'est commencer à se désencombrer l'esprit. Point par point, vous créez un inventaire mental de tous les choix qui consument vos ressources d'attention. C'est la première phase du processus de reprise de contrôle de votre vie. C'est là que vous allez commencer à filtrer le tumulte de votre existence pour séparer ce qui a du sens de ce qui n'est que du bruit. C'est le point de départ de votre grand voyage en tandem avec le Bullet Journal.

De la même manière que l'on met de l'ordre dans un placard, il faut d'abord tout sortir de notre cerveau avant de décider ce qui doit y rester et ce dont il faut se séparer. Dresser un inventaire mental est une technique simple qui va vous permettre de faire un état des lieux de tout

Se désencombrer l'esprit

ce que vous avez entassé dans votre placard psychique. Il y a de fortes chances pour que vous y découvriez un tas d'obligations inutiles qui empiètent sur votre précieux espace mental et émotionnel.

J'ai parlé plus haut d'une feuille de papier et d'un stylo dont vous allez avoir besoin : c'est le moment de les sortir. Pour commencer, asseyez-vous devant la feuille de papier et placez-la dans le sens horizontal, puis séparez-la en trois colonnes (vous pouvez la plier deux fois ou tracer les lignes comme dans l'illustration de l'inventaire mental, page 66).

1. Dans la première colonne, listez les choses qui sont en cours d'accomplissement.
2. Dans la deuxième, listez celles que vous devriez accomplir.
3. Dans la dernière colonne, listez les choses que vous *souhaitez* accomplir. Décrivez chacune de ces tâches de manière concise et en conservant l'aspect d'une liste. Si l'une de ces tâches vous en inspire d'autres, creusez le sillon.

Donnez-vous le temps de compléter cet exercice sans précipitation et puisez profondément en vous-même. Soyez honnête. Sortez tout ce que vous avez en tête (et sur le cœur) et couchez-le sur le papier. Prenez une bonne inspiration et commencez.

L'INVENTAIRE MENTAL

Je fais	Je devrais faire	J'ai envie de faire
Impôts	Programme de remise en forme	Voyage à Hawaï
Présentation pour Acme Co	Apprendre à investir mon argent	Apprendre à faire la cuisine
Ranger dossiers photo PC	Planning hebdomadaire repas	Apprendre une autre langue
Préparatifs soirée d'Emmy.	Me fixer un objectif à 5 ans.	Lire davantage
	Appeler parents	Écrire davantage
	Faire un bilan de santé	Perdre 5 kg
	Préparer retraite	Être moins stressé
		Plus de temps avec les amis

Se désencombrer l'esprit

Le test

L'inventaire mental que vous venez tout juste de créer vous offre une vision claire de la façon dont vous dépensez aujourd'hui votre temps et votre énergie. C'est une cartographie de vos choix. L'étape suivante consiste à déterminer lesquels valent la peine d'être transformés en actions.

Repérer les obligations inutiles dont nous nous embarrassons peut se révéler un exercice difficile. Pourtant, nous passons notre temps à les accumuler. Nous sommes tellement occupés avec tout ce que nous faisons (ou devrions faire) que nous oublions de nous demander *pourquoi* nous faisons ces choses. L'inventaire mental nous offre précisément la possibilité de nous demander pourquoi.

Allez-y : remettez en cause ce que vous avez inscrit dans chacune des colonnes de votre inventaire. Inutile de vous perdre dans les méandres d'une interrogation existentielle. Contentez-vous de vous poser deux questions simples :

1. Cela a-t-il de l'importance (à mes yeux ou aux yeux d'une personne qui m'est chère) ?
2. Cela m'est-il indispensable (songez à votre loyer, à vos impôts, à votre prêt étudiant, à votre emploi, etc.) ?

Astuce : Si vous avez du mal à répondre à ces questions concernant l'un des points de votre inventaire, demandez-vous ce qui se passerait si ledit point restait – *à jamais* – en souffrance. Cela aurait-il de sérieuses répercussions ?

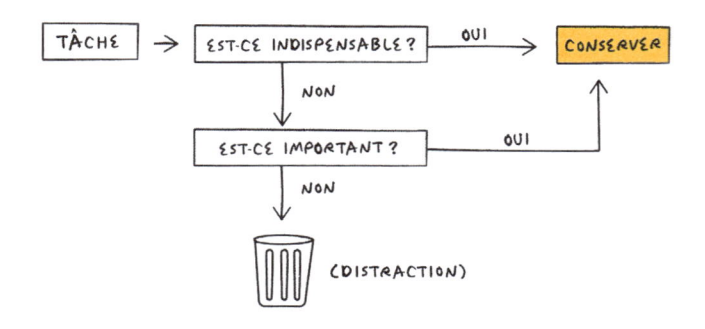

```
TÂCHE → EST-CE INDISPENSABLE? ──OUI──→ CONSERVER
              │
             NON
              ↓
         EST-CE IMPORTANT? ──────OUI──────↑
              │
             NON
              ↓
             🗑  (DISTRACTION)
```

Tous les points de votre tableau n'ayant pas survécu à cette remise en cause doivent être considérés comme des distractions. Ils n'apportent rien ou pas grand-chose à votre vie. Rayez-les. Soyez sans pitié. N'oubliez pas que chaque tâche est une expérience qui attend d'être vécue et qu'à ce titre elle vous offre un aperçu de ce que pourrait être votre avenir. Voilà pourquoi chaque élément de cet inventaire doit faire ses preuves pour survivre au grand ménage. Pour gagner le droit de faire partie de votre vie.

Quand vous en aurez terminé, vous vous retrouverez sans doute face à deux types de tâches : les choses que vous avez *besoin* de faire (vos obligations) et les choses que vous avez *envie* de faire (vos objectifs). Au fil des pages, je vous montrerai diverses façons de tirer le meilleur parti de cette liste, en progressant sur les deux fronts. Mais à ce stade, vous avez déjà tous les éléments nécessaires pour alimenter votre Bullet Journal. Enfin… tout, sauf votre carnet.

Il me semble entendre certains d'entre vous demander : *Mais pourquoi a-t-on fait ça sur une feuille de papier et pas directement dans le carnet ?* La question est légitime. Au fur et à mesure que vous lirez ce livre, que vous réfléchirez aux idées qu'il propose et que vous expérimenterez les techniques qu'il enseigne, l'envie vous viendra peut-être d'épurer encore davantage votre inventaire mental. Lorsque vous étrennerez votre Bullet Journal, je vous conseille de n'y inscrire que les choses qui vous semblent importantes ou susceptibles d'ajouter de la valeur à votre vie. Choisir intentionnellement ce que nous laissons entrer dans nos vies est une façon d'être au monde qui ne doit pas se limiter aux pages d'un carnet.

LES CARNETS

Tenir un journal est un voyage intérieur.
Christina Baldwin

Les gens qui découvrent le BuJo s'interrogent souvent sur l'utilité d'un carnet. Ne peut-on pas tout simplement utiliser une application pour y stocker nos listes ? Certes, c'est une solution possible. En fait, on trouve beaucoup de bonnes applis de productivité personnelle. J'ai même contribué à la conception de certaines d'entre elles ! En tant que désigneur interactif, je suis bien placé pour apprécier à leur juste valeur la puissance et l'efficacité des outils numériques. Le Bullet Journal a d'ailleurs été conçu en s'inspirant de méthodes appliquées dans le domaine du développement logiciel. Mais le bujotage va bien au-delà de la simple gestion de listes. Il s'agit d'une méthode globale conçue pour nous aider à saisir, organiser et examiner nos expériences. En parcourant ce livre, vous découvrirez précisément pourquoi et comment votre carnet vous aidera efficacement à faire tout ça. Voici les raisons qui ont fondé le choix du carnet.

Les carnets

La technologie fait sauter les barrières et les distances entre les gens et l'information. Il nous suffit de tapoter l'écran de notre portable pour obtenir des renseignements sur presque tout ou communiquer avec n'importe qui, à n'importe quelle heure du jour ou de la nuit, et depuis n'importe quel point de la planète. C'est une commodité dont on profite, en moyenne, toutes les douze minutes[19] ! Cette facilité d'accès a toutefois un prix, et je ne parle pas du prix de votre abonnement Internet ou des plumes que vous laissez chaque fois que vous contactez le service client de votre fournisseur d'accès.

Dans un monde où les antennes-relais poussent sur les clochers des églises[20], plus aucun espace ne conserve son caractère sacré. De la salle de réunion à la salle de bains, la technologie inonde nos vies avec un flot de contenu qu'il nous est impossible d'assimiler. Dans sa furie, ce déluge d'informations a emporté notre capacité de concentration. Des études indiquent que nos facultés d'attention souffrent du simple fait de se trouver dans la même pièce que notre smartphone, même s'il est éteint ou en mode silencieux[21] !

En 2016, l'Américain moyen a passé près de onze heures par jour devant un écran numérique[22]. Sans prendre en compte nos six à huit heures de sommeil (qui bien souvent sont elles aussi troublées par nos téléphones[23]), il nous reste environ six heures sans écran. À présent, songez au temps que vous passez dans les transports, à faire les courses et à cuisiner, et vous comprendrez où je veux en venir : le temps que nous consacrons à la détente et à la réflexion ne cesse de décroître.

Le moment que vous passez en tête à tête avec votre carnet vous offre ce luxe rare. Il créé pour vous un espace privé, dépourvu de distractions, où vous pouvez apprendre à mieux vous connaître. C'est l'une des raisons principales qui motivent le choix d'un carnet pour bujoter : cela nous force à faire une parenthèse hors connexion.

Notre carnet fait office de sanctuaire mental, d'espace de liberté où prendre le temps de la réflexion, traiter calmement les informations dont nous sommes bombardés et nous concentrer.

Les pages encore vierges de votre carnet sont un terrain de jeu où votre esprit peut s'ébattre en toute sécurité ; un espace où vous pouvez vous exprimer librement, sans craindre le jugement ou les attentes des autres. Aussitôt que la pointe du stylo entre en contact avec le papier, vous créez un lien direct avec votre esprit, et souvent avec votre cœur. Il n'est pas encore possible de reproduire cette expérience avec la même intensité dans l'espace numérique. Voilà pourquoi, aujourd'hui encore, tant de grandes idées naissent sur des bouts de papier.

Une autre raison de préférer les carnets ? La souplesse d'utilisation. Bien souvent, les programmes informatiques sont soit si puissants que l'abondance de leurs fonctionnalités, invisible pour la majorité des utilisateurs, ne se dévoile qu'aux explorateurs les plus intrépides (Excel, par exemple), soit si spécifiques qu'ils sacrifient des fonctions au bénéfice de la facilité d'utilisation, se contentent de faire peu de choses mais de façon très efficace (comme les applications mobiles). Dans les deux cas, ils vous contraignent à évoluer dans un cadre prédéfini qui ne relève pas de *votre* choix. C'est la limite de bien des programmes informatiques centrés sur la productivité personnelle : ils peinent à s'adapter à la variabilité sans fin et à la nature évolutive de nos besoins individuels. Le carnet, en revanche, est à l'image de son auteur. Ses fonctions ne sont limitées que par l'imagination de son propriétaire.

Le pouvoir du Bullet Journal réside dans sa capacité à s'adapter à vos besoins spécifiques, à être ce que vous voulez qu'il soit à chaque étape de votre vie.

À l'école, il peut vous servir à prendre des notes. Au travail, il peut se transformer en outil pour organiser vos projets. À la maison, il peut vous aider à assurer le suivi de vos objectifs. Robyn C., par exemple, est parvenue à méditer pendant quatre cent trente-deux jours d'affilée en s'aidant du traqueur[24] de méditation qu'elle a conçu sur son Bullet Journal. Elle a utilisé la même technique pour essayer de comprendre l'origine de ses troubles du sommeil. C'est elle qui a inventé les outils qu'elle utilise, pas moi.

Grâce à la façon dont il est structuré, le Bullet Journal peut être de nombreuses choses à la fois. Plutôt que de le voir comme un outil, considérez-le comme une boîte à outils. Il permet de réunir dans un même espace une grande part de ce que vous produisez. Vous allez jouir d'une vision plus globale de votre vie, ce qui vous permettra d'établir des liens inattendus entre vos pensées. C'est l'idée qu'exprime le Bullet-journaliste Bert Wedd lorsqu'il dit : « Tandis que je me plonge dans la relecture – quotidienne, hebdomadaire ou mensuelle – de telle ou telle partie de mon Bullet Journal et que je parcours attentivement ses pages, mon cerveau établit immanquablement plus de connexions entre mes idées qu'il ne pouvait le faire lorsque j'utilisais mes divers outils numériques. »

L'autre avantage considérable : faire de chaque matin un nouveau départ. Avec les traqueurs numériques, vous reprenez votre parcours là où le programme vous dit de le faire, quelque part au milieu de cette course sans fin qui a commencé le jour où vous avez configuré le traqueur et qui finira… ? Votre carnet, lui, vous accueille chaque matin avec la pureté et les promesses d'une feuille blanche. Voilà qui vous rappelle, mine de rien, que votre journée reste à écrire. Qu'elle sera ce que vous en ferez. Comme le note le Bullet-journaliste Kevin D. : « Avant, je me sentais coupable lorsque j'allais me coucher sans avoir pu effectuer tout ce que j'avais prévu de faire dans la journée. Mais avec le Bullet Journal, je transfère les tâches inachevées de la veille vers une nouvelle page avec un sentiment de confiance et de force intérieure : le BuJo me donne une prise sur la journée qui s'annonce, parce que je vois chaque matin comme un nouveau départ. »

Les carnets

Au bout du compte, votre carnet évolue main dans la main avec vous : on peut dire que vous collaborez étroitement. Votre BuJo s'adaptera à vos besoins en constante évolution. L'effet secondaire réjouissant de ce partenariat intime est que vous créez une archive de vos choix et des expériences qui en découlent. La bujoteuse Kim Alvarez a exprimé cette idée à l'aide d'une métaphore : « Chaque Bullet Journal enrichit la bibliothèque de votre vie d'un nouveau volume. » Cette bibliothèque riche en ressources et toujours disponible deviendra une alliée précieuse dans votre quête de sens.

En conservant une trace écrite de nos vies, nous pouvons voir nos erreurs et en tirer des enseignements. Noter nos réussites, les moments clefs où nous avons franchi un pas important dans tel ou tel domaine, est également instructif. Quand quelque chose fonctionne, professionnellement ou personnellement, il est précieux de connaître les circonstances dans lesquelles ça s'est produit, et les choix que nous avons faits à l'époque. L'examen de nos échecs comme de nos victoires constitue une fabuleuse source d'informations qui nous éclaire, nous oriente et nous motive tandis que nous traçons le chemin de notre avenir.

Alors, le Bullet Journal et les applications s'excluent-ils mutuellement ? Bien sûr que non. Beaucoup d'applis qui me rendent la vie plus facile ne pourraient jamais être remplacées par un carnet. La valeur d'un outil, qu'il soit ou non numérique, se juge à sa capacité à aider l'utilisateur à accomplir la tâche qui l'occupe. Le but de ce livre est de vous présenter une nouvelle boîte à outils destinée à votre atelier intime ; une boîte à outils qui s'est révélée efficace pour aider d'innombrables personnes à s'attaquer au projet souvent bancal qu'on appelle la vie.

L'ÉCRITURE MANUSCRITE

L'encre la plus pâle vaut mieux que la mémoire la plus fidèle.
Proverbe chinois

Nous insufflons de la vie à nos pensées en les couchant sur le papier. Peu d'outils sont capables de faciliter la transition du mot pensé au mot exprimé avec la fluidité qu'offre l'encre d'un stylo. Dans un monde qui privilégie chaque jour davantage les supports numériques, utiliser une méthode basée sur l'écriture à l'ancienne peut sembler quelque peu anachronique. Pourtant, un nombre grandissant de recherches soulignent la persistance de l'aspect pratique de l'écriture manuscrite à l'âge numérique.

Selon une étude de l'université de Washington, les élèves de primaire qui rédigent leurs rédactions à la main ont beaucoup plus de chances que les autres d'écrire à l'aide de phrases complètes et d'apprendre à lire plus vite. C'est en grande partie dû au fait que l'écriture manuscrite accélère et renforce la capacité à former – et donc à reconnaître – les caractères[25].

La complexité du mouvement tactile que requiert l'écriture manuscrite stimule davantage l'esprit que l'utilisation d'un clavier. Il active en même temps de multiples régions du cerveau, permettant ainsi à nos apprentissages de s'y imprégner davantage. Il en résulte que nous conservons les connaissances ainsi acquises plus longtemps que si nous avions tapoté un écran ou les touches d'un clavier[26]. Une étude en particulier a démontré que les étudiants qui avaient pris des notes à la main pendant leurs cours avaient, à l'issue de leurs examens, un taux moyen de réussite supérieur à ceux qui avaient pris des notes sur un ordinateur portable. Toujours selon cette étude, les adeptes des notes manuscrites parvenaient également à retenir les informations plus longtemps après l'examen[27].

Quand la pointe de notre stylo trace un caractère
sur une feuille de papier, nous ne nous contentons pas
d'allumer la lumière ; nous augmentons aussi le chauffage.
Écrire à la main nous aide à penser
et à ressentir en même temps.

Comme tant d'autres, ces études indiquent que les avantages de l'écriture manuscrite résident au cœur même du reproche qu'on lui fait constamment : son supposé manque d'efficacité. Eh oui : le fait que cela prenne plus longtemps est précisément ce qui lui confère son avantage intellectuel.

L'écriture manuscrite

Il est quasiment impossible de transcrire mot à mot des cours ou les débats d'une salle de réunion à l'aide d'un stylo et d'une feuille de papier. Écrire à la main oblige à être plus concis et stratégique dans ses choix langagiers, à trouver sa propre manière de synthétiser un flot de paroles en notes intelligibles. Pour y parvenir, il nous faut écouter plus attentivement, assimiler l'information, puis extraire l'essence d'une pensée extérieure en la passant au filtre de notre système neurologique, avant de la coucher sur le papier. À l'inverse, prendre des notes à l'aide d'un clavier peut vite devenir un acte répétitif, mécanique : une autoroute sans aspérité sur laquelle défile l'information, entrant dans une oreille et ressortant aussitôt par l'autre.

Pourquoi est-il si important de transcrire les informations qu'on reçoit avec ses propres mots ? Les recherches sur le sujet indiquent qu'en renforçant notre pensée associative l'écriture manuscrite améliore la façon dont nous nous approprions l'information. Elle nous permet d'établir de nouvelles connexions susceptibles de clarifier notre vision des choses et de produire des solutions créatives. Notre conscience et notre perspicacité s'en trouvent accrues.

La manière dont nous synthétisons nos expériences façonne celle dont nous percevons le monde et dont nous interagissons avec lui. Voilà pourquoi tenir un journal s'est révélé être un puissant outil thérapeutique pour traiter les personnes souffrant de traumatismes psychiques ou de troubles mentaux. L'écriture expressive[28], par exemple, aide à faire la paix avec des événements douloureux en les extériorisant sur le papier. La thérapie cognitivo-comportementale (TCC) utilise des scénarios catastrophe pour aider les gens à se détacher de leurs obsessions. Un souvenir traumatisant est détaillé sur un court paragraphe, puis le scénario est réécrit, encore et encore, jusqu'à ce que l'idée fixe desserre sa terrible étreinte, vaincue ou affaiblie par le recul que le patient parvient à prendre grâce à cet exercice. Une distance que nous peinons tous à trouver face à des situations difficiles.

À l'automne de nos vies, écrire peut nous aider à préserver nos plus précieux souvenirs. Plusieurs études s'accordent à dire que le fait d'écrire permet de conserver plus longtemps un esprit affûté. Au fil des ans, j'ai reçu beaucoup d'e-mails remerciant le Bullet Journal d'aider ceux qui souffrent de problèmes de mémoire à rester organisés, quel que soit leur âge. Bridget Bradley, par exemple, une bujoteuse de cinquante et un ans, parvient désormais à se souvenir « du temps qu'il faisait il y a trois mois, du nombre de fois où je suis allée au club de gym le mois dernier, d'avoir réservé (par e-mail) une table dans mon restaurant préféré, que je pars en vacances en juillet et que j'ai déjà fait la liste de ce que je dois emporter (six mois à l'avance !) pour avoir le temps de tout acheter et de tout préparer tranquillement ». De la même manière, de nombreuses personnes m'ont assuré que le Bullet Journal les a aidées à renforcer leur mémoire altérée par un choc, ou à la suite d'une intervention chirurgicale.

Un ami cher m'a dit un jour : « Les raccourcis rallongent le chemin. » Dans ce monde du copier-coller qui célèbre la vitesse, nous confondons souvent ce qui est pratique avec ce qui est efficace. Quand nous prenons un raccourci, nous perdons une occasion de lever le pied et de réfléchir. Écrire à la main, si nostalgique et désuet que cela puisse paraître, nous permet de saisir cette opportunité. En rédigeant soigneusement une lettre, nous nous mettons automatiquement à opérer un tri entre ce qui a du sens et ce qui n'est que du bruit. Ce faisant, notre vision de l'efficacité se modifie et nous apparaît moins comme une affaire de vitesse que de temps consacré à faire ce qui compte vraiment. Voilà qui résume bien la philosophie de la méthode Bullet Journal.

II

LE SYSTÈME

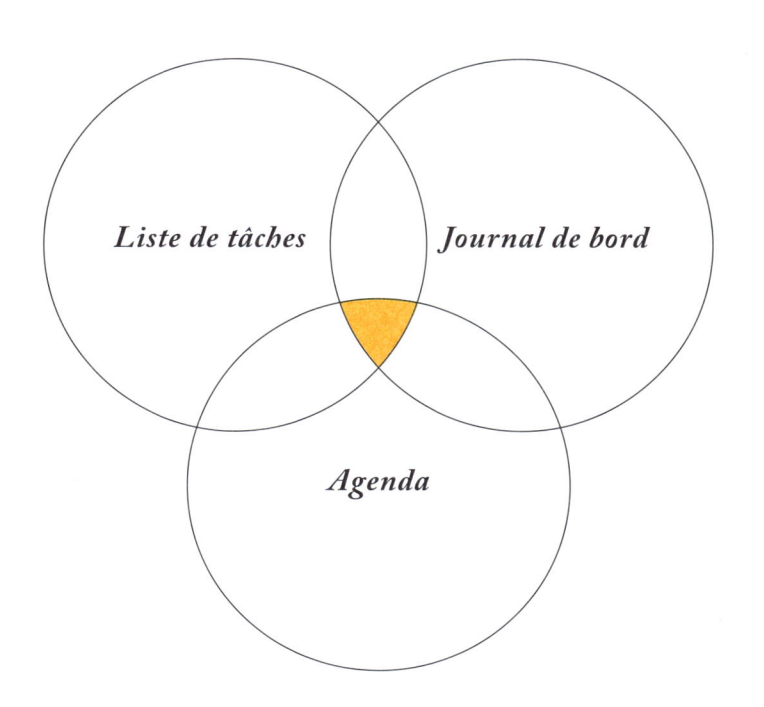

Liste de tâches

Journal de bord

Agenda

LE SYSTÈME

Votre Bullet Journal peut être votre pense-bête, votre journal de bord, votre agenda, votre carnet à dessin… ou tout ça à la fois, réuni dans un même espace. Sa structure modulaire lui confère cette souplesse. On peut imaginer les éléments d'une boîte de Lego. Chaque élément du Bullet Journal a une fonction qui lui est propre, que ce soit d'organiser votre journée, de planifier votre mois ou de vous attaquer à la réalisation d'un objectif. Vous êtes libre de mélanger ou d'associer les divers éléments pour personnaliser le système selon vos besoins. Dans la mesure où ces derniers changent forcément au fil du temps, cette flexibilité permet au système de s'adapter et de rester pertinent à travers les différentes phases de votre existence. Les fonctions et la structure de votre Bullet Journal évoluent avec vous.

Dans cette partie du livre, nous allons nous intéresser aux éléments essentiels qui constituent le socle du système. Vous allez apprendre la façon dont ils fonctionnent, pourquoi ils fonctionnent et comment ils parviennent à s'intégrer (ou à s'emboîter, pour reprendre l'image des Lego) dans le cadre général du système. Si vous lisez le livre dans l'ordre où il se présente, c'est ici que vous allez apprendre à mettre en place les bases de votre Bullet Journal et à y transférer le contenu de votre inventaire mental.

Si vous êtes un vieux briscard du bujotage, la deuxième partie a l'ambition de vous hisser au niveau supérieur. Nous examinerons ces outils et ces techniques qui vous sont déjà familiers, ainsi que la réflexion qui a inspiré leur conception. Cette section fait à la fois office de source référentielle et de guide pour aider à clarifier toute question qui a pu se présenter au cours de votre expérience de bujoteur.

Si vous faites vos premiers pas dans cet univers, je vous recommande de lire tous les chapitres de cette partie avant de présenter la pointe de votre stylo aux pages de votre BuJo. Chaque méthode et chaque technique est efficace en elle-même, mais la véritable force du Bullet Journal réside dans la somme de ses éléments. Pour tirer le meilleur profit de votre bujotage, il est important de comprendre de quelle manière ces outils interagissent et s'influencent les uns les autres. Cette partie va vous expliquer comment créer, étape par étape, votre propre Bullet Journal.

Le système

Avant de plonger au cœur du sujet…

La plupart des méthodes organisationnelles qu'on a essayé de m'imposer se révélaient malcommodes à l'usage, me démoralisaient ou m'emplissaient d'un sentiment de frustration. Pas vraiment le but recherché !

J'ai fait de mon mieux pour que cette partie ne se lise pas comme le mode d'emploi d'un moteur à turbine, mais cela reste inévitablement technique. Au premier abord, vous pourrez avoir l'impression que le mécanisme comporte beaucoup de pièces. Je vous invite donc à examiner séparément chacune d'entre elles lors de votre lecture des chapitres qui suivent. Placez-les dans la lumière,

CONCEPTS CLEFS

L'INDEX

Sert à localiser le contenu de votre Bullet Journal à l'aide du Sujet et des numéros de page.

INDEX	INDEX
Feuille de route de l'avenir : 5-8	
Janvier : 9-	
Remise en forme : 13-16	
1	2

FEUILLE DE ROUTE DE L'AVENIR

Sert à entreposer des tâches et des événements futurs associés à des dates situées au-delà du mois en cours.

FEUILLE DE ROUTE DE L'AVENIR	FEUILLE DE ROUTE DE L'AVENIR
Février	Mai
Mars	Juin
Avril	Juillet
5	6

FEUILLE DE ROUTE MENSUELLE

Fournit une vue d'ensemble des tâches à effectuer pendant le mois en cours, et du temps dont on dispose. Fonctionne également comme votre inventaire mental mensuel.

JANVIER	JANVIER
1 Lu	• Trier vêtements
2 Ma	• Planifier voyage
3 Mer.	• Sauvegarder site web
4 Jeu.	• Dentiste
5 Vend	• Crèche
6 Sam	
7 Dim	
9	10

FEUILLE DE ROUTE QUOTIDIENNE

Sert de fourre-tout pour saisir vos pensées au cours de la journée à l'aide de l'écriture rapide.

Lu 1/01	Ma 2/01
• Trier vêtements	• Tim : appeler
• Ai en de l'avancement !	• Yoga : annuler
X Sauvegarder site	– Bureau fermé Vend
– Jen en ville demain	• Soirée Brit
• Inscription Crèche	
11	12

88

CONCEPTS CLEFS

L'ÉCRITURE RAPIDE

Technique de prise de notes concises, associées à des symboles visant à rapidement saisir, catégoriser et classer par ordre de priorité vos pensées sous forme de notations, événements et tâches.

- – Notation
- o Événement
- • Tâche
- x Tâche effectuée
- \> Tâche migrée
- < Tâche programmée
- ~~• Tâche caduque~~

LES COLLECTIONS

Modules qui constituent la structure du BuJo, utilisés pour entreposer du contenu connexe. Les quatre collections principales sont l'index, la feuille de route de l'avenir, la feuille de route mensuelle et la feuille de route quotidienne, mais vous pouvez créer une collection pour tout ce que vous voulez garder à l'œil.

INDEX	FEUILLE DE ROUTE DE L'AVENIR
FEUILLE DE ROUTE MENSUELLE	FEUILLE DE ROUTE QUOTIDIENNE

LA MIGRATION

Processus mensuel consistant à filtrer le contenu de votre carnet pour se débarrasser du superflu.

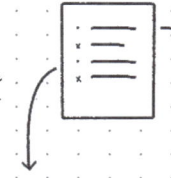

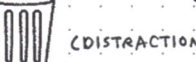

(INTENTION)

(DISTRACTION)

étudiez-les attentivement et demandez-vous : *Est-ce que cet élément peut m'aider ?*

Si, à un moment ou à un autre, vous vous sentez submergé d'informations, faites un pas de côté et passez aux travaux pratiques en ne prenant en compte que les composants qui vous parlent. La plupart d'entre eux ont été conçus pour fonctionner de façon autonome, vous pouvez donc les utiliser indépendamment de ceux que vous aurez préféré omettre, sans que ça nuise pour autant à leur efficacité. Alors commencez avec ce qui vous parle – même si ce n'est qu'un seul élément – et démarrez l'assemblage de votre BuJo à partir de là. C'est d'ailleurs comme ça qu'est né le Bullet Journal : un outil fonctionnel après l'autre.

L'ÉCRITURE RAPIDE

Répondez sans réfléchir : quelle est la dernière chose marquante qu'on vous ait dite ? D'accord, essayons quelque chose de plus simple : qu'avez-vous mangé au déjeuner avant-hier ? Petite musique de jeu télévisé… Non ? Pas de réponse ? Courage, vous n'êtes pas le seul à avoir un trou. La mémoire, pour la plupart d'entre nous, est dans le meilleur des cas un témoin peu fiable.

Nos expériences, qu'elles soient douces ou amères, sont autant de leçons. Nous leur donnons la place qu'elles méritent en les consignant dans notre BuJo, de sorte à pouvoir les examiner et voir ce qu'elles ont à nous enseigner. C'est comme ça que nous apprenons ; comme ça que nous grandissons. Laisser passer les occasions d'apprendre de nos expériences, c'est se condamner à répéter nos erreurs.

Tenir un journal est un formidable moyen de progresser sur la voie de l'autodidactisme. Le problème avec un journal classique, c'est qu'il est chronophage et n'a pas de structure. L'écriture rapide tire profit des meilleurs aspects de ce dernier en se débarrassant de tout ce qui n'est pas essentiel.

MÉTHODE CLASSIQUE

- [x] Rappeler Keith pour décider où dîner ce week-end
- [x] Envoyer un autre mail à Heather au sujet des formulaires d'autorisation d'Acme Co pour les participants au projet. Il faut leur envoyer ces formulaires et les récupérer signés.

La présentation expérience utilisateurs Acme Co est prévue le 12 février.

- [x] ~~Envoyer mail à Leigh à propos de la soirée qu'elle organise le 21 avril.~~

Nos bureaux seront fermés le 13.

J'ai été agréablement surprise de voir que Margaret semble avoir pris très au sérieux les remarques qu'on lui a faites. Elle s'est proposée pour aider à gérer les actifs du projet et s'implique davantage dans ce qu'elle fait. La qualité de son travail s'en ressent. ×

- [x] Annuler cours de yoga.
- [x] Commander un gâteau pour l'anniversaire de Kim, jeudi de la semaine prochaine. Doit être sans gluten parce qu'elle a une intolérance.
- [x] Ajouter des heures pour le projet Acme CO sur l'appli de gestion du temps.

Broadway fermée à la circulation ce matin pour aller au boulot, du coup j'ai dû faire un détour. En chemin, j'ai repéré un nouveau café qu'il faut absolument que j'essaie. J'ai aussi trouvé le trajet plus agréable. J'ai baissé ma vitre et j'ai profité du moment. Je connaissais ce chemin, mais je suis tellement obnubilée par l'heure quand je vais au boulot que je l'avais complètement zappé. Et même si j'étais un peu en retard, je suis arrivée de bonne humeur au bureau.

- [x] Planifier voyage

MÉTHODE ÉCRITURE RAPIDE

04/01 Je

- . Keith : re : dîner samedi
- * Acme Co. : envoyer formulaires
  - . Heather : envoyer mail pour formulaires
  - . Envoyer formulaires aux participants par mail
  - . Les récupérer signés
- − Acme Co. : présentation UX – 12 février
- . ~~Leigh : répondre pour soirée 21 avril~~
- − Bureaux fermés le 13 avril
- o Margaret : s'est proposée pour aider à gérer les actifs du projet
  - − Plus motivée et impliquée
  - − Nets progrès dans son travail

04/02 Ve

- x Annuler yoga
- . Kim : commander gâteau d'anniversaire
  - − Sans gluten (intolérance)
  - − Fête d'anniversaire jeudi
- * Acme Co. : ajouter heures
- o Broadway fermée, ai pris trajet long
  - − Ai repéré nouveau café
  - − Trajet beaucoup plus agréable
  - − Me suis sentie plus détendue en arrivant
- . Planifier voyage

(114 mots : environ 55 % de moins !)

L'écriture rapide vous aidera à saisir efficacement votre vie au vol, afin que vous puissiez vous mettre à l'étudier.

Les pages précédentes illustrent la différence entre un contenu retranscrit par une prise de notes traditionnelle, puis organisé à l'aide de l'écriture rapide. Nous entrerons plus tard dans le détail de la structure de cette technique et des symboles qui lui sont associés, mais un rapide coup d'œil sur cet exemple vous permettra déjà de voir à quel point l'écriture rapide est claire et concise. Rationnelle et simplifiée, cette façon de consigner nos pensées permet de gagner un temps considérable et trouve ainsi aisément sa place dans nos vies bien remplies.

Comme le décrit le Bullet-journaliste Ray Cheshire : « Je suis professeur de SVT dans le lycée d'une grande ville du Royaume-Uni. On essaie de caser toujours plus de choses dans une même journée et le rythme peut devenir assez trépidant. C'est là que l'écriture rapide entre en jeu. Par exemple, l'autre jour, on nous a prévenus qu'une inspection était sur le point d'avoir lieu. Grâce au Bullet Journal, j'ai pu savoir aussitôt ce qu'il me restait à faire avant la venue de l'inspecteur. »

Que ce soit à la maison, à l'école ou sur votre lieu de travail, l'écriture rapide vous aidera à gérer efficacement l'amas vertigineux de choses auxquelles vous devez faire face quotidiennement.

LES SUJETS ET LA PAGINATION

Pour se lancer dans l'écriture rapide, la première étape consiste à donner un cadre à ce que vous souhaitez consigner. Il suffit pour cela de trouver un titre qui reflétera le contenu de votre page. Ce titre est appelé « sujet ». Il peut s'agir de quelque chose d'aussi simple que « Liste de courses ». Mais même dans ce domaine – comme presque toujours avec le BuJo –, il y a quelques subtilités qui n'apparaissent pas à première vue. Ainsi, les sujets remplissent en réalité trois fonctions :

1. Ils identifient et décrivent le contenu.
2. Ils vous donnent l'opportunité de clarifier vos intentions.
3. Ils établissent un ordre du jour pour gérer le contenu.

À combien de réunions sans véritable ordre du jour avez-vous participé ? En général, elles ne sont pas très productives. Faire une pause, prendre un moment pour établir un ordre du jour *avant* de commencer permet de se concentrer, de définir les priorités et de gérer son temps beaucoup plus efficacement.

La recherche du sujet de votre page est précisément l'occasion de faire cette pause. Qu'allez-vous écrire sur cette page ? Quelle sera sa raison d'être ? En quoi cela va-t-il apporter quelque chose à votre vie ?

Ces considérations peuvent vous sembler superflues, et pourtant... Si vous saviez combien de fois je me suis assis devant mon carnet pour dresser une énième liste avant de me poser ces questions et d'y renoncer, soudain conscient qu'en aucune façon cette liste n'apporterait quelque chose d'important à ma vie. Est-ce qu'effectuer un suivi des séries télévisées que je regarde va vraiment m'apporter quelque chose ? Non. À d'autres moments, cette pause m'a aidé à définir mes objectifs avec davantage de netteté ; à maintenir la pertinence de mon Bullet Journal en m'assurant que son contenu soit au plus près de mes aspirations. Sujet par sujet, pause par pause, nous affûtons notre capacité à nous concentrer sur ce qui compte vraiment.

Pour mener une vie intentionnelle,
il suffit bien souvent de prendre le temps de la réflexion
avant d'agir.

Enfin, un bon sujet fait de votre Bullet Journal une source référentielle utile. Qui sait quand vous aurez

Les sujets et la pagination

besoin de remonter le temps et les pages de votre carnet pour trouver telle ou telle information ? « 13 oct., réunion remarques » n'est pas très parlant, alors que « J/13/10 (jour/date/mois) / Acme Co. (nom du client) / Lancement du nouveau site (nom du projet) / Retour d'expérience utilisateurs (priorité réunion) » vous fournit une description utile.

Une fois votre sujet défini, inscrivez-le en haut de la page. Maintenant que vous vous êtes occupé des fondations, vous allez pouvoir y poser ce que vous souhaitez construire, mais impossible de retrouver un bâtiment sans connaître son adresse. Dans le Bullet Journal, cette adresse est le numéro de page, alors n'oubliez surtout pas de l'inscrire chaque fois que vous en commencez une nouvelle. La numérotation des pages va devenir primordiale lorsque nous nous intéresserons à l'indexation (page 142). Attention, spoiler : votre index va vous aider à retrouver rapidement le contenu souhaité.

Seule la feuille de route quotidienne (page 126) n'a pas besoin d'un sujet descriptif. Elle sert de fourre-tout à nos pensées, et le sujet quotidien se résume donc à la date, écrite au format : jour/date/mois. Ça vous aidera à vous orienter rapidement quand vous parcourrez les pages.

Toutes ces opérations sont plus difficiles à expliquer qu'à mettre en œuvre. En pratique, cela ne nécessite que quelques secondes de réflexion avant de noircir le papier. À présent que votre page a son sujet et son numéro, elle est prête à traiter tout ce que vous voudrez bien y mettre.

04/01. Je.

- **Keith : re : dîner samedi**
- **Acme Co : Envoyer formulaires**
  - Heather : Envoyer mail pour formulaires
  - Envoyer formulaires aux participants par mail
    - Les récupérer signés
- Acme Co : présentation UX - 12 février
- ~~Leigh : répondre pour soirée 21 avril~~
- Bureaux fermés le 13 avril
- Margaret : s'est proposée pour aider à gérer les actifs du projet.
  - Plus motivée et impliquée
  - Nets progrès dans son travail.

04/02 Ve

- **Annuler Yoga**
  - Kim : commander gâteau d'anniversaire
    - Sans gluten (intolérance)
    - Fête d'anniversaire jeudi
- **Acme Co : ajouter heures**
- Broadway fermée, ai pris trajet long
  - Ai repéré nouveau café
  - Trajet beaucoup plus agréable
  - Me suis sentie plus détendue en arrivant
- **Planifier voyage**

LES PUCES

Si l'écriture rapide est la langue dans laquelle est écrit le Bullet Journal, les puces en sont la syntaxe. Une fois que vous avez inscrit votre sujet et le numéro de la page, vous consignez vos pensées à l'aide de phrases courtes et neutres précédées de symboles spécifiques qui les catégorisent (des puces typographiques personnalisées). Nous utilisons les puces parce qu'elles nous permettent de gagner du temps, mais aussi parce que comprimer l'information en phrases concises nous force à n'en conserver que la substantifique moelle.

Créer des notes efficaces demande de trouver l'équilibre entre concision et clarté. Trop brèves, elles risquent d'être difficiles à déchiffrer plus tard. Trop détaillées, elles vont vite transformer la transcription de vos pensées en pensum. Par exemple, « Rappeler, urgent ! » est trop court. Qui devez-vous rappeler ? Jusqu'à quand pouvez-vous rappeler cette personne ? Pour quelle raison devez-vous la rappeler ? L'agitation d'une journée peut facilement vous faire oublier tout ça. À l'inverse,

« Appeler John M. dès que possible parce qu'il a besoin de savoir quand je pourrais lui fournir les chiffres de vente du mois de juin » est une tartine de mots bien trop informative. Faisons un nouvel essai : « Appeler John M., re : chiffres de vente juin ». Vous dites exactement la même chose en utilisant trois fois moins de mots. Bientôt, je vous montrerai comment transformer cette tâche en priorité à l'aide d'un « indicateur ».

Parvenir à réduire ses notes à l'essentiel (concises sans sacrifier le sens) demande un peu de pratique, mais avec le temps cet exercice nous permet de mieux identifier ce qui vaut la peine d'être couché sur le papier. C'est important, parce que nos vies sont d'une infinie complexité et il y a potentiellement *énormément* de choses que nous ne voulons pas perdre de vue. Si, par le passé, vous avez essayé de vous organiser à l'aide de listes, vous savez qu'elles ont une fâcheuse propension à devenir incontrôlables. Bien souvent, leur contenu n'offre pas assez de contexte et souffre d'un manque de priorisation. L'écriture rapide résout ce problème de plusieurs façons. D'abord en triant les éléments de votre liste en trois catégories :

1. Les choses que vous devez faire (les tâches)
2. Vos expériences (les événements)
3. Les informations que vous ne voulez pas oublier (les notations)

Afin d'améliorer une liste rudimentaire et de lui apporter les indispensables couches contextuelles et fonctionnelles qui lui manquent, une puce spécifique est attribuée à chacune de ces catégories. Au cours de la journée, ces symboles vous permettent de saisir rapidement vos pensées et de les contextualiser en temps réel. Plus tard, lorsque vous balaierez les pages de votre carnet du regard, ils vous serviront à localiser beaucoup plus facilement le contenu que vous cherchez. Penchons-nous de plus près sur chacune de ces catégories et voyons comment cette syntaxe permet à vos notes de rester organisées, concises et efficaces.

LES TÂCHES

La puce « tâche » peut vous délester de lourdes charges. Considérez-la comme une sorte de case à cocher (les cases à cocher étaient effectivement utilisées dans d'anciennes versions du Bullet Journal, mais avec le temps il est apparu qu'elles n'étaient pas aussi efficaces que la puce classique – sous forme de point épais : elles prenaient plus de temps à dessiner et pouvaient avoir un aspect bâclé qui nuisait à la lisibilité). La puce tâche « • » est rapide à créer, flexible et soignée. Elle change facilement de forme, ce qui est important, parce que les tâches peuvent connaître cinq états distincts, auxquels correspond à chaque fois une puce différente :

- *Tâches :*
  Éléments de votre liste qui nécessitent une action de votre part.

- x *Tâche effectuée :*
  L'action requise a été menée à bien.

Les tâches

> **Tâche migrée :**
> Tâche qui a été déplacée vers *l'avant* (d'où la flèche qui pointe vers la droite), dans votre feuille de route mensuelle ou dans une collection spécifique.

< **Tâche programmée :**
Tâche programmée associée à une date située au-delà du mois en cours et qui a donc été déplacée vers *l'arrière* du BuJo (d'où la flèche qui pointe vers la gauche), dans la feuille de route de l'avenir créée au début de votre carnet.

• ~~Tâche caduque :~~
Avec le temps, les tâches que nous nous fixons finissent parfois par perdre leur pertinence, leur importance, voire tout leur sens. Si les circonstances ont changé et que ça n'a plus d'importance pour vous, alors cette tâche est désormais une distraction. Rayez-la : une chose de moins dont il faut se soucier.

Sous-tâches et tâches principales

Pour être menées à bien, certaines tâches doivent être exécutées en plusieurs étapes appelées sous-tâches. Elles peuvent être inscrites directement sous la tâche principale dont elles dépendent, et listées à l'aide d'un simple alinéa.

Les tâches principales ne peuvent être notées comme étant achevées qu'une fois que toutes les sous-tâches ont également été notées comme étant achevées ou caduques.

Astuce : Quand vous remarquez qu'une tâche principale engendre beaucoup de sous-tâches, cela peut indiquer que cette tâche s'étoffe et devient un projet. Si c'est le cas, il peut être judicieux de faire de cette sous-liste une collection à part entière. Planifier un voyage, par exemple, a de bonnes chances de prendre la forme d'une entreprise complexe – avec des tâches allant de la recherche d'une location sur place à l'achat d'équipement, en passant par les réservations liées aux divers moyens de transport –, chacune de ces tâches pouvant elle-même induire une série de sous-tâches (aller jeter un œil aux sites Internet des hôtels X, Y et Z pour comparer les prix et les prestations ; chiffrer le coût des billets d'avion et des locations de voiture ; se renseigner sur le meilleur type de chaussures de randonnée pour marcher dans un champ de lave). Si vous n'avez pas le temps de créer une nouvelle collection, contentez-vous d'ajouter une tâche destinée à vous souvenir d'en créer une plus tard :
« • Créer collection Vacances à Hawaï ». C'est l'exemple parfait de la façon dont une puce et la note qui lui est associée peuvent faire office de point d'ancrage mental.

Jeu. 01/04

- ✗ Keith : rappeler : dîner de samedi.
- • Acme Co : envoyer formulaires
  - • Heather : mail pour formulaires
  - \> Envoyer formulaires aux participants par mail
  - < Les récupérer signés
- – Acme Co : présentation UX – 12 février
- • ~~Leigh : répondre pour soirée 21 avril~~
- – Bureaux fermés le 13 avril
- ° Margaret : s'est proposée pour aider à gérer les actifs du projet
  - – Plus motivée et impliquée
  - – Nets progrès dans son travail

Ven 02/04

- ✗ Annuler Yoga
- • Kim : commander gâteau d'anniversaire
- – Sans gluten (intolérance)
- – Fête d'anniv' jeudi
- • Acme Co : ajouter heures
- ° Broadway fermée, ai pris trajet long
- – Ai repéré nouveau café
- – Trajet beaucoup plus agréable
- – Me suis sentie plus détendue en arrivant
- • Planifier voyage

LES ÉVÉNEMENTS

Représentés par une puce blanche « ∘ », les « événements » sont liés à une expérience vécue ou que vous avez prévu de vivre. Les puces « événement » et les notes qui y sont associées peuvent donc être consignées *avant* que l'expérience ne soit vécue – ce qui revient à les programmer – (« Fête d'anniversaire de Charlie », par exemple) ou *après* que l'expérience a été vécue (« J'ai signé le bail. Youpi ! »).

Même éprouvantes sur le plan émotionnel, les notes associées à une puce « événement » doivent rester aussi neutres et concises que possible. Dans le Bullet Journal, l'événement « Soirée ciné » doit être exprimé avec ni plus ni moins de détails que l'événement « Il m'a larguée ». Ne pas être contraint de transcrire la complexité de nos expériences personnelles augmente fortement nos chances de les consigner dans notre carnet. Et c'est ce qui compte le plus : conserver une trace de ce que nous avons vécu.

Les événements

Analyser à chaud un événement douloureux peut se révéler particulièrement difficile, pour ne pas dire impossible. Un événement heureux peut également apporter son lot de sentiments complexes ; des bouffées de gratitude à l'ivresse de la victoire en passant par les larmes versées parce qu'un être cher n'était pas là pour partager ce moment avec vous. Dans un cas comme dans l'autre, ces sentiments risquent de perturber votre concentration. Les puces événement vous permettent de mettre ce ressenti de côté pour examen ultérieur, de vous en décharger temporairement l'esprit afin de vous focaliser sur vos priorités. Vous créez ainsi une archive qui attend – en sécurité dans les pages de votre carnet – que vous reveniez la consulter lorsque le moment s'y prêtera mieux ; quand vous aurez davantage de temps, de recul ou de ressources mentales pour vous attaquer à votre paperasse émotionnelle.

Par exemple, un Bullet-journaliste nommé Michaël S. a rencontré une femme dont il s'est épris. Leur relation ne durait que depuis quelques mois, mais un lien solide semblait s'être déjà créé entre eux et leur couple paraissait promis à un bel avenir. Un soir, elle l'a invité à dîner. Aussitôt assis face à elle, il a senti que quelque chose ne tournait pas rond et lui a demandé ce qui se passait. Elle lui a répondu qu'elle voulait mettre fin à leur relation. Pris au dépourvu, il lui a demandé des explications. Elle n'a pas su lui donner de raison, se contentant de répéter que c'était fini entre eux.

01/04. Je.

- ✗ Keith : re : dîner samedi
- • Acme Co. : envoyer formulaires
  - • Heather : envoyer mail pour formulaires
  - > Envoyer formulaires aux participants par mail
  - < Les récupérer signés
- – Acme Co. : présentation UX - 12 février
- – ~~Leigh : répondre pour soirée 21 avril~~
- – Bureaux fermés le 13 avril
- ○ ==Margaret : s'est proposée pour aider à gérer les actifs du projet==
  - – Plus motivée et impliquée
  - – Nets progrès dans son travail

02/04. Ve.

- ✗ Annuler yoga
- • Kim : commander gâteau d'anniversaire
  - – Sans gluten (intolérance)
  - – Fête d'anniversaire jeudi
- • Acme Co : ajouter heures
- ○ ==Broadway fermée, ai pris trajet long.==
  - – Ai repéré nouveau café
  - – Trajet beaucoup plus agréable
  - – Me suis sentie plus détendue en arrivant
- • Planifier voyage

N'oubliez pas de numéroter vos pages !

Les événements

Michaël s'est senti blessé et déstabilisé par la fin abrupte d'une histoire à laquelle il croyait. Quelques semaines plus tard, il a ouvert son Bullet Journal dans lequel se trouvait l'archive complète de cette relation et s'est mis à feuilleter leur histoire page à page. Il a été choqué de découvrir à quel point il avait enjolivé les choses : à aucun moment, au cours de cette relation plutôt brève, ça ne s'était passé aussi bien que dans son souvenir. Note après note, ses mots dessinaient le portrait d'une femme plutôt froide et distante qui ne s'était jamais montrée particulièrement douce ou attentionnée avec lui. La réalité de leur couple, décrite de sa propre plume, lui a permis de poser un regard neuf sur la situation et de tourner la page.

En jetant une lumière crue sur cet épisode, l'archive créée par Michaël lui a offert un point de vue précieux dont il n'aurait pas pu disposer sans son Bullet Journal. Cet exemple, parmi tant d'autres, illustre la façon dont le compte-rendu objectif d'une expérience peut devenir un puissant outil pour nous aider à progresser dans nos vies. Mais le BuJo ne se contente pas de braquer les projecteurs sur le versant sombre de notre existence ; il peut également nous faire prendre conscience de tout ce qu'il y a de positif et que nous avons tendance à négliger. Nous pouvons aborder les derniers jours de décembre avec le sentiment que rien de vraiment notable ne s'est produit au cours de l'année écoulée : peut-être avons-nous dû renoncer à de belles vacances à Hawaï ou dire adieu à une promotion espérée. Peut-être avions-nous imaginé que notre recherche d'appartement aboutirait avant les fêtes de fin d'année. La nature humaine est ainsi faite que nous avons tous tendance à nous intéresser davantage aux trains qui ont du retard qu'à ceux qui sont à l'heure. Tourner les pages de son BuJo peut aider à corriger cette vision des choses : il y a eu des victoires dignement fêtées, des projets menés à bien, des paliers franchis dans la salle de sport, des bilans de santé réjouissants, des enfants dont la candeur nous a fait craquer, des conversations – avec nos amis, nos enfants, nos parents, nos conjoints – qui nous ont réchauffé le cœur, etc., etc.

Notre mémoire n'est pas fiable. Bien souvent, nous parvenons à nous duper nous-mêmes, à réécrire mentalement nos expériences et à en conserver un souvenir déformé. Des études indiquent que notre mémoire des sentiments éprouvés lors d'un événement peut être un miroir très infidèle de ce que nous avons réellement ressenti sur le moment. Nous pouvons nous souvenir d'événements très positifs d'une façon négative, et vice versa. Dan Gilbert, qui enseigne la psychologie à Harvard, ne compare pas nos souvenirs à des photographies mais à des tableaux ; des toiles sur lesquelles notre cerveau peint sa vision artistique des événements qu'il a conservés en mémoire[29].

Il importe de garder une trace précise de la façon dont les choses se sont vraiment déroulées, parce que les décisions que nous prenons se nourrissent souvent de nos expériences passées. Se baser sur notre seule mémoire pour gouverner notre vie, c'est prendre le risque de répéter nos erreurs en réussissant à nous convaincre que telle chose a eu un effet qu'en réalité elle n'a pas eu. Que l'événement soit heureux ou malheureux, important ou

LES ÉVÉNEMENTS

modeste, notez-le dans votre BuJo. Les puces événement sont des instantanés du moment présent. Au fil des jours, des mois et des années, ils cartographient votre parcours et vous fournissent un plan assez précis de votre existence. Comprendre comment on en est arrivé là où on en est permet de prendre des décisions plus éclairées et de mieux tracer les contours de sa vie future.

Astuce 1 : Je vous conseille de décortiquer votre expérience aussitôt que possible après que l'événement s'est produit afin de préserver la fraîcheur et l'exactitude des détails. La réflexion quotidienne (page 184) fonctionne bien pour vous aider en ce sens.

Astuce 2 : Les événements programmés à une date située au-delà du mois en cours sont ajoutés à la feuille de route de l'avenir (page 137). Exemple : les anniversaires, les réunions, les dîners.

Astuce 3 : Pour ceux d'entre vous qui aiment écrire, diaristes ou adeptes de l'écriture expressive, vous pouvez imbriquer des puces notation (page 113) sous une puce événement si une expérience comporte des détails importants / intéressants que vous voulez consigner pour un usage ultérieur. N'oubliez pas, faites preuve de concision :

> ○ Rencard avec Sam à El Pasto
>   — Elle avait ¼ d'heure de retard. Ne m'a pas prévenu par SMS. Ne s'est pas excusée.

La Méthode Bullet Journal

- S'est fichue de moi parce que je m'étais fait beau pour le rencard.
- A commandé plein de plats qu'elle a à peine goûtés. N'a pas proposé de payer.
- Le guacamole était à tomber par terre.

LES NOTATIONS

Les puces « notation » sont représentées par un tiret « – ». Les notations servent à exprimer des faits, des pensées et des observations. Leur but est de consigner ce dont nous souhaitons nous souvenir, mais qu'il n'est pas nécessaire ou possible de convertir immédiatement en actes. Ce type de note est particulièrement adapté aux réunions professionnelles, aux conférences, aux cours universitaires ou scolaires… Tout le monde sait ce qu'est une notation, je ne vais donc pas insister sur ce point. En revanche, j'aimerais m'attarder un moment sur les avantages que vous pouvez tirer des notes mises en forme selon les principes du Bullet Journal.

Les puces notation doivent rester concises. Le respect de cette règle vous contraint à condenser l'information pour n'en retenir que l'essentiel. Plus on essaie de saisir une grande quantité d'informations lors d'une réunion ou d'un cours magistral, moins on assimile ce qui est dit. Essayer de transcrire mot à mot un flux d'informations consume presque toute votre attention.

En choisissant vos mots de façon stratégique afin de limiter vos notes à l'essentiel, vous vous impliquez intellectuellement. Lorsque vous vous interrogez sur ce qui est important et que vous vous demandez *pourquoi* c'est important, vous passez d'un état où vous entendez ce qui est dit à un état où vous *écoutez* ce qui est dit. C'est lorsque nous commençons à *écouter* que l'information peut devenir compréhension. L'amélioration de notre écoute conjuguée du monde alentour et de notre monde intérieur est au cœur du bujotage. Nous verrons ça de plus près dans la troisième partie du livre. Pour le moment, passons en revue quelques nouvelles astuces pour être plus efficace dans la prise de notes :

04/01 Je

- ✗ Keith : re. : dîner de samedi.
- • Acme Co : envoyer formulaires
  - • Heather : envoyer mail pour formulaires
  - \> Envoyer formulaires aux participants par mail
  - < Les récupérer signés
  - ~ Acme Co : présentation UX - 12 février
- • ~~Leigh : répondre pour soirée 21 avril~~
  - ~ Bureaux fermés le 13 avril
- ° Margaret : s'est proposée pour aider à gérer les actifs du projet
  - ~ Plus motivée et impliquée
  - ~ Nets progrès dans son travail

04/02 Ve

- ✗ Annuler yoga
- • Kim : commander gâteau d'anniversaire
  - ~ Sans gluten (intolérance)
  - ~ Fête d'anniversaire jeudi
- ✱ • Acme Co : ajouter heures
  - ° Broadway fermée, ai pris trajet long
  - ~ Ai repéré nouveau café
  - ~ Trajet beaucoup plus agréable
  - ~ Me suis sentie plus détendue en arrivant
- • Planifier voyage

Prenez le temps d'assimiler l'information

Ne déguerpissez pas dès la fin de la réunion ou du cours. L'information est liée à son contexte : l'histoire qu'elle renferme se dévoile pas à pas, élément par élément. Une fois l'événement clos, donnez-vous le temps de la réflexion ; le temps de l'assimilation. Notez ce qui flotte dans votre esprit. Prenez un peu de recul, relisez vos notes, voyez ce qui émerge et consignez-le dans votre carnet. C'est une excellente occasion de combler ou de repérer les lacunes de votre compréhension. Préparer une liste de questions peut contribuer à rendre votre prochaine réunion ou votre prochain cours plus productif. La curiosité peut également motiver une approche dynamique et volontaire de l'apprentissage. Si vous voulez vraiment savoir quelque chose, vous finirez par trouver.

Appropriez-vous l'information

Lorsque c'est possible, essayez de cibler les éléments d'information auxquels vous pouvez vous identifier ; ceux qui vous intéressent spontanément. Voici un exemple de la manière dont vous pouvez vous servir de toutes ces astuces :

> **Source :** « Certaines concentrations d'animaux ont droit à des appellations familières en anglais.

Ainsi, une réunion d'étourneaux est appelée un "murmure d'étourneaux". Cela existe aussi pour certaines races de chiens comme les carlins dont les groupes sont appelés des "grondements de carlins". »

Notation inefficace : En anglais, certains groupes d'animaux ont des noms.

Notation efficace : En anglais, un groupe de carlins s'appelle un grondement ! Un groupe d'étourneaux, un murmure d'étourneaux !

Bien que la première notation soit concise, si vous la relisez dans plusieurs mois, vous risquez de mal la comprendre ; de penser, en lisant « certains groupes d'animaux ont des noms », que cette notation fait référence aux « mammifères », aux « reptiles » ou autres « lagomorphes ». En revanche, la seconde note associée à votre puce notation relie l'information à quelque chose qui vous intéresse (les carlins dans le cas qui nous occupe ; et si vous n'aimez pas les carlins – espèces de monstres sans cœur –, alors disons les étourneaux), et vous aide également à extraire beaucoup plus d'informations en extrapolant : si d'étonnantes appellations sont données à un groupe de carlins ou d'étourneaux, on peut raisonnablement en déduire que c'est également le cas pour d'autres groupes d'animaux. Cette notation succincte et néanmoins précise peut faire surgir d'autres souvenirs se rapportant au même sujet. Qui sait ? Peut-être aurez-vous envie de créer une puce tâche pour penser à chercher plus d'informations sur la question.

Voici une façon simple de résumer toutes ces astuces : gardez votre moi futur à l'esprit lorsque vous notez quelque chose dans votre BuJo. Vos notations ne vous seront d'aucune utilité si vous êtes incapable de les déchiffrer d'ici à une semaine, un mois ou un an. Faites une fleur à votre moi futur et ne sacrifiez pas la clarté à la concision. Ainsi, votre Bullet Journal restera une mine d'informations pendant de longues années.

LES INDICATEURS
ET LES PUCES PERSONNALISÉES

Les puces tâche, événement et notation vous seront utiles dans la plupart des situations. Cela étant dit, chacun a des besoins différents. Ici, pas de taille unique ! C'est un principe essentiel du bujotage. Voilà pourquoi je vous encourage à personnaliser le système une fois que vous vous sentirez à l'aise avec les techniques de base. En attendant, faisons un premier survol des moyens de créer un Bullet Journal à votre image. Nous explorerons en détail l'univers de la personnalisation dans la quatrième partie du livre, mais j'aimerais d'ores et déjà vous montrer comment opérer un réglage précis de votre BuJo à l'aide des indicateurs et des puces personnalisées, pour qu'il s'adapte à vos besoins.

Les indicateurs

Les indicateurs sont l'autre outil offert par l'écriture rapide pour améliorer la fonctionnalité des listes. Il s'agit de symboles qui braquent les projecteurs sur une note de

La Méthode Bullet Journal

votre liste en lui donnant un supplément de contexte. Les indicateurs sont placés *avant* les puces, de sorte qu'ils se distinguent du reste et se remarquent d'un simple coup d'œil. Voici des exemples d'indicateurs qui se sont révélés utiles pour moi :

04/01 Je

- ✗ Keith : re : dîner samedi
- * • Acme Co. : envoyer formulaires
  - • Heather : envoyer mail pour formulaires
  - > Envoyer formulaires aux participants par mail
  - < Les récupérer signés
- – Acme Co. : présentation UX – 12 février
- • ~~Leigh : répondre pour soirée 21 avril~~
- – Bureaux fermés le 13 avril
- ○ Margaret : s'est proposée pour aider à gérer les actifs du projet
  - – Plus motivée et impliquée
  - – Nets progrès dans son travail

04/02 Ve

- ✗ Annuler yoga
- • Kim : commander gâteau d'anniversaire
  - – Sans gluten (intolérance)
  - – Fête d'anniversaire jeudi
- * • Acme Co : ajouter heures
- ○ Broadway fermée, ai pris trajet long
  - – Ai repéré nouveau café
  - – Trajet beaucoup plus agréable
  - – Me suis sentie plus détendue en arrivant
- ! • Planifier voyage

Les indicateurs et les puces personnalisées

Priorité : L'indicateur « priorité » est représenté par un astérisque (« * »). Il est utilisé pour identifier une puce comme importante et se trouve le plus souvent associé avec la puce tâche (« * • »). À utiliser avec modération : si tout est prioritaire, plus rien ne l'est.

Inspiration : L'indicateur « inspiration » est représenté par un point d'exclamation (« ! »). Il est le plus souvent associé avec la puce notation (« ! – »). Vous n'égarerez plus jamais vos idées fabuleuses, mantras personnels et autres pensées géniales !

Puces personnalisées

Les puces personnalisées vous aident à saisir rapidement des notes qui correspondent à une situation qui vous est propre. Par exemple, si vous êtes un responsable qui délègue un grand nombre de tâches, vous pouvez ajouter une autre dimension à une puce tâche en la transformant en barre oblique (« / »), indiquant ainsi que la mission a été confiée à quelqu'un d'autre :

/ Présentation. Kevin B. s'occupe des chiffres

Une fois que Kevin a réuni les chiffres nécessaires à la présentation, vous pouvez transformer la barre oblique en « X » pour indiquer que la tâche a été complétée.

Utiliser des puces personnalisées est la meilleure façon de procéder quand on a des tâches ou des événements récurrents tels qu'« Entraînement de rugby ». L'entraînement de rugby peut être représenté par un « H » (parce que ça ressemble à des poteaux de rugby). Vous pouvez rapidement ajouter cette puce personnalisée à la page calendrier de votre feuille de route mensuelle, afin de repérer les jours et les heures d'entraînement d'un simple coup d'œil. N'hésitez pas à utiliser des lettres plutôt que des symboles si ça vous aide à mémoriser.

Astuce : Faites un usage parcimonieux des puces personnalisées et des indicateurs. L'écriture rapide s'efforce de rendre la saisie d'informations aussi fluide que possible. Plus vous ajoutez de petites inventions de votre cru, plus la saisie d'informations se complique et plus vous êtes ralenti.

Résumé écriture rapide

Nous avons donc passé en revue toutes les étapes de l'écriture rapide, ce moyen prompt et efficace de saisir et de trier vos pensées en tâches, événements et notations. Ces pensées se voient attribuer à la fois un sujet – qui les synthétise et vous aide à mieux définir votre intention au moment de les coucher sur le papier – et un numéro de page qui vous permet de les retrouver facilement lorsque vous souhaitez les consulter plus tard.

Les indicateurs et les puces personnalisées

L'écriture rapide a été conçue pour vous aider à faire face aux affres du train-train quotidien. Elle vous permettra de vous décharger de toutes les informations dont vous êtes sans cesse bombardé et d'émerger d'une journée chaotique armé d'une liste d'idées et de pensées classées par ordre de priorité.

LES COLLECTIONS

#bulletjournalcollection

Quels que soient nos efforts pour nous organiser, la vie est chaotique et souvent complètement imprévisible. Le Bullet Journal s'adapte à ces aléas plutôt que d'essayer de les combattre. Il troque la structure linéaire des agendas classiques contre une approche modulaire.

À l'image d'une boîte de Lego, le BuJo est constitué d'éléments modulaires. Chaque « brique » de votre carnet est conçue pour *collecter* et organiser des informations connexes ; voilà pourquoi on les désigne sous le terme « collections ». Les collections sont des modules interchangeables, réutilisables et personnalisables. Peut-être avez-vous, le mois dernier, créé une liste de courses, planifié un voyage et préparé une présentation. Mais ce mois-ci, vous voulez créer un traqueur d'ovulation, préparer une fête et prévoir vos repas à l'avance. Quelle que soit l'information que vous avez besoin d'organiser, il y a une collection pour ça. Si vraiment vous n'arrivez pas à en trouver une qui corresponde à vos besoins, je vous encourage à l'inventer rien que pour vous (je vous en dirai plus là-dessus dans la quatrième partie).

Il vous appartient entièrement de choisir l'éventail de collections – ou « portfolio » – que vous allez utiliser, et sa composition changera avec le temps. Cela rend le Bullet Journal incroyablement souple d'utilisation. C'est aussi la raison pour laquelle les BuJos que vous voyez sur Internet sont tous différents. Chaque Bullet Journal est le reflet des besoins uniques de son propriétaire au moment de sa vie où il l'utilise.

Peut-être vous demandez-vous comment on parvient à garder un œil sur tous ces éléments, et la réponse est : il y a aussi une collection pour ça. Dans les chapitres suivants, je vous présenterai les quatre collections centrales du Bullet Journal : la feuille de route quotidienne, la feuille de route mensuelle, la feuille de route de l'avenir, et celle qui les gère toutes : l'index. Ces collections forment la structure fondamentale du BuJo. Au cours des chapitres suivants, nous emprunterons les passerelles qui les relient et étudierons la façon dont elles peuvent vous aider à organiser votre chaos, brique par brique.

LA FEUILLE DE ROUTE QUOTIDIENNE

#bulletjournaldailylog

La feuille de route quotidienne est le cheval de trait de votre Bullet Journal. Son gabarit simplifié a été conçu pour gérer en temps réel le déluge de vos journées. Quand vous êtes dans le feu de l'action, vous pouvez compter sur votre feuille de route quotidienne pour offrir, au prix de modestes efforts, un cadre organisé à vos pensées, de sorte que vous puissiez vous concentrer sur la tâche qui vous occupe.

Pour créer votre feuille de route quotidienne, il vous suffit d'inscrire la date et le numéro de page. Et voilà ! Une fois le cadre installé, vous êtes prêt à traiter vos tâches, événements et notations à l'aide de l'écriture rapide (page 91) au fur et à mesure qu'ils se présentent au cours de la journée. L'idée est de constamment décharger votre cerveau pour éviter le trop-plein. Lorsque vous

La feuille de route quotidienne

avez l'esprit tranquille, rassuré de savoir que ces pensées sont en sécurité, archivées dans votre carnet, votre attention peut se polariser sur le travail en cours au lieu de se disperser.

Votre feuille de route quotidienne est plus qu'une simple liste de tâches. Elle vous aide aussi à récolter des données sur vos expériences. C'est un espace de liberté dans lequel vous pouvez vous exprimer sans retenue ni crainte d'être jugé ; un espace toujours heureux d'accueillir les pensées qui vous viennent au fil de la journée. Avec le temps, ces pensées dessinent une carte de votre état d'esprit à une période donnée de votre vie ; un état des lieux qui vous sera particulièrement précieux lors de la réflexion (page 179). Cet état des lieux fournit le contexte qui fait souvent défaut à la vie quotidienne. Et l'apport de contexte permet d'être plus intentionnels dans nos actions.

FEUILLE DE ROUTE QUOTIDIENNE

04/01 Je

- ✗ Keith : re : dîner samedi
- ✱• Acme Co : envoyer formulaires
  - • Heather : envoyer mail pour formulaires
  - > Envoyer formulaires aux participants par mail
  - < Les récupérer signés
- – Acme Co : présentation UX 12 février
- ~~• Leigh : répondre pour soirée 21 avril~~
- – Bureaux fermés le 13 avril
- ° Margaret : s'est proposée pour aider à gérer les actifs du projet
  - – Plus motivée et impliquée
  - – Nets progrès dans son travail

04/02 Ve

- ✗ Annuler yoga
- • Kim : commander gâteau d'anniversaire
  - – Sans gluten (intolérance)
  - – Fête d'anniversaire jeudi
- ✱• Acme Co : ajouter heures
- ° Broadway fermée, ai pris trajet long
  - – Ai repéré nouveau café
  - – Trajet beaucoup plus agréable
  - – Me suis sentie plus détendue en arrivant
- ! • Planifier voyage

128

La feuille de route quotidienne

À propos de l'espace requis

De combien de place a-t-on besoin pour la feuille de route quotidienne ? De toute la place dont a besoin votre journée. Et c'est une chose qu'on ne peut tout simplement pas prévoir. Certaines feuilles de route quotidiennes peuvent s'étendre sur plusieurs pages, tandis que d'autres en occuperont à peine une demie. Il est presque impossible de connaître à l'avance la façon dont votre journée se déroulera. Bien qu'il puisse être utile de prendre une résolution pour la journée qui commence, comme « *Aujourd'hui, je ne me plaindrai pas* », il importe de ne pas avoir d'attentes trop précises, parce que vous ne pouvez pas savoir ce qu'il adviendra au cours de la journée.

---

*Si nos vies sont des océans, alors nos journées
sont des vagues ; certaines grosses, d'autres petites.
Votre Bullet Journal est le rivage,
modelé par les unes comme par les autres.*

Si vous ne remplissez pas une page, ajoutez la date suivante à l'endroit où vous vous êtes arrêté, et le tour est joué. Il ne faut pas que vous ayez l'impression de manquer de place. Mieux vaut donc ne pas créer votre feuille de route quotidienne trop longtemps à l'avance. Faites-le la veille au soir ou le jour même.

La Méthode Bullet Journal

Une fois que votre bujotage aura atteint sa vitesse de croisière, votre feuille de route quotidienne perdra sans doute le côté stressant des listes de tâches auxquelles vous étiez peut-être habitué, pour vous apparaître davantage comme une archive, un pense-bête et un itinéraire menant à une vie en accord avec vos intentions.

J'ai essayé à peu près toutes les méthodes d'organisation existantes. Aucune n'a tenu sur la longueur parce qu'elles nécessitaient un gros investissement temporel ou pécuniaire si je voulais maîtriser leurs techniques.

J'ai commencé un BuJo avec un carnet à 25 cents et un portemine. Je trouve que le BuJo s'intéresse moins à la structure qu'à l'intention. J'ajoute des idées et des tâches à ma feuille de route quotidienne au fur et à mesure de la journée. Avec le Bullet Journal à mes côtés, à la fois moniteur et carnet de route, elle s'écoule désormais de façon plus fluide.

Kevin D.

LA FEUILLE DE ROUTE MENSUELLE

#bulletjournalmonthlylog

Cette collection vous aide à prendre votre élan avant de vous plonger dans le mois qui commence. Elle vous offre une vue d'ensemble des choses que vous avez à faire et du temps dont vous disposez. Si chaque Bullet Journal est un nouveau tome de l'histoire de votre vie, vos feuilles de route mensuelles en forment les chapitres. Elles fonctionnent comme des balises, modestes mais lumineuses, qui jalonnent et éclairent votre année. Les créer permet de faire régulièrement le point avec soi-même, de sorte à conserver/retrouver des repères contextuels, de la motivation et de la concentration.

La feuille de route mensuelle occupe une double page vierge. La page de gauche sera votre page calendrier, celle de droite votre page des tâches. Le sujet de cette collection est tout simplement le mois concerné, à inscrire sur chacune des deux pages.

La page calendrier

Sur la partie gauche de la page calendrier, inscrivez verticalement les numéros correspondant aux jours du mois concerné (1, 2, 3, etc.), suivis par la première lettre du nom des jours de la semaine (page 134). N'oubliez pas de laisser un peu d'espace dans la marge de gauche (avant les numéros) pour les indicateurs que vous ajouterez peut-être plus tard, si le besoin s'en fait sentir. Grâce aux indicateurs, vous allez pouvoir repérer d'un simple coup d'œil tout ce que votre page calendrier renferme de particulièrement notable.

N'hésitez pas à utiliser cette page comme un calendrier classique, en y insérant à l'avance vos tâches et vos événements. Cela dit, rien n'étant gravé dans le marbre, je préfère n'y inscrire les événements qu'*après* qu'ils se sont déroulés. De cette manière, le calendrier de la feuille de route mensuelle fait office d'historique.

Un historique que votre moi futur appréciera grandement, parce qu'il peut apporter beaucoup de clarté et de contexte : il indique précisément les choses sur lesquelles vous avez concentré vos efforts lors d'un mois donné en braquant les projecteurs sur le moment précis où ça s'est produit.

La feuille de route mensuelle

Astuce : Veillez à rester concis lorsque vous y ajoutez une note, cette collection n'ayant été conçue qu'à des fins référentielles.

Astuce : Pour encore plus de lisibilité, vous pouvez tracer des lignes pour séparer les semaines.

(PAGE « CALENDRIER »)

FÉVRIER

1 . L. Lettre d'information envoyée. 78,5 kg.– moins 5. kg !
2 . M.
3 . Me Dîner Michaël @ Faro
4 . J.
5 . V. Dîner d'au revoir Becca @ Walters
6 . S. Séminaire Tara Brach @ Omega.
7 . D.
8 . L.
9 . M. Déclaration d'impôts faite.
10. Me
11. J. Contrat signé avec Acme Co
12. V.
13. S.
* 14. D. Présentation Game Chem Co. Ça s'est bien passé !!
15. L.
16. M. Dîner d'anniversaire Jenna @ Ichiran
17. Me
* 18. J. Chauffage en panne. Comme le projet Redrum ;(
19. V.
20. S.
21. D.
22. L. Le chauffage est revenu
* 23. M. Lancement du site web de Sokura !
24. Me
25. J.
* 26. V. Séparation.
27. S.
28. D.

(PAGE « TÂCHES »)

FÉVRIER

- Steph : livraison de neige carbonique
- Annuler yoga
- Commander gâteau d'anniv' de Kim !
- Ajouter heures
- Faire valider notes de frais
- Envoyer photos de vacances à Linda
- Appeler Grand-mère
- Payer le loyer
- Passer à la laverie
- Prendre R.-V. chez le médecin
- Acheter une robe pour le mariage de Vivian
- Préparer une playlist pour le mariage de Vivian

La page des tâches (ou l'inventaire mental)

La page des tâches de votre feuille de route mensuelle vous servira d'inventaire mental continu. Accordez-vous le temps nécessaire pour décharger votre cerveau de toutes les actions à entreprendre qui vous occupent l'esprit. Qu'est-ce qui compte vraiment ce mois-ci ? Quelles sont les priorités ?

Une fois vos pensées couchées sur le papier, passez en revue le mois précédent et voyez quelles tâches sont restées en souffrance. Transférez toutes celles qui vous semblent importantes dans la page des tâches de votre feuille de route mensuelle. Nous examinerons ce processus de plus près dans le chapitre sur la migration (page 152), mais pour le moment, sachez simplement que c'est de cette façon que les tâches ne passent pas entre les mailles du filet quand vous bujotez : nous réécrivons les choses jusqu'à ce qu'elles soient accomplies ou qu'elles aient perdu leur pertinence.

LA FEUILLE DE ROUTE
DE L'AVENIR

#bulletjournalfuturelog

Le Bullet Journal évoluant naturellement selon vos besoins présents, vous vous demandez peut-être comment il peut vous aider à organiser l'avenir. Pour cela, nous utilisons une collection appelée la feuille de route de l'avenir. Elle fonctionne comme un entrepôt qui accueille toutes vos tâches et tous vos événements associés à une date située au-delà du mois en cours. Ainsi, si nous sommes en septembre et que vous travaillez sur un projet que vous devez terminer au plus tard, disons, le 15 décembre : allez zou ! Direction la feuille de route de l'avenir.

La feuille de route de l'avenir prend place tout au début de votre carnet, juste après votre index (page 142). Elle nécessite généralement une à deux doubles pages et peut être conçue de nombreuses façons différentes. Vous trouverez ci-dessous un exemple de feuille de route de l'avenir sur trois mois, très simple et néanmoins efficace.

Et dans la pratique, comment ça marche ? Au cours de la journée, continuez à tout consigner dans votre feuille de route quotidienne (page 126), y compris les tâches à effectuer plus tard. C'est un fourre-tout, conçu pour stocker nos pensées en attendant que nous nous sentions prêts à les organiser. Quand ce moment arrive – lors de la réflexion quotidienne, par exemple (page 184) –, vous transférerez tous vos éléments associés à une action située à une date future *depuis* votre feuille de route quotidienne *vers* votre feuille de route de l'avenir. Une fois que c'est fait, n'oubliez pas d'indiquer sur votre feuille de route quotidienne que l'élément a été programmé en plaçant le symbole « < » devant la puce concernée. De cette façon, vous saurez qu'il a été pris en charge et que vous pouvez temporairement vous l'ôter de l'esprit pour mieux vous concentrer sur ce qui est à faire dans l'immédiat.

Représentez-vous la feuille de route de l'avenir comme une file d'attente, chacun des éléments entreposés dans cette collection attendant impatiemment que son tour – son mois – arrive. Au moment de créer une nouvelle feuille de route mensuelle, jetez un coup d'œil à votre feuille de route de l'avenir afin de voir si des éléments dont le tour est arrivé se trouvent dans la file d'attente. Si c'est le cas, déplacez-les (migration, page 152) *depuis* votre feuille de route de l'avenir *vers* la page des tâches de votre feuille de route mensuelle. Assurez-vous que l'élément « migré » a été indiqué comme tel (« > ») sur votre feuille de route de l'avenir. Le schéma ci-contre illustre le trajet qu'effectue une tâche future dans le Bullet Journal.

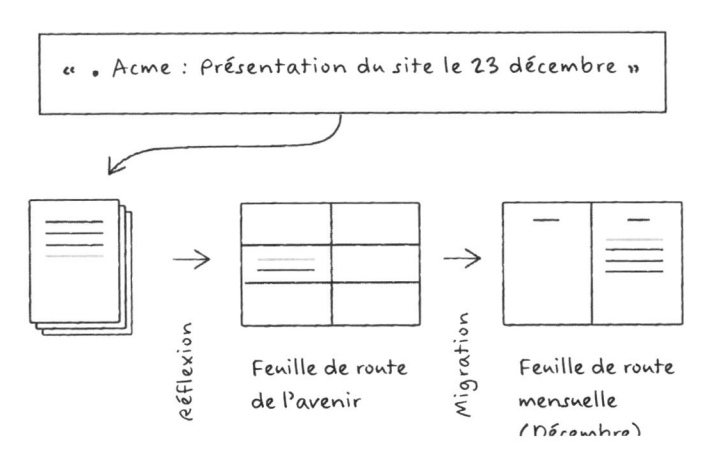

Cycle de la feuille de route de l'avenir

« . Acme : Présentation du site le 23 décembre »

Réflexion → Feuille de route de l'avenir → Migration → Feuille de route mensuelle (Décembre)

LA FEUILLE DE ROUTE DE L'AVENIR

OCT

- 6-7 Conférence web design : New York
- 16 Maya : Dîner

NOV

- 3 James Co : Date limite remise documents
- 14 Venton Vision : Présenter ébauche projet
- 9-11 Voyage San Diego

DÉC

- 11 Anniversaire Jonathan
- 15 Yay tea : Présentation site web

Une fois que vous avez attrapé le coup de main, cette façon de procéder devient un moyen efficace de rester conscient des choix et des engagements dont vous nourrissez votre existence. Votre feuille de route de l'avenir fonctionne comme une machine à voyager dans le temps : elle vous dévoile les contours de la vie future que vous vous dessinez afin que vous puissiez donner un coup de gomme ici et là, si nécessaire.

L'INDEX

#bulletjournalindex

Au bureau, j'ai longtemps tenu un carnet de travail dans lequel je reportais par ordre chronologique des conversations téléphoniques, des notes de réunion, ainsi que toutes sortes de petits événements de ma journée professionnelle. J'avais aussi trente-six mille listes de tâches, des Post-it griffonnés et un calendrier classique posé sur mon bureau auquel j'avais fini par adjoindre une version électronique sur mon portable.

Chaque fois que je voulais retrouver une note dans ce carnet, je devais d'abord sonder mes calendriers à la recherche de telle date de réunion, de tel appel téléphonique, ou m'efforcer de deviner quand ça s'était produit. Après quoi, il me fallait fouiller les pages de mon carnet pour dénicher la date qui m'intéressait.

La méthode Bullet Journal a constitué une merveilleuse amélioration de mon système chronologique. Tout ce que j'ai à faire, désormais, est de me rendre dans mon index dans lequel j'ai écrit le numéro de la page où se trouve ce

L'INDEX

que je cherche, et j'ai mon information sous les yeux deux secondes plus tard !

Cheryl S. Bridges

Votre Bullet Journal accueille toutes les facettes de votre personnalité que vous voulez bien partager avec lui. À tel moment, vous planifiez votre semaine ; à tel autre, vous crayonnez le plan d'une pièce ou écrivez un poème. Si vous perdre dans les pages de votre carnet peut se révéler une délicieuse expérience, perdre ce que vous y avez consigné n'offre aucun avantage. À ce stade de votre lecture, vous vous demandez peut-être comment parvenir à garder un œil sur toutes ces différentes collections modulaires. Dans le Bullet Journal, ce problème est résolu grâce à l'index.

L'index fournit un moyen simple de retrouver vos pensées, plusieurs jours, mois ou années après que vous en avez confié la garde à votre carnet.

Mélange d'index et de table des matières, l'index du Bullet Journal est une collection située dans les premières pages de votre carnet. Vous pouvez vous représenter l'index comme un conteneur dans lequel sont stockées toutes vos autres collections (à l'exception de la feuille de route quotidienne, pour des raisons que je vous expliquerai plus tard).

Pour créer votre index, allez à la première double page vierge de votre carnet et inscrivez « index » en guise de sujet. Je recommande de réserver deux doubles pages à l'index (si vous êtes l'heureux propriétaire du carnet officiel Bullet Journal, l'index y est préimprimé). Une fois votre index créé, il est prêt à recevoir vos collections. Pour ajouter une collection à votre index, il suffit d'écrire le sujet de ladite collection et les numéros des pages qu'elle occupe.

INDEX

Feuille de route de l'avenir : 1-4
Janvier : 7
Projet comportement utilisateur :
    Brainstorming : 11-12
    Recherches : 13-18
    Comportement utilisateur : 19-20
    Comportement utilisateur II : 21-22
Suivi nutritionnel 1-7 avril : 23-24
À lire : 25
Dessins : 25-29, 32, 36 ← n'a pas besoin d'être constructif
Février : 37

Les pages d'une même collection ne sont pas tenues de se suivre. La vie est imprévisible et nous demande souvent de changer de cap, de priorités. L'index permet de passer facilement d'une priorité à une autre. Si vous souhaitez vous remettre à utiliser une collection existante, mais qu'il n'y a plus de place à l'emplacement où vous l'avez créée au départ, il suffit d'aller à la prochaine double page vierge et d'y poursuivre le même sujet. Vous n'aurez plus qu'à ajouter la ou les pages de ce nouveau volet à votre index, comme dans l'exemple page 145.

Sous-collections

Quand vous travaillez sur un projet complexe, ses nombreux rouages méritent tous une attention particulière. C'est pourquoi chacun d'entre eux se voit attribuer sa propre sous-collection. Comme vous pouvez le voir, « Projet comportement utilisateur » se divise en quatre sous-collections, chacune consacrée à une partie différente du projet.

Index dédié

Certains BuJos ne se polarisent que sur un nombre limité de sujets. Si vous êtes étudiant, ça peut être votre programme universitaire. Si vous êtes chef de projet, vous pouvez l'utiliser pour assurer le suivi des divers éléments de votre – vos – projet(s). Il est ainsi possible d'opter pour une approche alternative appelée index dédié. Cet index fonctionne comme l'index normal, à ceci près que chacune de ses pages est affectée à un seul et unique sujet.

Par exemple, si vous suivez des cours de physique-chimie, d'anglais, de math et d'histoire, vous allez créer une page d'index pour chacune de ces matières. Si votre cours d'histoire porte sur l'Amérique du Nord, une page de votre index aura « Histoire de l'Amérique du Nord » en guise de sujet. Au sein de cette page, chaque partie du cours d'histoire constituera une collection principale, et chacun des sujets que *renferme* la partie deviendra une sous-collection.

HISTOIRE DE L'AMÉRIQUE DU NORD
(PAGE D'INDEX)

Les guerres d'indépendance (Collection principale) :
   Batailles de Lexington et Concord : 10-14 (Sous-collection)
   Prise du Fort Ticonderoga : 15-20 (Sous-collection)
   Bataille de Bunker Hill : 21-32 (Sous-collection)

NOUVEAU SITE WEB ACME CO

Brainstorming : 10-15

Conception du site :
- Parcours de navigation : 16-26
- Parcours de navigation / analyse / 0419 : 27-28
- Maquettes fonctionnelles : 29-40
- Maquette fonctionnelle / analyse 1 / 0425 : 41-43
- Maquette fonctionnelle / analyse 2 / 0501 : 43-46
- Conception : 47-52
- Conception / analyse 1 / 0510 : 53-54
- Conception / analyse 2 / 0515 : 55-57
- Test utilisateur : 58-61

Contenu du site :
- Stratégie de contenu : 70-75
- Mise à jour du Bios / et description des sections : 76-83, 99
- Descriptions produit : 84-85, 92-94

L'utilisation des index dédiés ne se limite pas à la vie scolaire. Voici un exemple d'utilisation pour le lancement du site web d'une nouvelle entreprise.

148

L'index

Le fil d'exécution

Bien que l'index soit un moyen efficace de naviguer au sein de votre carnet, certains d'entre vous estimeront qu'il faut encore tourner beaucoup de pages pour parvenir à celle qui vous intéresse. Il existe une solution pour y remédier : le fil d'exécution.

Je tiens cette technique de Carey Barnett, informaticien et membre de la communauté du Bullet Journal. Je n'ai pas tardé à l'adopter définitivement (j'adore quand ça arrive !). Le fil d'exécution (ou *thread*) est un terme emprunté au vocabulaire informatique. Il s'agit d'une technique utilisée par les développeurs pour relier un fragment de code à un autre fragment de code associé (d'où le terme « fil »). Dans le Bullet Journal, nous utilisons le même concept pour relier entre eux des contenus connexes (les volets antérieurs ou postérieurs d'une même collection).

Imaginons que vous avez créé une collection (volet 1) qui s'étend de la page 10 à la page 15. Le temps passe, et vous devez focaliser votre attention sur d'autres sujets. Vous utilisez de nouvelles pages de votre carnet, et quand vous décidez de reprendre cette précédente collection, vous lui créez un autre volet (volet 2) qui va occuper les pages 51-52. Mais voilà que vos priorités changent une fois encore pendant un moment, et quand vous reprenez cette collection plus tard, vous utilisez les pages 160-170 (volet 3). Pour relier ces trois volets entre eux, tout ce que vous avez à faire est d'ajouter le numéro de page d'un volet à côté des numéros de page des autres volets de la même collection. Ainsi, si vous en êtes au début du volet 2, vous écrivez « 10 » à côté du numéro de page 51, ce qui relie le volet 2 au volet *précédent* (volet 1), situé entre les pages 10 et 15. À la fin du volet 2, à côté du numéro de page 52, vous écrivez « 160 », ce qui relie le volet 2 au volet *suivant* (volet 3), situé entre les pages 160 et 170.

LE FIL D'EXÉCUTION

51 / 10	160 / 52
↑	↑
Volet précédent	Volet suivant

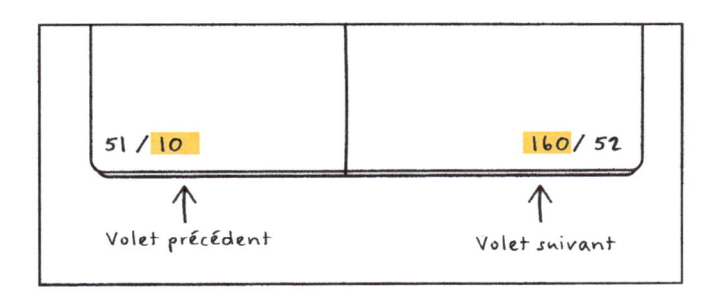

Cette technique a été poussée encore plus loin par un autre membre de notre communauté, Kim Alvarez, qui l'a utilisée pour relier des carnets entre eux ! Si vous souhaitez poursuivre une collection, disons « Livres à lire », dans un nouveau carnet, mais que vous n'avez pas envie de tout recopier dans le nouveau BuJo, vous pouvez la relier avec le fil d'exécution. Si le premier volet de cette collection « Livres à lire » se trouvait à la page 34 de votre

L'INDEX

troisième Bullet Journal, il vous faudrait écrire « 3.34 » à côté du numéro de page qui débute le deuxième volet de cette même collection dans votre nouveau carnet. Ici, « 3 » indique le tome de votre Bullet Journal et « 34 » le numéro de page de la collection « Livres à lire » dans ce troisième tome.

Cette technique de pagination vous facilite également la tâche si vous voulez ajouter des carnets reliés par un fil d'exécution à votre index. Pour enrichir votre nouveau carnet avec du contenu en provenance d'un ancien carnet, il vous suffit d'ajouter ce contenu à votre index de cette façon :

Livres à lire : (3.34), 13.

Avec le temps, votre index devient aussi une « table de contexte » : il vous fournit une vue d'ensemble de la façon dont vous investissez votre temps et votre énergie. C'est une carte aérienne de toutes les choses auxquelles vous dites oui. N'oubliez pas, chaque fois que vous dites oui à quelque chose, vous dites non à autre chose. Dire oui est synonyme de travail, de sacrifices, et le temps que vous allez investir dans telle chose ne sera plus disponible pour telle autre.

Utilisez votre index pour vous aider à rester concentré sur les choses qui méritent votre oui.

MIGRATION

*Rien n'est plus inutile que d'être très efficace
dans l'accomplissement d'une tâche
qui n'aurait jamais dû être accomplie.*
Peter Drucker

Aujourd'hui, beaucoup d'outils destinés à améliorer sa productivité personnelle nous aident à créer des listes, mais rares sont ceux qui ne nous limitent pas à une utilisation passive. En accumulant les tâches, nos listes deviennent vite interminables et ingérables, nous donnant le sentiment d'être débordés, démotivés. Il est si facile d'oublier cette évidence : ce n'est pas parce qu'une tâche pourrait être exécutée qu'elle doit nécessairement l'être.

---

*L'art d'être productif est d'en faire plus
en se dispersant moins.*

Migration

Nous devons rester vigilants dans le choix des tâches dans lesquelles nous nous engageons, de sorte à pouvoir concentrer notre attention, notre temps et notre énergie sur celles qui comptent vraiment. L'un des procédés du Bullet Journal nous aide à faire de cette vigilance une habitude : la migration.

Au cours de la migration, nous transférons du contenu d'un espace à un autre au sein de notre carnet en le recopiant. On peut avoir le sentiment que ça demande beaucoup d'efforts, mais c'est au service d'une cause essentielle : éliminer les distractions. Recopier les choses à la main nécessite un peu de temps, et c'est précisément ce qui incite à faire une pause pour se demander si ça en vaut vraiment la peine. Chaque candidat à la migration passe par votre esprit douanier qui lui pose immanquablement la même question : Vaux-tu la peine que je consacre quelques secondes à te recopier sur une autre partie du carnet ? Avez-vous vraiment besoin de vous rendre à cet événement ? De faire cette course ? D'organiser cette soirée chez vous ? De rédiger ce compte rendu ? Parfois c'est le cas, mais bien souvent la réponse est non.

Nous recueillons bon nombre de passagers clandestins au cours de nos journées bousculées. Pris dans l'agitation quotidienne, il nous est plus facile d'accepter des tâches sans nous poser de questions que de prendre le temps d'évaluer soigneusement leur pertinence. Voilà comment des obligations creuses, vides de sens, s'accumulent rapidement, vampirisant nos ressources mentales tant que nous les laissons faire. Recopier nos tâches nous donne l'occasion de les examiner soigneusement et de nous débarrasser de celles qui sont inutiles. Pour le dire simplement, la migration nous empêche de fonctionner en pilotage automatique et de perdre un temps fou à travailler sur des choses qui ne donnent pas de sens à notre vie.

Migration mensuelle

La migration principale se déroule à chaque fin de mois. Lors des derniers jours d'avril, par exemple, vous allez créer votre nouvelle feuille de route mensuelle pour le mois de mai. Une fois que c'est fait, balayez lentement du regard toutes les pages du mois qui vient de s'écouler pour voir l'état d'avancement de vos tâches. Il y a de bonnes chances pour qu'elles n'aient pas toutes été effectuées. *C'est parfaitement normal.* Troquez tout sentiment de culpabilité contre de la curiosité en vous demandant, lorsque vous tombez sur une tâche en souffrance, *pourquoi* elle a été ignorée ou partiellement accomplie : Est-ce vraiment important ? Est-ce essentiel ? Que se passera-t-il si je la raye de ma liste sans l'avoir menée à bien ?

Si vous vous rendez compte qu'une tâche non traitée ou partiellement traitée a perdu sa pertinence, rayez-la. Prenez un moment pour savourer le plaisir d'avoir récupéré une portion de votre temps. C'est une petite

Migration

victoire, que vous ne devez qu'à vous-même ! Toutes les victoires, si modestes soient-elles, devraient être savourées ne serait-ce qu'un instant.

Si une tâche reste pertinente, si vous avez le sentiment qu'elle apporte toujours quelque chose à votre vie, alors migrez-la. Il existe trois façons de migrer un élément de votre liste :

1. Recopiez la tâche en souffrance dans la page des tâches de votre nouvelle feuille de route mensuelle (page 131), puis apposez le symbole « tâche migrée » devant l'ancienne note (« > »).

2. Recopiez la tâche en souffrance dans une collection personnalisée puis apposez le symbole « tâche migrée » devant l'ancienne note (« > »).

3. Si la tâche est associée à une date située au-delà du mois en cours, migrez-la dans votre feuille de route de l'avenir, puis apposez le symbole « tâche programmée » devant l'ancienne note (« < »).

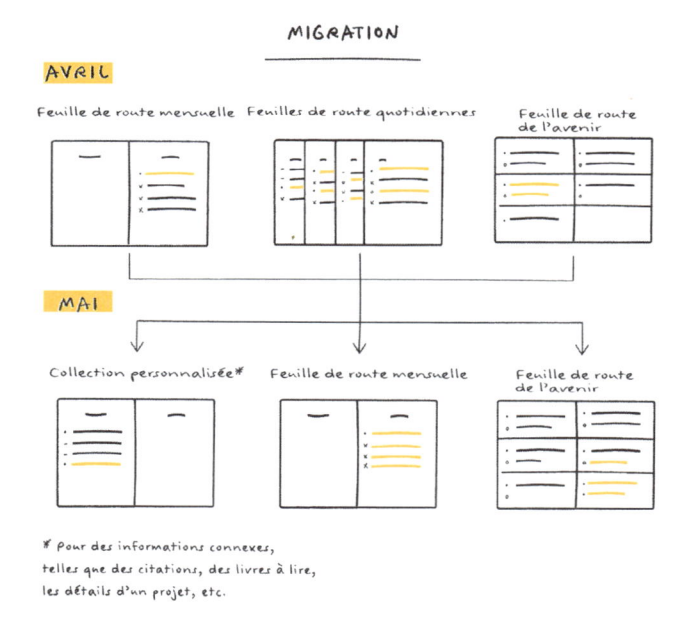

MIGRATION

AVRIL

Feuille de route mensuelle Feuilles de route quotidiennes Feuille de route de l'avenir

MAI

Collection personnalisée* Feuille de route mensuelle Feuille de route de l'avenir

* Pour des informations connexes, telles que des citations, des livres à lire, les détails d'un projet, etc.

Astuce 1 : Lorsque vous créez votre feuille de route mensuelle, n'oubliez pas d'aller faire un tour dans votre feuille de route de l'avenir : des tâches ou des événements prévus pour le mois qui va commencer se trouvent-ils dans la file d'attente ? Si c'est le cas, migrez ces éléments *depuis* votre feuille de route de l'avenir *vers* la page des tâches ou la page calendrier de votre nouvelle feuille de route mensuelle.

Astuce 2 : Si vous êtes un bujoteur débutant, votre première migration mensuelle peut constituer un véritable

Migration

déclic. C'est là que tout commence à se mettre en place dans votre esprit. Voilà pourquoi ceux qui essaient ma méthode devraient bujoter au moins deux à trois mois pour se former une opinion.

Migration annuelle / d'un carnet à un autre

Aux premiers jours de chaque nouvelle année, où que vous en soyez dans votre BuJo, commencez un nouveau carnet. N'est-ce pas du gâchis ? Eh bien, on pourrait le croire, et pourtant démarrer un nouveau Bullet Journal au bon moment peut être très stimulant. Bien sûr, vous pouvez choisir une autre période de l'année, mais le Nouvel An est un incontournable repère culturel, chargé de symboles : il trace une ligne entre l'ancien et le nouveau ; entre ce qui a été et ce qui pourrait être. Pourquoi ne pas voir ce moment propice aux résolutions comme l'opportunité de prendre un nouveau départ ? C'est l'occasion toute trouvée de jeter par-dessus bord nos bagages inutiles et encombrants, de nous alléger pour être mieux préparés à vivre de nouvelles aventures.

Quand vous arrivez à la fin d'un carnet, ou d'une année, examinez votre index et tirez les enseignements de toutes ces collections que vous avez accumulées. Elles tracent une carte assez précise de la façon dont vous avez dépensé votre temps et votre énergie. C'est le moment de prendre des décisions difficiles : ces collections (ainsi que leurs tâches en souffrance) vont-elles vous accompagner dans votre nouveau Bullet Journal ? Le processus de migration du contenu d'un carnet vers un autre carnet met à l'honneur les leçons que vous avez apprises en les appliquant à cette nouvelle phase de votre existence. Peu importe la quantité, ne migrez que les techniques et le contenu qui ont fait leurs *preuves* en améliorant votre vie. Commencer un nouveau carnet ne signifie pas repartir de zéro, mais franchir un nouveau cap.

Regardez attentivement le contenu de votre BuJo, et vous verrez votre histoire défiler sous vos yeux, écrite de votre main. Chaque Bullet Journal devient un nouveau tome de l'histoire de votre vie. Ce que vous narrent les pages de votre carnet ressemble-t-il à la vie que vous voulez mener ? Si ce n'est pas le cas, tirez profit des leçons que vous avez apprises pour modifier le récit que contiendra le prochain tome.

Astuce : Feuille de route hebdomadaire (**#bulletjournalweeklylog**) : certains bujoteurs préfèrent migrer leurs éléments selon un cycle hebdomadaire plutôt que mensuel. Je ne fais ça que lorsque je suis *franchement* débordé. N'ayant moi-même pas de passion pour le recopiage, je n'utilise la migration hebdomadaire que lorsque ça m'aide à rester performant. D'autres la trouvent au contraire utile lorsqu'ils ne sont *pas* débordés et qu'ils peuvent caser les tâches d'une semaine entière sur une page ou deux. Une fois encore, tout dépend de ce qui répond le mieux à vos besoins. Pour ma part, j'aime que ma feuille de route hebdomadaire reste simple ; je reprends donc le modèle de la feuille de route quotidienne, sauf que les dates qui encadrent la semaine en question font office de sujet (« 14-21 juin », par exemple).

Migration de votre inventaire mental

Pour vous donner une idée de ce qu'est la migration, vous allez utiliser l'inventaire mental créé plus tôt pour mettre du contenu dans votre carnet. Avant de vous lancer, examinez attentivement votre inventaire mental. Assurez-vous de filtrer votre liste pour séparer l'essentiel du superflu : tout ce que vous y avez inscrit doit valoir le temps et l'énergie qu'il vous faudra dépenser pour le recopier.

À présent, décidez quelles sont les choses sur lesquelles vous devez travailler au cours du prochain mois. Ces éléments iront dans la page des tâches de la feuille de route mensuelle. Les tâches et les événements à plus long terme migreront vers votre feuille de route de l'avenir. Les éléments connexes, comme les livres que vous avez envie de lire, seront organisés au sein de leur propre collection personnalisée.

La crainte de ne pas tout faire bien ou parfaitement ne doit pas vous gâcher le plaisir. Tout maître a d'abord été un apprenti. Ce n'est que la première étape d'un processus qui continuera à évoluer aussi longtemps que vous bujoterez. Soyez patient avec vous-même et n'oubliez pas : faites ce qui fonctionne pour *vous*.

LA LETTRE

Une question vous trotte peut-être dans la tête : à quoi bon se donner la peine de faire tout ça ? C'est une interrogation légitime. Avant de nous pencher sur le grand *pourquoi* du bujotage, je voudrais partager la lettre d'une Bullet-journaliste (elle a demandé à rester anonyme) qui prouve que rayer les éléments d'une liste ne suffit pas à faire de vous une personne organisée ; l'organisation, c'est avant tout avoir conscience de ce qui compte vraiment.

> *C'est le pire cauchemar d'une maman ou d'un papa : se tenir, impuissant, devant son enfant qui s'étouffe. Les urgentistes déboulent dans la pièce avec leurs énormes sacs et une civière, bombardant de questions ceux qui se trouvent autour de l'enfant, qui devient bleu et ferme doucement les yeux. Ils commencent le massage cardiaque et vous regardez le petit corps secoué de soubresauts chaque fois que les mains jointes compressent son thorax.*
>
> *Voilà la scène qui s'est déroulée la semaine dernière dans la classe maternelle de mon fils. Comme lui, ses huit camarades souffrent de problèmes de santé et de dévelop-*

La lettre

pement qui vont de modéré à sévère, et cette classe a été créée pour les aider à rattraper leur retard. Les tumeurs cérébrales, la sclérose en plaques, la mucoviscidose, l'autisme et les cancers en rémission figurent parmi les pathologies dont sont atteints ces enfants. Le petit garçon qui a cessé de respirer avait eu un comportement un peu curieux plus tôt dans la journée, mais il n'avait ni fièvre ni aucun autre signe inquiétant. Cinq minutes avant le drame, il était joyeux et jouait avec mon fils au petit train.

J'avais tourné la tête pour aider un autre bambin qui cherchait un crayon orange quand, tout à coup, des cris ont retenti, suivis d'un chaos vaguement maîtrisé. Puis quelqu'un qui appelle les secours, les urgentistes qui arrivent en trombe, les professeurs et les parents présents cet après-midi-là qui font leur possible pour garder leur calme tandis qu'on évacue les autres élèves vers une classe voisine.

La maman de la victime était présente, ce jour-là. Comme on peut s'en douter, elle avait beaucoup de mal à maîtriser ses émotions. Ses mains tremblaient tellement qu'elle a failli renverser le contenu de son sac lorsqu'elle s'est mise à fouiller dedans. Des larmes ont roulé sur ses joues au moment où elle a dû lâcher la main de son enfant pour que les urgentistes puissent s'occuper de lui. Pourtant, elle a eu la présence d'esprit de sortir un carnet dont la vision m'était familière ; un Leuchtturm 1917 mauve à couverture souple. L'élastique avait été astucieusement placé en diagonale, de sorte à pouvoir y coincer un stylo. C'était un Bullet Journal.

Elle a saisi les dernières pages du carnet entre ses doigts, les a arrachées avant de les tendre au médecin qui lui posait des questions. « Je ne peux pas... je ne peux pas... », a-t-elle bredouillé entre deux sanglots.

« J'ai un pouls », a lancé un autre urgentiste tandis que celui qui tenait les pages du carnet dans ses mains ouvrait de grands yeux stupéfaits. Je me suis assise à côté de la maman en détresse et j'ai passé le bras autour de ses épaules. Ça aurait aussi bien pu être mon enfant gisant là sur le sol. Ça aurait pu être n'importe quel élève de cette classe.

D'une voix hachée, tremblante, la maman est parvenue à dire au médecin ce qui était inscrit sur les pages qu'elle venait de lui confier : « Ses médicaments et leur posologie, les noms et numéros de téléphone des spécialistes qui le suivent et les références de ses dossiers, la liste de ses allergies. » Elle a repris sa respiration. « Historique des convulsions, a-t-elle ajouté. Vous trouverez un historique de ses crises dans ces pages. » Je lui ai témoigné mon soutien d'une pression sur l'épaule ; mon fils avait des troubles convulsifs, lui aussi. Dans un souffle, elle a donné la date de naissance de son enfant tandis que l'équipe médicale le stabilisait avant de le transporter à l'hôpital.

Le médecin urgentiste a secoué la tête : « Merci, lui a-t-il dit, c'est exactement ce dont on a besoin pour lui venir en aide. Il faut que j'appelle l'hôpital. » Sur ces mots, il a sorti son portable et a transmis les informations vitales qu'il avait sous les yeux à son interlocuteur. La maman a accompagné son fils dans l'ambulance et j'ai regardé les portes se refermer sur elle. L'instant d'après, le véhicule démarrait en trombe, sirène hurlante.

J'ai serré mon fils un peu plus fort contre moi, ce soir-là, et j'ai ouvert mon propre carnet pour y inscrire les renseignements à connaître sur lui en cas d'urgence. J'ai vidé une boîte entière de mouchoirs en papier avant de trouver le courage de composer le numéro de la mère du petit garçon qui s'était étouffé, plus tard dans la soirée. « Il va bien, m'a-t-elle dit.

La lettre

D'après le médecin de l'hôpital, les précisions transmises par l'urgentiste avant son admission leur ont permis de gagner du temps. Il va s'en sortir. Il va s'en sortir », a-t-elle répété d'une voix rauque d'angoisse, comme baignée de larmes, mais dans laquelle je percevais un sentiment de gratitude.

Son fils a pu retourner à l'école, équipé d'un minuscule réservoir d'oxygène portatif. Il doit s'habituer à son petit sac à dos cylindrique qu'il hisse encore sur son dos avec une adorable moue de protestation, mais il est vivant, joyeux et n'a pas de séquelles, ce qui est tout ce que demandait sa maman. J'ai également remarqué que les autres parents venaient désormais avec leurs propres carnets, sans nul doute pour avoir toujours à portée de main les antécédents médicaux de leurs enfants.

Personne ne veut penser que le prochain gamin dans la prochaine ambulance sera le sien, ni songer qu'un jour sa mère, âgée, fera une grave chute, ou qu'après un accident de voiture il risque de ne pas se souvenir dans l'instant des renseignements qui aideraient les médecins à prodiguer les meilleurs soins possibles aux membres de sa famille. Mais entre nous, soyons honnêtes... on connaît tous quelqu'un qui a eu besoin de fournir ce type d'informations à un médecin. On est tous passés devant un accident qui venait de se produire sur une autoroute. On a tous ce petit trou de mémoire quand on nous interroge sur notre historique médical ou sur celui de nos enfants. Consignez ces informations dans un carnet. Conservez-le toujours sur vous. Soyez prêt à faire subir l'outrage ultime à votre BuJo en lui arrachant des pages si l'urgence de la situation le demande. Ça pourrait bien vous permettre de sauver une vie – la vôtre, celle de votre enfant, de votre père... Être organisé peut parfois être une question de vie ou de mort.

MISE EN PLACE DE VOTRE BULLET JOURNAL

1 : CRÉATION DE L'INDEX*

- Numérotez les pages de 1 à 4
- Intituler chaque page « index »
- Tout ce que vous ajoutez à l'index doit avoir du contenu ! Pas de collections vides

INDEX	INDEX
Feuille de route de l'avenir : 5-8 Janv 9- Objectifs : 13-16	
1	2

2 : CRÉATION DE LA FEUILLE DE ROUTE DE L'AVENIR*

- Numérotez les pages de 5 à 8
- Divisez la double page en six cellules égales
- Ajoutez les tâches et les événements futurs
- Inscrivez-la (titre et numéros de page) dans l'index

FEUILLE DE ROUTE DE L'AVENIR	FEUILLE DE ROUTE DE L'AVENIR
Fév _____	Mai _____
Mar _____	Juin _____
Avr _____	Juil _____
5	6

3 : CRÉATION DE LA FEUILLE DE ROUTE MENSUELLE

- Numérotez les pages de 9 à 10
- Intitulez chaque page avec le nom du mois courant
- Listez les dates et les tâches mensuelles
- Ajoutez le nom du mois et 9 – à l'index

JANVIER	JANVIER
1 Lu	• Trier vêtements
2 Ma	• Planifier voyage
3 Mer	• Sauvegarder site
4 Jeu	• Dentiste
5 Vend	• Crèche
6 Sam	
7 Dim	
9	10

4 : CRÉATION DE LA FEUILLE DE ROUTE QUOTIDIENNE

- Paginez
- Ajoutez la date en guise de sujet
- Consignez les tâches du jour
- Les feuilles de route quotidiennes ne sont pas indexées

Lu 01/01	Ma 2/01
• Trier vêtements	• Tim : appeler
○ Ai en de l'avancement !	• Yoga : annuler
X Sauvegarder site	– Bureau fermé Vend
– Jen en ville demain	• Soirée Brit
	• Inscription crèche
11	12

* Inclus dans le carnet officiel du Bullet Journal

UTILISER SON INVENTAIRE MENTAL (FACULTATIF)

5 : PASSEZ EN REVUE VOTRE INVENTAIRE MENTAL

- Éliminez (rayez) tout ce qui n'est pas indispensable ou important.
- Identifiez du contenu connexe (c.-à-d. des objectifs, des projets, des listes de courses, etc.) pour créer des collections personnalisées**

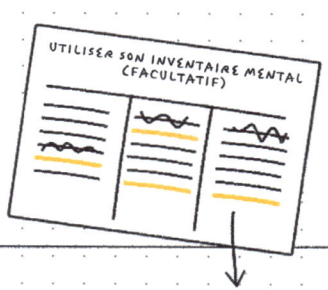

6 : MIGREZ VOTRE INVENTAIRE MENTAL

- Déplacez les éléments futurs dans la feuille de route de l'avenir
- Migrez les éléments dont c'est le tour dans la feuille de route mensuelle
- Priorisez les éléments de la feuille de route mensuelle
- Migrez les priorités dans votre feuille de route quotidienne
- Migrez tout élément additionnel dans des collections personnalisées **

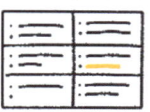

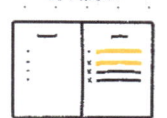

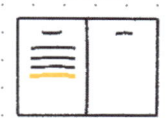

** COLLECTIONS PERSONNALISÉES

Nous nous pencherons longuement sur les collections personnalisées dans la quatrième partie, mais sachez d'ores et déjà qu'on les utilise pour entreposer du contenu connexe comme des objectifs, des projets ou des listes centrées sur un sujet bien spécifique. Créez-les comme les autres collections (en leur donnant un sujet et des numéros de page) pour les ajouter à votre index.

Feuille de route de l'avenir

Feuille de route mensuelle

Feuille de route quotidienne

Quelques exemples

Objectifs

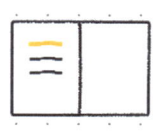

Courses alimentaires

Suivi de prise de médicaments

Livres à lire

III

LA PRATIQUE

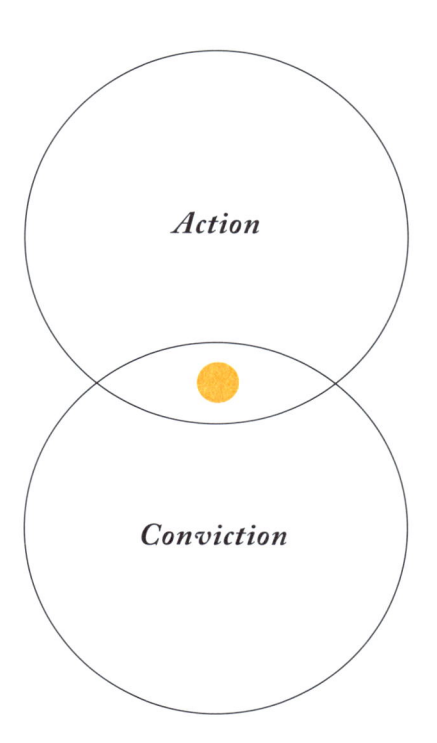

Action

Conviction

LA PRATIQUE

La vie est ce qui vous arrive pendant que vous êtes occupé à faire d'autres projets.
ALLEN SAUNDERS

Vous disposez à présent de tous les outils nécessaires pour vous organiser à l'aide du Bullet Journal. C'est une étape importante vers une gestion responsable de vos ressources personnelles les plus précieuses ; cette petite quantité de temps et d'énergie dont nous disposons. Cela étant dit, l'organisation peut devenir une forme de distraction habilement déguisée.

On peut passer des heures à confectionner de superbes pense-bêtes sans jamais rayer le moindre élément de ses listes. On peut se faire aspirer par le trou noir du ménage alors que des projets plus importants restent en suspens. On peut passer des jours, des mois, voire des années à travailler de façon très organisée dans la mauvaise direction (comme je l'ai fait avec ma start-up Paintapic). Ce que nous faisons (le *quoi*) ou la façon dont nous le faisons (le *comment*) est loin d'être aussi porteur de sens que les raisons (le *pourquoi*) pour lesquelles nous le faisons.

Être occupé n'est pas nécessairement synonyme d'être productif.

Être occupé peut s'apparenter à une dégringolade le long d'une sorte d'escalier existentiel : stimulus, réaction, stimulus, réaction. Le cycle frénétique de la réactivité prend notre attention en otage, limitant notre capacité à déceler les occasions d'aimer, de nous améliorer et de mener une vie plus intentionnelle. Voilà ce qui donne du sens à l'existence, et qui a pourtant une fâcheuse tendance à disparaître sous l'agitation du quotidien.

Il faut briser ce cercle vicieux pour devenir réellement productif, aménager un espace entre les expériences que nous vivons et la façon dont nous réagissons à ces expériences ; une distance grâce à laquelle il nous devient possible d'examiner ce qui nous est arrivé. C'est là, dans cet interstice, qu'il devient possible d'apprendre à reconnaître ce que nous pouvons contrôler, ce qui a du sens pour nous, ce qui est digne de notre attention, et *pourquoi*. C'est ainsi que nous commençons à définir qui nous sommes et ce en quoi nous croyons.

De telles prises de conscience constituent un sérieux pas en avant, mais certains apprentissages ne dépassent pas le stade de la théorie. Ils s'étiolent avec le temps, surtout s'ils restent abstraits. Même les plus ferventes convictions et les leçons les plus utiles peuvent s'évaporer si elles ne sont pas converties en actions. Et s'il existait un moyen de mettre régulièrement vos pensées en pratique ? De passer vos idées prometteuses au banc d'essai et de mesurer l'impact qu'elles ont sur votre vie lorsqu'elles sont appliquées ?

Dans cette troisième partie, vous découvrirez comment *La Méthode Bullet Journal* peut faire office de passerelle entre vos convictions et vos actions. Chacun des chapitres explorera les principes directeurs d'une variété de traditions philosophiques *et* vous apprendra à les mettre en pratique avec la complicité bienveillante de votre BuJo. Étape par étape, nous comblerons la distance entre le *quoi* (ce que nous faisons) et le *pourquoi* (la raison pour laquelle nous le faisons) en définissant l'art de mener une vie intentionnelle, à la fois productive et riche de sens.

CONCEPTS CLEFS

On ne peut pas trouver le temps, mais on peut le prendre.

Le bonheur est une conséquence indirecte du sens que nous mettons dans notre existence.
Pour être heureux, il faut déterminer ce qui a du sens pour soi. Pour déterminer ce qui a du sens pour soi, on prend le temps de…

Cultiver sa curiosité en définissant des objectifs.
C'est en les scindant en éléments plus petits qu'on accomplit ses objectifs parce que…

Avec le temps, les questions et les solutions simples mènent à de grands changements.
La productivité passe par l'amélioration continue. Pour parvenir à faire des progrès durables, il faut…

Regarder en soi pour découvrir des opportunités d'amélioration.
Définissez des moments spécifiques pour réfléchir au contenu de votre carnet. Faites le tri entre ce qui compte et ce qui ne compte pas et débarrassez-vous du superflu.

Si vous ne commencez pas votre voyage, vous êtes certain de n'aller nulle part.
Si vous essayez et que vous échouez, vous échouez une fois. Si vous échouez sans avoir vraiment essayé, l'échec est double… et doublement douloureux. S'y mettre est déjà une réussite : tout ce que vous avez à faire, c'est de…

COMMENCER

172

CONCEPTS CLEFS

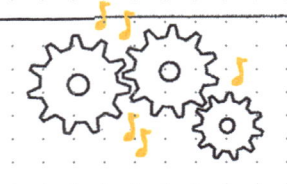

Mieux > Parfait

« L'obstacle est matière à action. »
Ryan Holiday

La seule chose que l'on puisse contrôler est la façon dont on répond à ce qui nous arrive.
En focalisant notre attention sur les choses qu'on ne peut pas contrôler, on leur donne le pouvoir de nous contrôler. Concentrez-vous sur ce que vous pouvez contrôler.

○ A
○ B
● C

Pour être utile à la société, il faut commencer par être utile à soi-même.
On ne peut pas améliorer le monde extérieur si on n'est pas capable d'améliorer son monde intérieur. Choisissez judicieusement vos amis, et soyez un ami pour vous-même. Pour mettre en route ce processus…

Prenez conscience de tout ce qu'il y a de positif dans votre vie.
La réussite perd tout son sens quand on ne sait pas en goûter la saveur. A quoi bon accomplir des choses si on ne peut même pas les apprécier à leur juste valeur ?!
Chaque jour, il importe de…

GRATITUDE
- Promotion
- Bon dîner
- Cadeau de Jamie
- Mot de remerciement
- Fou rire avec une amie
- Maison bien rangée

GRATITUDE

11 / 12

Tendre l'oreille (éveiller sa conscience) pour déceler la petite musique de l'or-dinaire.
Quand vous croyez à ce que vous faites, la motivation transcende les épreuves.

COMMENCER

*Bien des peintres craignent la toile blanche,
mais la toile blanche craint le peintre véritable
qui ose et qui a brisé
une fois pour toutes la malédiction
du « tu n'en es pas capable ».*
Vincent Van Gogh

Peu de choses sont aussi intimidantes que la page blanche, cette étendue vierge qui porte en elle toutes les promesses et semble vous dire « À toi de les tenir ou de les trahir ». Un peu comme la vie elle-même, non ? Oser dans sa vie, c'est se rendre vulnérable et accepter l'éventualité d'un échec. La plupart d'entre nous vivent mal l'échec. Alors nous prenons le moins de risques possible. Nous préférons les compromis, avec pour maigre consolation le sentiment d'avoir éradiqué la possibilité d'échouer tandis que nous bouclons notre ceinture, sagement assis sur le siège passager et laissant la vie prendre le volant à notre place.

La vérité, c'est qu'il n'existe aucun moyen d'éviter l'échec. Même si le sentiment d'avoir failli n'est jamais agréable, un échec qui survient dans une vie de compromis a toutes les chances d'être deux fois plus dévastateur. Imaginons que vous avez refusé ce boulot excitant à l'étranger parce qu'il était plus simple de rester là où vous étiez. Mais voilà qu'un peu plus tard, alors que rien ne le laissait prévoir, vous perdez votre travail. Vous devez désormais faire face au sentiment d'avoir perdu deux emplois, dont un qui aurait pu apporter des changements positifs majeurs à votre existence. Impossible de savoir ce que vous avez raté, mais cette question vous tourmentera probablement pendant de longues années.

Ne laissez pas la peur affadir votre vie. Prenons l'exemple de Heather Caliri, qui luttait depuis l'enfance contre la peur de mal faire. Ce trouble anxieux la privait du courage de prendre des risques et du bonheur de faire les choses qu'elle appréciait le plus. En particulier de cultiver son amour de la lecture.

Après qu'elle a eu des enfants, Heather a trouvé de moins en moins de temps pour goûter au plaisir simple de s'asseoir avec un livre. Sa peur de mal faire avait contaminé jusqu'à ses habitudes de lecture : elle avait le sentiment de ne pas lire suffisamment, de passer à côté de beaucoup de grands auteurs, et d'une manière générale de ne pas lire les bons ouvrages. Plus cela la complexait, plus il lui était difficile de trouver un moment pour lire.

Quand elle s'est mise au Bullet Journal, elle a découvert à quel point il était motivant de rayer des tâches ou des objectifs d'une liste, et à quel point elle prenait goût à faire preuve de créativité pour représenter son quotidien dans son carnet. Pourtant, elle hésitait encore à mettre en place un suivi de ses lectures. *Au bout du compte*, pensait-elle, *cela va me rendre encore plus nerveuse ; encore plus consciente du fait que je ne lis pas assez*. Quand elle s'est finalement décidée à créer une collection « Livres lus » dans son BuJo, elle a été stupéfaite de s'apercevoir que le contraire s'est produit. Elle a recommencé à lire intensément. Son problème n'était pas le manque de motivation, mais le manque de confiance en elle.

Heather s'est forgé l'habitude de reconnaître ses efforts, de s'en attribuer le mérite. Plus elle lisait, plus elle s'épanouissait. Elle a commencé à éprouver cet enthousiasme, cette impatience de lire qu'elle n'avait plus ressentis depuis des années. En l'aidant à systématiser sa pratique de la lecture, son Bullet Journal lui a permis de s'affranchir des barrières érigées par son trouble anxieux. Quand nous nous donnons une chance d'être récompensés pour notre courage, des changements déterminants peuvent se produire.

Il n'y a jamais eu et il n'y aura jamais quelqu'un comme vous. Votre vision unique du monde pourrait bien réparer un des innombrables accrocs qui déchirent l'immense tissu de l'humanité. Cela dit, votre singularité ne fait pas en elle-même votre valeur. Si vous n'*agissez* pas, si vous n'*osez* pas, vous privez le monde – et vous-même – de votre contribution. Comme l'a dit le réalisateur Robert Bresson : « Rendez visible ce qui, sans vous, ne serait peut-être jamais vu[30]. » Certes, nos efforts ne sont pas tous couronnés de succès, mais même nos prétendus échecs peuvent se révéler d'excellents professeurs.

Nous nous améliorons en apprenant, et nous apprenons à travers l'expérience, en osant agir. Il y a toujours un risque inhérent à l'action, parce que nous ne pouvons pas décider de son issue. La vie est ainsi, et l'incertitude est un obstacle incontournable. Ce que l'on peut éviter, en revanche, c'est d'être sans cesse hanté par ce qui aurait pu se produire, *si seulement* on avait osé.

La pratique

Parfois, lorsqu'on veut s'y mettre, le plus dur est de savoir par où commencer. Peut-être ignorez-vous tout bonnement comment faire pour vous attaquer à la réalisation de vos projets, de vos objectifs, de vos tâches. Ou même, plus généralement, comment faire pour vous organiser. Peut-être craignez-vous de mal vous y prendre et de vous décevoir. Si c'est le cas, le moyen le plus simple de se jeter à l'eau consiste à prendre l'habitude de coucher vos pensées sur le papier.

Commencez par prendre des notes à propos de ce livre dans votre Bullet Journal. Dans cette troisième partie, nous allons passer en revue un grand nombre d'idées. J'espère que certaines d'entre elles vous inspireront et vous seront utiles. Si tel passage retient votre attention ou que des pensées vous traversent l'esprit à la lecture des pages suivantes, ne les laissez pas s'échapper. Consignez-les dans votre carnet.

Créez une collection « *La Méthode Bullet Journal* » dans votre BuJo. Au fil de votre lecture, utilisez l'écriture rapide pour saisir tout ce qui vous passe par la tête en notant vos pensées à l'aide des différentes puces, comme vous avez appris à le faire dans la deuxième partie du livre. Continuez au fur et à mesure de votre navigation à travers les chapitres, de sorte à vous familiariser avec la méthode. Ensuite, décidez de ce dont vous avez besoin. Peut-être allez-vous ajouter l'index afin de retrouver facilement vos notations plus tard, lorsque vous voudrez vous rafraîchir la mémoire ?

Avant de vous lancer dans quelque entreprise que ce soit, je vous conseille de commencer par vous délester le cerveau en organisant vos idées sur le papier. Ce faisant, vous franchissez naturellement la ligne de départ… et vous vous rendez compte qu'il s'agit simplement d'une nouvelle séquence de votre vie. La seule différence, c'est que vous êtes désormais au volant.

LA RÉFLEXION

Connais-toi toi-même.
Socrate

Qu'est-ce qui vous a incité à ouvrir ce livre ? Quelle succession d'événements vous a mené jusqu'ici ? Une visite à la bibliothèque et le hasard d'un titre qui accroche le regard ? Lisez-vous cet ouvrage par politesse envers une personne qui vous l'a offert (si c'est le cas, merci d'être parvenu jusque-là !) ? Ou éprouvez-vous un manque que vous espérez combler avec cette lecture ? Si c'est ce que vous cherchez dans ces pages, comment définiriez-vous ce manque ? De quelle façon affecte-t-il votre vie ? De telles questions soulèvent sans doute en vous quelques nuages troubles… Cela montre bien que tout acte, y compris le plus simple en apparence, porte en lui l'héritage d'innombrables choix passés.

Une de mes sculptures préférées est *Le Penseur* d'Auguste Rodin. Vous la connaissez forcément : cet homme nu assis sur un rocher, la tête appuyée sur la main, en pleine… réflexion. Comme nombre de sculptures de

Rodin, l'œuvre semble inachevée. Certaines surfaces sont irrégulières, certaines parties pauvres en détails. Ces millions de petits choix artistiques visibles dans le bronze donnent humanité et immédiateté à son travail, comme si on pouvait suivre les idées de l'artiste, l'observer lui-même penser.

Tel le bloc de marbre dans l'atelier du sculpteur, notre existence commence brute et informe. Chacun des choix que nous faisons donne un coup de burin dans la roche et sculpte notre vie. Chacune de nos actions entame irréversiblement notre capital temps. C'est le manque d'attention qui est souvent responsable de ces décisions regrettables qui pèsent sur nos consciences comme un tas de gravats.

Certes, les mauvaises décisions font partie de notre condition d'êtres humains. Nul ne peut y échapper, si intelligent ou sage soit-il. Il faut dire que la vie est une matière compliquée à sculpter : elle s'échappe, s'ébrèche, s'altère, se transforme, se brise en mille morceaux. Mais tant qu'on est en vie, il reste toujours de la matière à modeler ; c'est ça qui est merveilleux ! Comme *Le Penseur*, votre vie n'a pas besoin d'être parfaite dans les moindres détails pour être belle. Cela dit, on peut toujours faire mieux.

Nombre de mauvaises décisions naissent dans les absences de notre conscience. L'action en elle-même nous absorbe tellement que nous oublions de nous demander *pourquoi* nous faisons telle ou telle chose ; qu'est-ce qui nous a amenés à faire ça ? Se demander *pourquoi* est le premier pas délibéré de notre quête de sens.

La réflexion

Bien souvent, nous nous mettons en quête de sens plus tard que nous le devrions. Parce qu'une telle démarche nous paraît trop ésotérique ou qu'elle nous semble une montagne à gravir, nous avons tendance à éviter de nous y engager à moins d'y être contraints par un événement douloureux ou une crise personnelle. Explorer nos *pourquoi* à la lumière de tristes circonstances nous désavantage : notre souffrance couvre d'un voile sombre notre capacité à penser et à poser un regard lucide sur les choses. L'introspection ne doit pas être réservée aux saisons les plus maussades de notre existence. Elle peut devenir un compagnon bienveillant de notre quotidien. Pour cela, il faut commencer par prendre conscience de notre façon d'investir notre temps et notre énergie ; de toutes ces activités qui constituent la trame de notre vie et que le Bullet Journal archive fidèlement afin que nous puissions toujours nous y référer.

Peut-être vous dites-vous : *Analyser ma liste de tâches ne va pas m'aider à répondre aux questions existentielles qui m'occupent l'esprit.* Probablement pas directement, en effet, mais le vrai problème n'est-il pas plutôt que nous manquons de pratique dans l'art de se poser ce genre de questions ? Pour mieux répondre aux grands « pourquoi » intimidants (*Quel est le sens de la vie ? Pourquoi existe-t-on ?*), nous devons commencer par les petits « pourquoi » : *Pourquoi ai-je décidé de travailler sur ce projet ? Pourquoi suis-je agacé par la personne qui partage ma vie ? Pourquoi suis-je tellement stressé ?* Dans le Bullet Journal, nous faisons cela à travers la pratique de la réflexion.

C'est au sein de la réflexion que naît et se développe l'intentionnalité. La réflexion nous offre l'environnement mental protégé dont nous avons besoin pour prendre le recul nécessaire à une meilleure vision des choses et commencer à nous demander *pourquoi*. À travers la pratique de la réflexion, nous cultivons l'habitude de prendre rendez-vous avec nous-mêmes pour examiner nos progrès, nos engagements, nos circonstances personnelles et notre état d'esprit. Cela nous aide à savoir si nous nous attaquons aux vrais problèmes, si nous répondons aux vraies questions. C'est en questionnant nos expériences que nous commençons à séparer le bon grain de l'ivraie ; le *pourquoi* du *quoi*.

N'ayez pas d'inquiétude, la réflexion n'est pas une invitation à vous flageller pour expier d'anciennes fautes. C'est une formidable occasion de récolter les informations riches d'enseignements que contiennent vos expériences de vie et de les utiliser pour cultiver votre avenir.

---

*La réflexion vous aidera à identifier
ce qui vous nourrit intellectuellement et spirituellement,
de sorte que vous puissiez prendre de meilleures décisions
lorsque vous ensemencerez la prochaine saison de votre vie.*

Au cours de nos vies se succèdent des saisons fastes, des saisons de disette, des saisons triomphales, des saisons de deuil. Nos besoins changent au gré de ces périodes.

Nous vivons, nous apprenons et nous nous adaptons. Notre définition du sens doit elle aussi s'adapter. Certaines choses qui poussent en été pourrissent en automne. Lorsque nous nous accrochons aveuglément au passé, nous sommes contraints de nous nourrir de convictions périmées, issues de saisons révolues. Dans ces conditions, il ne faut pas s'étonner de se sentir souvent insatisfait, vide, assoiffé de sens.

Pour mener une existence épanouissante, nous devons accepter la nature changeante de nos expériences en faisant de notre quête de sens une exigence permanente. Voilà pourquoi *La Méthode Bullet Journal* intègre de multiples mécanismes de « réflexion ». C'est là que la méthode passe d'un système à une pratique en nous aidant à donner un coup de burin quotidien dans le superflu pour révéler l'essentiel.

EN PRATIQUE

Peut-être songez-vous : *J'ai envie de pratiquer l'introspection, mais je n'ai jamais le temps pour ça. Pour approfondir mes pensées, j'ai besoin d'être dans un état d'esprit propice à une vraie réflexion, mais mes pensées sont comme moi : elles s'éparpillent.*

Si vous bujotez, votre pratique introspective a déjà commencé. En tenant les différentes sections de votre Bullet Journal, vous ne vous contentez pas d'organiser vos activités, vous devenez le documentariste et l'archiviste de vos pensées comme de vos actes. C'est une forme de réflexion passive qui vous mâche le travail : à l'heure de faire une pause pour réfléchir, une partie du boulot est déjà faite ! Il ne vous reste plus qu'à passer, à votre rythme, de la réflexion passive à la réflexion active.

RÉFLEXION QUOTIDIENNE

Tout au long de la journée, vous utilisez votre feuille de route quotidienne (page 126) pour saisir vos pensées et les mettre à l'abri dans votre carnet. À présent, il s'agit simplement de retourner les voir et d'écouter ce qu'elles ont à vous dire. La réflexion quotidienne a été conçue pour ça. Elle vous permet de commencer et de conclure chacune de vos journées par un moment consacré à la réflexion active.

RÉFLEXION MATINALE : UN MOMENT POUR PLANIFIER

Le matin, avant de vous lancer à l'assaut de votre journée, accordez-vous un moment en tête à tête avec votre Bullet Journal. Si vous faites partie de ces gens qui se réveillent l'esprit saturé de pensées, c'est le moment de soulager la pression. Libérez votre cerveau de toutes les pensées qui s'y sont formées au cours de la nuit pour faire de la place à la journée qui commence. Pour ceux d'entre vous qui sont plus proches de *Bienvenue à Zombieland* que du *Penseur* au sortir du sommeil, cela met de l'huile dans les rouages grippés de votre cerveau matinal.

Ensuite, consultez les pages du mois en cours pour vous remémorer l'ensemble des tâches non traitées. Cela vous aide à y voir plus net dans vos priorités et à planifier

RÉACTIVITÉ

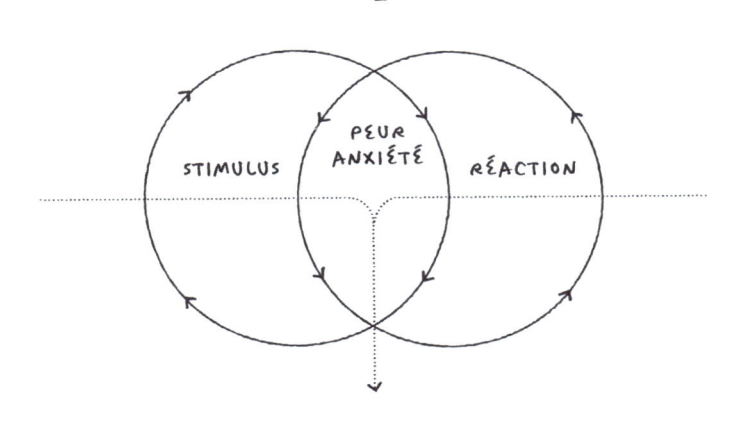

—

STIMULUS — PEUR ANXIÉTÉ — RÉACTION

INTENTIONNALITÉ

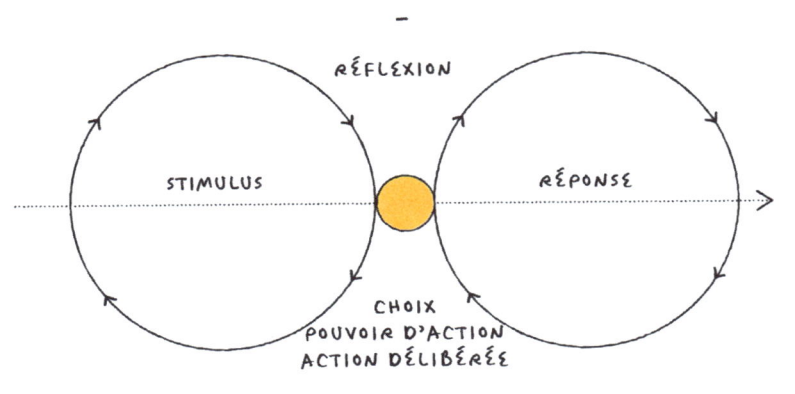

—

RÉFLEXION

STIMULUS — RÉPONSE

CHOIX
POUVOIR D'ACTION
ACTION DÉLIBÉRÉE

votre emploi du temps en conséquence. Vous vous engagez dans cette nouvelle journée avec assurance, l'esprit clair et résolu.

RÉFLEXION DU SOIR

Tandis que la réflexion matinale privilégie la planification pour être fin prêt à affronter la journée, la réflexion du soir se consacre davantage à l'examen bienveillant de la journée écoulée pour vous aider à vous détendre. Avant de mettre votre esprit au repos, ouvrez votre Bullet Journal et passez en revue les éléments ajoutés au cours de la journée. Placez la puce « X » devant les tâches effectuées. S'il manque une tâche, inscrivez-la. Là encore, vous délestez votre cerveau.

Une fois votre Bullet Journal actualisé, portez votre attention sur chaque élément, l'un après l'autre. C'est le moment de vous interroger : *Pourquoi est-ce important ? Pourquoi me suis-je lancé là-dedans ? Pourquoi est-ce une priorité ?* Etc. Ces questions vous aideront à débusquer ce qui est du domaine de la distraction. Rayez les tâches que vous n'estimez pas pertinentes.

Enfin, octroyez-vous un moment pour vous réjouir de vos progrès, pour apprécier à leur juste valeur les moyens simples qui vous ont permis de faire de cette journée une réussite. La réflexion du soir peut être une formidable manière de décompresser avant de dormir ; le sentiment de savoir où l'on va et de progresser vers son but permet de combattre efficacement le stress et l'anxiété.

La réflexion

Astuce : Vous pouvez utiliser la réflexion quotidienne comme une plage quotidienne de désintoxication numérique. Après votre réflexion du soir, pourquoi ne pas appliquer une politique « zéro écran » qui restera en vigueur jusqu'à la fin de votre réflexion matinale, le lendemain ? C'est une façon simple de prendre l'habitude de vous déconnecter.

LA RÉFLEXION MENSUELLE ET ANNUELLE À TRAVERS LA MIGRATION

La technologie nous conduit chaque jour davantage vers une existence fluide, qui pallie les difficultés de la vie quotidienne. Plus c'est pratique, plus ça nous tombe tout cuit dans le bec, plus nous sommes satisfaits. C'est super quand on commande une pizza. Pour la savourer, il n'est pas vraiment nécessaire de connaître la fabuleuse technologie qui permet à ce régal aux quatre fromages d'apparaître comme par enchantement sur votre palier. Toutefois, le côté pratique des choses se paie souvent du prix de la compréhension qu'on en a. Moins vous passez de temps à examiner votre environnement, moins vous en savez sur lui. Et quand il s'agit de comprendre la façon dont on mène son existence, il devient crucial de ralentir, de prendre son temps.

La migration (page 152) a été conçue pour ajouter la dose de friction nécessaire pour vous contraindre à ralentir, pour vous permettre de prendre un peu de recul et d'examiner les choses que vous vous donnez à faire. En surface, il s'agit d'un mécanisme de filtration automatique, conçu pour tirer parti de votre patience limitée : si une note ne vaut pas les quelques secondes nécessaires pour la recopier, il y a de fortes chances pour que son contenu n'ait vraiment pas d'importance. À ce mécanisme de filtration s'ajoutent les pouvoirs de l'écriture manuscrite (page 77), capable de stimuler notre esprit critique et de nous aider à jeter de nouvelles passerelles entre nos pensées. Lorsque vous migrez des éléments un par un, vous créez – en plaçant chaque élément de votre liste sous le microscope de votre attention – la possibilité d'identifier des connexions singulières ou des opportunités.

Comme l'a dit Bruce Lee : « Le but n'est pas d'avoir chaque jour plus, mais d'avoir chaque jour moins : débarrassez-vous de tout ce qui n'est pas essentiel. »

CYCLES DE RÉFLEXION DU BULLET JOURNAL

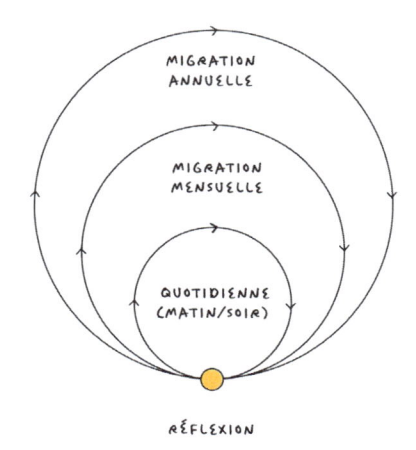

MIGRATION ANNUELLE

MIGRATION MENSUELLE

QUOTIDIENNE (MATIN/SOIR)

RÉFLEXION

La réflexion

LA CONSTANCE

On me demande souvent combien de temps me prend la réflexion quotidienne. En général, je consacre cinq à dix minutes à chaque séance. Il ne s'agit pas d'y passer un long moment, mais d'être constant dans sa pratique. Si vous vous rendez compte que vous manquez ce rendez-vous trop souvent, réduisez le temps que vous y consacrez. Le seul nombre de minutes adéquat est celui qui vous permet d'inclure la réflexion dans votre routine journalière.

Le but est de prendre l'habitude d'honorer ce rendez-vous avec vous-même, de vous interroger sur ces petits *pourquoi*. Avec le temps, il devient plus facile d'y répondre. Vous définissez vos convictions et vos valeurs morales avec davantage de précision, vous perfectionnez votre capacité à identifier vos forces et vos faiblesses. Lentement mais sûrement, vous commencez à éliminer les distractions, éveillant ainsi votre conscience et développant chaque jour un peu plus votre présence au monde.

LA PLEINE CONSCIENCE

Dans « C'est de l'eau », son fameux discours prononcé lors d'une remise de diplômes au Kenyon College, David Foster Wallace parle du quotidien – du *jour après jour après jour* – et de la façon dont « le prétendu "monde réel" ne vous dissuadera pas d'utiliser vos paramètres par défaut pour fonctionner au quotidien, parce que le prétendu "monde réel" des hommes, de l'argent et du pouvoir ronronne très bien comme ça, alimenté par la peur, le mépris, la frustration, l'envie et le culte de soi[31] ».

Autrement dit, si nous n'y prenons pas garde, nous risquons de mettre nos existences sur pilote automatique et de perdre ainsi une grande partie de ce qui fait le sel de la vie. Au cours des séances de réflexion, si courtes soient-elles, nous prenons l'habitude de couper notre pilote automatique en faisant une pause pour examiner l'expérience que nous venons de vivre. Pour mener à bien cette « enquête interne », nous devons nous poser des questions et ne pas prendre les choses pour argent comptant. Cela nous apprend à nous pencher sur nous-mêmes et sur le monde de façon plus réfléchie.

Engager un dialogue constant avec nos expériences nous apprend que même les moments les plus banals, les plus plats peuvent receler une profondeur insoupçonnée. Si vous choisissez de cultiver votre pleine conscience, « il sera vraiment en votre pouvoir de vivre une de ces situations infernales où consumérisme rime avec foule, chaleur et piétinement comme un moment non seulement riche de sens, mais aussi comme un moment sacré, nourri du même feu qui a allumé les étoiles ; la compassion, l'amour, l'unité souterraine de toutes choses[32] ».

SOMMAIRE

Quand vous vous rendez chez l'optométriste, on vous demande de lire des symboles à travers un grand appareil métallique truffé de lentilles qui s'appelle un réfracteur. Pendant que vous vous efforcez de lire les symboles, l'optométriste change les lentilles qu'il place devant vos yeux et vous invite à lui dire si l'une d'elles vous permet d'avoir une vision nette. *Et maintenant, c'est mieux ?* Clic. *Et là, c'est comment ?* Clic. Son but est de trouver une combinaison de lentilles qui modifiera la façon dont la lumière frappe vos rétines, de sorte que vous puissiez avoir une meilleure vue.

Pour ceux qui souhaitent mener une vie plus intentionnelle, la réflexion fonctionne à la manière d'un réfracteur optométrique. C'est le mécanisme qui contribue à améliorer notre perception du monde, mais pour qu'il fonctionne correctement, il nous revient d'y ajouter les lentilles. Il est probable que vous en possédiez déjà quelques-unes, telles que vos convictions et vos valeurs morales. La réflexion est toutefois une pratique ancienne et chaque culture, chaque tradition de pensée propose ses propres lentilles grâce auxquelles corriger notre myopie et aiguiser notre perspicacité. Penchons-nous à présent sur ces lentilles conçues pour nous aider à avoir une vision plus nette de notre vie.

LE SENS

*Les yeux ne voient que la lumière,
les oreilles n'entendent que le son,
mais un cœur à l'écoute peut percevoir le sens.*
DAVID STEINDL-RAST

Mon épisode préféré de *La Quatrième Dimension* s'intitule « Enfer ou paradis ». On y suit l'histoire de Rocky Valentine, un monte-en-l'air sans envergure tué par la police lors d'un cambriolage. Un homme affable, vêtu d'un impeccable costume blanc, le guide dans l'au-delà et lui propose de satisfaire le moindre de ses désirs. Voilà bientôt Rocky Valentine plongé dans le luxe. À sa grande surprise, tous ses vœux sont exaucés : penthouse à New York, penderies garnies de costumes sur mesure, bar approvisionné des alcools les plus fins… Il parade dans la ville au volant de sa voiture de luxe et rafle la mise au casino sous les yeux de mondaines énamourées. Argent, sexe et pouvoir : tout ce dont il a toujours rêvé est devenu réalité.

Pourtant, cette abondance de biens perd de son attrait avec le temps. L'excitation des premiers jours cède la place à l'ennui. Cette vie parfaite et tant espérée n'a finalement rien d'épanouissant. Rocky Valentine se tourne vers son ange gardien et lui dit : « Je crois que le paradis n'est pas fait pour moi. Il me semble que je serais plus à ma place en enfer. » Ce à quoi son ange gardien lui rétorque d'un ton ironique : « Qu'est-ce qui vous fait dire que vous êtes au paradis ? »

La réussite procure souvent un étonnant sentiment de vide. Cela ne se vérifie pas seulement pour la réussite financière, mais aussi pour un certain type de développement personnel qu'on a toujours considéré comme bénéfique, sain pour l'esprit. Dans son article « Comment j'ai surmonté mon obsession du développement personnel permanent », Leo Babauta, le créateur du blog *Zen Habits*, parle de l'ultrafond qu'il a couru, de sa participation au Goruck Challenge (un parcours d'obstacles de dix heures qui s'effectue lesté d'un sac à dos rempli de briques) et des nuits passées à apprendre le codage... tout ça pour s'apercevoir au bout du compte que sa vie ne s'était en rien améliorée. « La réalité n'a jamais rejoint le fantasme[33] », écrit-il. Il n'est pas le seul à s'être retrouvé face à cette prise de conscience.

Le monde est plus instruit, nourri, vacciné et technologique que jamais. Pourtant, une soif d'aller toujours plus loin pousse la génération Y à dépenser beaucoup d'argent dans des activités de développement personnel (près de deux fois plus par mois que les baby-boomers, bien qu'ils gagnent environ deux fois moins que leurs aînés)[34]. Ce qui soulève une autre question : comment comprendre que cette mode aille de pair avec une montée constante du taux de dépression ? Le pourcentage de jeunes Américains souffrant de dépression sévère est passé de 5,9 % en 2012 à 8,2 % en 2015[35]. Rien qu'aux États-Unis, les troubles de l'anxiété affectent 40 millions d'adultes, c'est-à-dire 18,1 % de la population[36].

Vous vous dites peut-être que garder la ligne ou prendre des cours du soir sont des projets qui valent tout à fait la peine d'être entrepris. C'est bien possible, mais l'impact qu'aura ce que vous faites dépend du *pourquoi* vous le faites. Il importe de comprendre quelles sont les véritables motivations qui se cachent derrière nos efforts. Ceux-ci se nourrissent toujours de la perspective du bénéfice que nous pouvons en tirer. Qu'attendez-vous exactement en échange de votre sueur et de vos larmes ? Quel est l'objectif qui sous-tend l'ensemble des objectifs que vous vous fixez ? La plupart d'entre nous considèrent que c'est tout simplement d'être heureux, et c'est là que réside le problème.

Souvenez-vous du dernier but que vous avez poursuivi avec succès. Vous avez vraiment dû vous donner des coups de pied aux fesses pour y parvenir, mû par la perspective d'une vie meilleure. Mais qu'avez-vous découvert, une fois franchie la ligne d'arrivée ? Cette augmentation, cette nouvelle maison, cette voiture, cette croisière vous a-t-elle rendu aussi heureux que vous l'aviez espéré ? La réponse est probablement négative, en tout cas sur la durée.

Le sens

Nous pouvons commencer à résoudre ce casse-tête en acceptant une vérité toute simple : personne ne peut savoir avec certitude ce qui le rendra heureux. En fait, il s'avère que nous sommes plutôt mauvais lorsqu'il s'agit de deviner ce que nous allons ressentir face à telle ou telle situation. Cela est notamment lié à un phénomène appelé *impact bias*[37] qui peut être défini comme « la tendance que nous avons à surestimer la durée ou l'intensité de nos futurs états émotionnels ». En gros, nous sous-estimons de façon chronique notre capacité d'adaptation.

Tandis que nous fonçons vers de nouveaux objectifs, nous apprenons de nouvelles choses, et, le temps de franchir la ligne d'arrivée, nous sommes tout simplement devenus des personnes différentes. Nous cherchons à atteindre une idée du bonheur élaborée en fonction d'une personne qui nous ressemble aujourd'hui, mais qui ne nous ressemblera peut-être plus demain. Espérer qu'il n'y aura pas de trop grandes disparités entre ces deux moi est un pari à l'aveugle : le temps et l'argent investis dans cette quête du bonheur risquent d'être engloutis sans rien vous avoir apporté en retour, sinon un sacré coup au moral, pour ne pas dire à la santé mentale. Et plus nous essayons d'être heureux, plus le bonheur semble insaisissable. Comme l'a dit l'humoriste Tim Minchin : « Le bonheur, c'est comme un orgasme : si on y pense trop, il ne vient jamais[38]. »

Puisqu'on en parle, notre appétence de plaisir constitue un autre facteur essentiel pour comprendre le caractère insaisissable du bonheur. L'être humain est magnifiquement conçu pour s'adapter à la chaleur, au froid, à l'adversité, et c'est en partie dû à sa capacité à ressentir du plaisir. Le plaisir nous permet de discerner rapidement le bon du mauvais, le nuisible de l'utile.

Nous aimons ce qui nous procure une sensation de plaisir, et cherchons à renouveler l'expérience qui nous en a procuré.

Au mauvais vieux temps – vous savez, celui où nos congénères passaient le plus clair de leurs journées à essayer de ne pas mourir –, le plaisir était limité et d'ordre plus pratique. Aujourd'hui, le plaisir est devenu une marchandise, commercialisé comme un substitut au bonheur et disponible à la carte.

Notre capacité d'adaptation rapide ne tarde pas à rendre banals, voire ennuyeux, l'expérience ou l'achat les plus agréables. L'insatisfaction refait vite surface et nous voilà bientôt en quête d'une nouvelle dose de plaisir. Frustrés, nous cherchons toujours quelque chose de plus fort pour juguler les effets du manque. Plus de chaussures, d'alcool, de sexe, de nourriture, de « J'aime » sur Facebook... plus, plus, plus. Ce phénomène est connu sous le nom d'« adaptation hédoniste ».

Notre économie fait son miel de cette « vulnérabilité de la psychologie humaine[39] » (selon les mots de Sean Parker, un des fondateurs de Facebook). Si vous y prêtez attention, vous remarquerez le nombre de publicités qui insistent non pas sur le « bien », mais sur le « plus » : mieux, plus vite, plus frais, plus solide, plus léger. « Bien » devrait suffire, mais « mieux » est la promesse d'un « bonheur » accessible d'un simple clic de souris ou en tapant le code secret de votre carte bancaire.

Le sens

Ce qui peut être acheté peut être possédé. C'est le contrat social. Vous achetez des chaussures dans un magasin de chaussures, des vêtements dans une boutique de vêtements, une voiture chez le concessionnaire automobile, et ainsi de suite. Notez l'absence de magasins de bonheur. Impossible de l'acheter, puisqu'on ne peut pas le posséder. On ne peut pas le tenir, l'avoir à disposition.

Le sentiment de bonheur – comme le sentiment de malheur – va et vient. C'est un état émotionnel, et il est donc fort heureusement temporaire. Constater le déclin d'une période faste où tout marchait comme sur des roulettes n'est certes pas un moment agréable, mais imaginez un instant un monde où les choses resteraient éternellement semblables, où nos émotions seraient sclérosées, nous forçant à affronter indéfiniment nos démons. Ou bien un paradis infernal où tout serait parfait, si lisse et dépourvu de contraste que rien n'aurait plus de saveur, de sens. Cela nous empoisonnerait. D'ailleurs, l'incapacité à faire une transition entre nos différents états émotionnels est souvent considérée comme une maladie mentale. Vue sous cet angle, la quête de quelque état mythique de bonheur perpétuel n'est pas seulement illusoire ; elle n'apparaît pas souhaitable.

Mais alors… Tous ces objectifs que nous nous fixons, tous ces efforts que nous faisons pour vivre mieux sont-ils vains ? Certainement pas. C'est simplement que le grand objectif, celui qui sous-tend tous les autres, ne peut pas être le bonheur en lui-même. Dire cela n'est pas nier l'importance du bonheur, qui est évidemment au centre de nos attentes. La question devient donc : comment faire pour l'attirer à nous ? Pour l'inviter à se glisser dans nos vies ?

Si vous faites des recherches sur le mot « bonheur », vous découvrirez de très nombreux synonymes. S'ils expriment formidablement la complexité de cette notion et les nuances qu'elle peut prendre selon les êtres et les cultures, aucun d'entre eux ne se risque à nous indiquer le moyen d'être heureux. Cela relève du domaine de la philosophie. Parmi les doctrines philosophiques qui s'intéressent à la notion de bonheur, on peut citer l'eudémonisme, « courant de la philosophie morale qui définit l'action juste comme étant celle qui conduit au bien-être de l'individu[40] ». Cette idée que notre bien-être est la conséquence indirecte de la façon dont nous agissons au quotidien est un thème récurrent des différentes traditions philosophiques à travers le monde. En d'autres termes, le bonheur est le fruit de nos actions dirigées vers autre chose que la poursuite du bonheur. Une sorte de merveilleux effet secondaire.

Si le bonheur résulte de nos actions, nous devons cesser de nous demander comment être heureux et commencer à nous demander comment être.

La population d'Okinawa, au Japon, figure parmi les plus heureuses de la planète, sans parler de la formidable longévité de ses habitants : on y trouve la plus haute proportion de centenaires au monde, avec un taux d'environ 50 pour 100 000[41]. Quand on les interroge sur le secret de leur bonheur, les Okinawaïens évoquent bien souvent l'*ikigaï*. « Votre ikigaï se situe au croisement de ce que vous faites bien et de ce que vous aimez faire, explique Héctor García. Tout comme certains êtres humains convoitent des richesses matérielles depuis la nuit des temps, écrit-il encore, d'autres se sont sentis profondément insatisfaits par cette incessante quête d'argent et de renommée, préférant tendre vers quelque chose de plus grand que l'accumulation de biens matériels. Au fil du temps, cette façon d'être au monde a été décrite à l'aide d'une large variété de mots et de concepts, mais tous en reviennent à la même idée essentielle : trouver du sens à l'existence[42]. »

Peut-être faisons-nous tout à l'envers. Comme si, dans notre quête du bonheur, nous détournions notre attention de tout ce qui pourrait avoir du sens. Pourtant, c'est en nous concentrant sur ce qui a du sens que nous nous donnons une chance de voir le bonheur s'inviter dans nos vies. Comme l'a dit Viktor Frankl : « Le bonheur ne peut pas être une fin en soi, il découle de notre façon d'être ou d'agir[43]. »

La question devient alors : qu'est-ce qui a du sens ? Nous sommes nombreux à hésiter au moment de répondre, et c'est normal. C'est là une question d'une grande complexité qui a donné des migraines à l'être humain depuis le jour où son cerveau a été capable de la formuler. La nécessité d'englober les nombreux points de vue contraint les définitions savantes à rester vagues sur le sujet. Chacun d'entre nous a pu en faire l'expérience : notre propre définition de ce qui a du sens change ou évolue avec le temps. Chérissez-vous aujourd'hui les mêmes choses que lorsque vous aviez douze ans ? Sans doute pas. Ce qui est clair, c'est qu'il ne faut pas chercher *un* sens à la vie, mais *du* sens.

De l'engagement humanitaire à la foi en passant par la famille, les gens empruntent toutes sortes de chemins dans l'espoir qu'ils mèneront à une vie plus riche de sens. Certes, ces causes sont nobles et dignes des efforts qu'on leur consacre, mais cela ne veut pas nécessairement dire qu'elles *vous* permettront de *vous* épanouir. J'ai rencontré nombre de bénévoles, de travailleurs sociaux, d'enseignants, de médecins, et même de parents désabusés. Ils savent que ce qu'ils font est objectivement riche de sens, mais ils ne le *ressentent* pas.

Qu'est-ce que sentiment et sens ont à voir l'un avec l'autre ? En fait, probablement tout. On n'intellectualise pas ce qui nous parle, ce qui nous touche, ce qui nous appelle et résonne en nous… et c'est pour ça que c'est si compliqué à définir. Quand ça se manifeste, on le *ressent*. Les Grecs avaient pour ça un terme – *phainesthai* – que l'on peut traduire par « ce qui apparaît », « ce qui surgit avec éclat ». Dans le même esprit, nous parlerons ici de « résonance ».

Vos sentiments et vos émotions seront les premiers à percevoir ce qui résonne en vous et qui renferme la promesse d'une expérience riche de sens.

Le sens

Si nous menons une existence passive – une existence où nous ne sommes pas à l'affût de ce qui résonne en nous –, nous nous condamnons à chercher en vain notre place en ce monde. Dans cet état passif, nos efforts, si nobles soient-ils, nous sembleront souvent dépourvus de sens car ils ne serviront aucun but véritable. Cela crée un vide que nous tentons en vain de combler à l'aide de biens matériels, qui ne font que nous alourdir davantage. Voilà pourquoi il est fondamental d'aller vers ce qui résonne en nous.

Comment découvrir ce qui provoque cet écho émotionnel ? De même que nous naissons dotés d'un mécanisme interne qui nous permet de voir, nous naissons dotés d'un mécanisme interne qui nous permet de détecter ces réverbérations lumineuses qui trouent notre nuit : la curiosité.

Notre curiosité est ce sentiment électrique d'excitation que nous éprouvons lorsque nous décelons du potentiel. C'est l'étincelle qui allume notre imagination et notre faculté d'émerveillement, nous projetant hors de notre bulle pour nous ancrer dans le monde. C'est un magnétisme qui prend souvent le dessus sur la raison, la cupidité, l'intérêt personnel, et même le bonheur. Vous avez déjà vécu ça sous une forme ou une autre, que ce soit celle d'une attirance amoureuse, d'une fascination pour tel ou tel sujet ou de l'enthousiasme que procure un travail qu'on aime. Votre curiosité peut également être attirée vers des choses que vous n'avez pas encore expérimentées : élever des enfants, par exemple, ou bien créer votre entreprise, enregistrer un disque ou encore vous attaquer à un problème de société. Ces échos lumineux, quelles que soient les étoiles qu'ils désignent, ont été identifiés par votre cœur comme étant potentiellement riches de sens. La question est : vous êtes-vous jamais accordé un moment pour définir ce que sont exactement ces choses qui résonnent en vous ?

Faisons plusieurs pas en arrière. Avant de vous inscrire à ce club de gymnastique ou à ces cours du soir, d'acheter cette télévision ou même de vous fixer des objectifs, avoir une vue d'ensemble vous aidera à guider vos actions. Vous devez vous accorder le temps nécessaire pour exprimer clairement votre propre vision d'une vie riche de sens ; pour dessiner ses contours avec précision en vous appuyant sur les expériences que vous avez vécues. Si vous ne vous orientez pas de cette façon, vous risquez de vous perdre dans une sorte de quatrième dimension, à mille lieues de ce qui compte vraiment pour vous. Alors commençons par définir quel genre de vie *vous* souhaitez mener en débutant par quelques exercices.

EN PRATIQUE

LE CONTE DES DEUX VIES

Cet exercice mental est inspiré du poème de Robert Frost « The Road Not Taken » (« Le Chemin que je n'ai pas suivi »). Mettez-vous dans la peau d'un voyageur qui parvient à la croisée de deux routes. À droite s'étire un chemin bien tracé par les nombreux voyageurs qui l'ont emprunté avant vous. Celui de gauche, en revanche, vous semble moins fréquenté.

LE CHEMIN BIEN TRACÉ

Ce chemin vous mène vers ce qui vous est familier. Il privilégie le confort au détriment du risque. C'est un prolongement de l'existence que vous menez déjà. Vous vous contentez de la poursuivre telle quelle, sans faire beaucoup d'efforts pour travailler vos points faibles et tendre vers une vie meilleure. Qu'aurez-vous accompli, sur le plan personnel et professionnel, lorsque cette existence s'achèvera ? Que vous aura apporté cette vie ?

LE CHEMIN MOINS FRÉQUENTÉ

Ce chemin vous mène vers ce qui ne vous est pas familier. C'est une vie qui privilégie le risque au détriment du confort. Vous osez poursuivre des objectifs qui vous intéressent vraiment et vous travaillez activement au développement de votre potentiel. Qu'aurez-vous accompli, sur le plan personnel et professionnel, lorsque cette existence s'achèvera ? Que vous aura apporté cette vie ?

À présent, écrivez deux fois votre nécrologie en partant d'abord du principe que vous avez pris le premier chemin, puis en partant du principe que vous avez pris le second, soit deux nécrologies distinctes auxquelles vous consacrerez chaque fois au moins un quart d'heure (merci de votre patience).

Créez une collection intitulée « Deux vies » et ajoutez-la à votre index. Commencez par la nécrologie du « Chemin bien tracé » et utilisez autant de pages que nécessaire. L'espace pour « le Chemin moins fréquenté » ne doit être créé qu'une fois la première nécrologie terminée. Cherchez profondément en vous-même et soyez honnête ; ces mots ne sont destinés qu'à vous et personne d'autre ne les lira. Que voyez-vous lorsque vous portez le regard aussi loin que possible, vers le bout de chacun de ces chemins ?

Bilan

1. Relisez chaque nécrologie du début à la fin. Sur la page suivante de votre carnet (la première page libre qui suit les nécrologies), écrivez une lettre adressée à vous-même. Quelles prises de conscience, émotions ou interrogations cet exercice a-t-il suscitées en vous ? Quels points négatifs ou positifs ? Qu'est-ce qui vous a surpris ? Qu'est-ce qui vous a attristé ? Qu'est-ce qui vous a inquiété ou enthousiasmé ? L'idée est de saisir ce que vous ressentez en voyant votre vie défiler tout entière sous vos yeux. Les réponses à ces questions tisseront la trame de cette lettre que vous vous adressez. Formulez-les de sorte à rappeler à votre moi futur – la personne à qui sont destinés ces mots – ce qui a changé en vous, parce qu'il est certain que vous ne verrez plus les choses tout à fait comme avant au terme de cet

exercice. Mettez en évidence ce dont vous voulez vous débarrasser et ce vers quoi vous tendez, afin de ne jamais l'oublier.

2. Parmi vos deux vies possibles telles que décrites dans ces nécrologies, choisissez celle que vous préférez et identifiez les réussites (« Qu'aurez-vous accompli, sur le plan personnel et professionnel, lorsque cette existence s'achèvera ? ») dont vous êtes le plus fier avant de les entourer. Une fois que c'est fait, migrez-les vers votre collection « Objectifs » (page 206). Par cette simple action, vous avez effectué le premier pas vers une vie plus riche du sens que *vous* voulez lui donner. Continuons sur cette voie !

LES OBJECTIFS

*Nous ne pouvons pas faire de grandes choses ;
seulement des petites choses avec un grand amour.*
Mère Teresa

La curiosité dirige l'aiguille de notre boussole interne vers le magnétisme des possibles et du sens. C'est la force qui nous pousse à nous aventurer hors de notre zone de confort, en terre inconnue pavée d'incertitudes et de risques. La question devient alors : comment exploiter au mieux les bienfaits de notre curiosité tout en réduisant les risques d'échec ? En définissant des objectifs. Fixés avec intention, les objectifs peuvent nous fournir un cadre, un cap, et la résolution nécessaire pour les atteindre.

---

*Les objectifs nous offrent l'opportunité de définir
ce que nous voulons.*

Lorsqu'il n'est pas fixé intentionnellement, l'objectif risque de se muer en réaction irréfléchie face à une situation ou à un événement négatifs. Si avez l'impression d'être en surpoids, par exemple, décider de courir un marathon organisé deux à trois mois plus tard est une réaction impulsive, et probablement contre-productive. Les chances d'atteindre cet objectif seront minces, contrairement à celles de vous décevoir ou de vous blesser moralement. En décidant d'un objectif sous le coup de l'émotion, il est fort probable de retourner à la case départ : objectif impulsif = risques élevés, maigres bénéfices.

S'approprier les objectifs de quelqu'un d'autre est un piège dans lequel il est également fréquent de tomber. « Gagner mon premier million », par exemple, est le genre d'annonce aussi répandue que dépourvue de sens. Pourquoi ? Parce qu'il s'agit d'un objectif creux, sans véritable raison d'être. Vous devez savoir exactement *pourquoi* vous avez besoin de ce million de dollars.

Qu'ils naissent d'une belle découverte ayant suscité en vous un élan d'enthousiasme ou d'une de ces douloureuses leçons que la vie sait parfois nous administrer, vos objectifs devraient toujours être inspirés par ce que vous avez vécu. Mettez ces expériences à profit ! Réjouissantes ou cuisantes, elles sont une matière riche dans laquelle vous pouvez puiser pour définir des objectifs chargés de sens.

En gardant cela à l'esprit, essayons une nouvelle fois de nous fixer cet objectif « pluie de dollars » : « Je veux gagner suffisamment d'argent pour rembourser mes prêts étudiant, acheter une petite maison où mes parents pourront couler une paisible retraite et payer les études de mes enfants. »

Bien que toujours ambitieux, notre objectif est cette fois-ci pourvu de paramètres qui lui donnent du sens. Ce n'est plus un objectif gratuit, sans raison d'être. Vous connaissez précisément l'effet positif que son accomplissement aura sur votre vie future. Il s'agit là d'une différence essentielle, parce que les objectifs ambitieux ne peuvent être atteints qu'au prix d'efforts soutenus sur une longue période. Des nombreux obstacles qu'il vous faudra surmonter en chemin, l'endurance se révèle souvent l'adversaire le plus fourbe, le plus coriace, et même le plus létal. Voilà pourquoi les objectifs ambitieux doivent être motivés par un besoin véritable, une nécessité qui alimentera votre ténacité et vous aidera à résister à l'usure des jours, des mois, voire des années que peut exiger leur réalisation. Ce besoin doit être suffisamment fort pour vous armer contre les excuses de toutes sortes, contre le doute qui ne manquera pas de s'insinuer en vous, contre les sirènes de la distraction qui chercheront à vous attirer vers les rochers.

Rien n'est plus moteur qu'un objectif inspiré par le vécu. La psychologue Angela Lee Duckworth, auteure de *L'Art de la niaque* (JC Lattès, 2017), estime qu'un cocktail de persévérance et de passion constitue, pour les objectifs à long terme, un indicateur de réussite « plus probant que n'importe quel autre[44] ».

Pour certains d'entre nous, ces notions de persévérance et de passion convoquent des images d'artistes excentriques qui grelottent dans des mansardes et se privent de tout au nom de l'art, d'athlètes sacrifiant leur santé pour une médaille, ou encore de moines renonçant à la vie en société pour méditer en silence pendant des décennies. Mais, à l'instar de toutes les qualités émotionnelles, la persévérance et la passion se déclinent sur un large spectre. Dans un monde du « tout ou rien », nous avons tendance à oublier le pouvoir du *quelque chose*. L'arbre le plus robuste naît d'une graine vulnérable. La graine de la passion est la curiosité. La graine de la persévérance est la patience. En nous montrant stratèges dans notre façon de nous fixer des objectifs, nous pouvons commencer à cultiver nos opportunités en semant à la fois notre patience et notre curiosité.

EN PRATIQUE

CRÉEZ UNE COLLECTION « OBJECTIFS »

Nos ambitions souffrent de n'être souvent que de vagues idées ou des rêveries abstraites qui nous trottent dans la tête : « Un jour, je... » Commençons par saisir nos idées en les couchant sur le papier afin de pouvoir les transformer en objectifs sur lesquels il est possible d'agir.

Si vous ne l'avez pas encore fait, utilisez la première double page vierge de votre Bullet Journal pour créer une collection « Objectifs ». Qu'ils soient ambitieux ou plus modestes, notez-les dans cette collection afin de les avoir toujours sous la main, clairement disposés dans un espace réutilisable. En faisant cela, vous faites un pas important – le premier – vers leur accomplissement.

Cette collection fait en quelque sorte office de menu, dans lequel se dresse la liste de vos avenirs possibles. Un menu qui peut vous permettre de rester motivé et concentré sur vos objectifs. Mais à quoi bon contempler la carte d'un restaurant étoilé si vous ne commandez rien ? L'étape suivante consiste donc à s'encourager à passer à l'action. Accumuler les objectifs en attendant le bon moment pour s'y mettre est une tentation commune. Sachez-le, ce moment n'arrivera jamais. Nous devons créer nos opportunités, parce que la vie n'attend pas.

L'EXERCICE « 5, 4, 3, 2, 1 »

Une excellente façon de se motiver est de prendre conscience du peu de temps dont nous disposons. L'exercice « 5, 4, 3, 2, 1 » est conçu pour vous aider à contextualiser vos objectifs sur le plan temporel. Il quantifiera le temps nécessaire à leur accomplissement de sorte à les trier entre court, moyen et long terme. Si vous avez du mal à vous attaquer à la réalisation de vos objectifs, cet exercice peut vous donner un sérieux coup de pouce.

Pour commencer, tournez les pages de votre carnet jusqu'à la prochaine double page vierge. Le sujet de cette nouvelle collection sera « 5, 4, 3, 2, 1 ». Divisez la double page en tirant des traits horizontaux, de sorte à former cinq bandes égales sur chaque page. La page de gauche sera consacrée à vos objectifs personnels ; celle de droite à vos objectifs professionnels. La plus haute des cinq cellules accueillera les objectifs que vous voulez accomplir

Les objectifs

en 5 *ans*. Dans celle qui suit, vous inscrirez les objectifs à réaliser en 4 *mois* ; en dessous, l'espace est réservé aux objectifs à atteindre en 3 *semaines*, puis en 2 *jours* pour la cellule suivante, et enfin la dernière affichera les objectifs que vous avez l'intention d'accomplir en 1 *heure*, c'est-à-dire dans l'heure qui vient.

À présent, retournez à votre collection « Objectifs » et migrez vos objectifs dans la cellule qui leur correspond. Vos objectifs ne seront peut-être pas accomplis exactement dans le délai qui leur a été imparti, mais l'idée est de mettre en route le processus consistant à définir la quantité de temps et d'énergie (persévérance et passion) dont vos objectifs ont besoin pour être menés à bien, dans leur totalité et individuellement.

5, 4, 3, 2, 1 — OBJECTIFS PERSONNELS

5 ANS

- Fonder une famille
- Acheter un logement
- Parler une autre langue couramment

OBJECTIFS À LONG TERME

4 MOIS

- Voyage à Hawaï
- Perdre 5 kilos
- Rendre visite à Niclas

3 SEMAINES

- Trier vêtements
- Faire du bénévolat

OBJECTIFS À MOYEN TERME

2 JOURS

- Ranger la penderie
- Faire le ménage dans la cuisine
- Renouveler permis de conduire

1 HEURE

- Nettoyer le frigo
- Appeler parents
- Réserver une table pour dîner avec Leah

OBJECTIFS À COURT TERME

Les objectifs

Classez vos objectifs par ordre de priorité

Une fois vos objectifs répartis dans les bandes de votre collection « 5, 4, 3, 2, 1 », examinez-les un par un. Sont-ils dignes du temps que vous estimez nécessaire à leur réalisation ? Si la réponse est négative, rayez-les sans pitié ni regret. Et maintenant, classez ceux qui restent par ordre de priorité. Quels sont ceux qui vous parlent ? Quels sont ceux qui résonnent en vous davantage que les autres ? Distinguez-les à l'aide de l'indicateur « priorité » (« * »).

Si vous faites l'exercice « 5, 4, 3, 2, 1 », je vous conseille de ne retenir qu'un seul objectif prioritaire par cellule. Il est préférable d'effectuer un classement séparé de vos objectifs personnels et professionnels. Vous avez désormais un total de dix objectifs prioritaires, dont quatre à court terme (ceux qui se trouvent dans les cellules « 2 jours » et « 1 heure »).

Ajoutez vos quatre objectifs à court terme à votre feuille de route quotidienne et marquez-les comme prioritaires à l'aide d'un indicateur « * ». Occupez-vous d'eux en premier ; ça vous donnera l'élan dont vous avez besoin pour vous attaquer aux objectifs plus ambitieux : déjà quatre objectifs réalisés sur dix ! Les objectifs restants auront tous droit à leur propre collection : « Créer ma boutique en ligne » ou « Mieux maîtriser d'autres langues », par exemple. Bien entendu, il ne faut pas oublier d'ajouter ces nouvelles collections à votre index.

Ceux qui s'interrogent sur l'intérêt de créer six nouvelles collections (trois pour les objectifs personnels, trois pour les objectifs professionnels) doivent considérer cette hésitation comme un signal : certains de vos objectifs ne sont peut-être pas aussi importants que vous l'aviez cru. Ça peut arriver et ce n'est pas grave : rayez-les tout simplement de votre liste. Il ne s'agit pas de se fixer un grand nombre d'objectifs, mais d'investir son temps et son énergie dans ce qui compte.

CONCENTREZ-VOUS SUR VOS PRIORITÉS

Une fois vos collections créées, prenez un moment pour vous promettre de ne pas revenir consulter vos collections « Objectifs » et « 5, 4, 3, 2, 1 » avant que les objectifs indiqués comme prioritaires n'aient été menés à bien (ou abandonnés après avoir perdu leur pertinence). Si vous êtes une personne ambitieuse, une liste de projets potentiels a de bonnes chances de vous distraire de vos priorités. L'idée de commencer quelque chose de nouveau peut être séduisante, surtout si le projet sur lequel vous êtes en train de travailler traîne en longueur. Résistez ! Mener une vie intentionnelle, c'est focaliser son attention sur ce qui compte le plus *maintenant*. Gardez ça à l'esprit lorsque vous classez vos objectifs par ordre de priorité : Que veux-je intégrer à ma vie *aujourd'hui* ? Et, plus important encore : *Pourquoi ?*

Le but est de travailler sur un nombre de choses aussi réduit que possible. Pardon ?! Ne serait-il pas plus efficace de travailler sur plein de choses à la fois ? Non, il faut tout mettre en œuvre pour réduire au strict minimum le nombre de tâches sur lesquelles nous travaillons en même temps. Pourquoi ? Des études indiquent que seuls 2 % environ de la population sont capables de travailler sur plusieurs choses à la fois[45]. Les 98 % restants – moi et probablement vous – se contentent de jongler avec plus ou moins de bonheur. En fait, nous ne travaillons pas simultanément sur plusieurs choses, nous effectuons des micro-tâches en passant rapidement de l'une à l'autre… et en faisant de notre mieux pour que les balles ne nous retombent pas sur le coin de la figure.

Quand vous délaissez une tâche en cours et passez rapidement à autre chose, vous abandonnez une partie de votre attention derrière vous, retenue par ce projet sur lequel vous étiez en train de travailler encore quelques minutes plus tôt. Sophie Leroy, docteure en comportement organisationnel et professeure à l'université du Minnesota, appelle ça « le résidu d'attention ». Votre cerveau ne peut s'empêcher de penser à l'activité inachevée que vous venez de délaisser au profit d'une autre. « Pour que notre attention se focalise entièrement sur une nouvelle tâche et que nous soyons en mesure de la traiter avec efficacité, nous devons cesser de penser à la tâche que nous venons de quitter, écrit-elle. Toutefois, les études indiquent que les gens ont du mal à détacher leur attention d'une tâche inachevée et que cela nuit à la façon dont ils traitent celle à laquelle ils s'attaquent tout de suite après[46]. » En d'autres termes, plus vous segmentez votre attention et votre temps, moins vous êtes concentré sur ce que vous faites. Et moins vous êtes concentré, moins vous progressez dans l'accomplissement de vos tâches.

Voilà pourquoi vous pouvez être débordé de travail tout en ayant le sentiment de ne pas accomplir grand-chose.

Occupez-vous de vos priorités majeures. Faites-en un bouclier contre les distractions. Passez systématiquement en revue la liste de vos objectifs prioritaires et faites le point sur leur état d'avancement, en accordant autant d'attention que possible à un projet à la fois. Au bout du compte, c'est sans doute le processus menant à leur réalisation et non la réalisation en elle-même qui vous apportera le plus. Le processus renferme la majorité de l'expérience, et c'est donc lui qui fournit la plus grande partie de l'information qui contribuera à votre développement personnel.

SCINDER VOS OBJECTIFS EN « SPRINTS »

Petit garçon, j'avais une idée fixe : devenir animateur en volume[47] quand je serais grand. J'ai passé mon enfance à voir et à revoir inlassablement des films inspirés par *Les Mille et Une Nuits* et la mythologie grecque dans lesquels évoluaient des créatures fantastiques conçues par le maître des effets spéciaux qu'était Ray Harryhausen. Voilà ce que je ferai plus tard, me disais-je alors. L'affaire était entendue, ce serait ça ou rien, je n'avais pas le moindre doute sur la question… jusqu'à ce que je passe à l'action.

J'ai fini par tourner un film d'animation en volume avec un copain. Le résultat s'est révélé plutôt encourageant pour une œuvre disposant d'un budget assez faramineux pour acheter de la pizza surgelée et quelques pots de pâte à modeler. J'ai beaucoup appris en travaillant sur ce projet, mais j'ai surtout compris qu'embrasser cette carrière risquait fort de me valoir un aller simple pour l'asile. Bien sûr, cette prise de conscience a été un petit déchirement, mais je l'ai aussi vécue comme un soulagement. Soudain, j'étais libre d'explorer d'autres pistes. Aujourd'hui, je ne me laisse jamais aller à la nostalgie et je n'imagine pas ce que ma vie aurait été si j'avais poursuivi dans cette voie.

Tout ce qui suscite notre enthousiasme n'est pas voué à devenir notre métier. C'est important de le retenir, surtout pour les plus jeunes d'entre vous. Il importe de bien cerner le rôle que jouent dans votre vie les choses que vous aimez. Ce qui nous passionne ou pique notre curiosité n'est pas nécessairement une vocation, mais ça peut l'être. Pour discerner ce qui peut prendre la forme d'une carrière de ce qui restera un hobby, faire un essai sur une courte période est une sage décision avant de faire un choix majeur. Notez que je suis entré dans le monde de l'animation en volume par la petite porte, en me lançant dans un projet limité dans le temps, au lieu de prendre directement une décision qui m'aurait engagé bien davantage, comme m'inscrire à une formation au cinéma d'animation dans une école spécialisée.

Scinder des objectifs à long terme en objectifs autonomes plus modestes peut transformer ce qui prend des allures de marathon en une série de « sprints ». Les sprints permettent de parcourir la même distance, mais en la divisant en plages plus courtes et plus gérables. Variante légèrement remaniée de l'approche Agile[48], cette technique peut se révéler redoutablement efficace pour traiter tous types de projets. Même les objectifs modérément ambitieux peuvent généralement être fractionnés en objectifs suffisamment modestes pour trouver leur place dans l'emploi du temps de toute personne, y compris la moins patiente (je corresponds à ce profil).

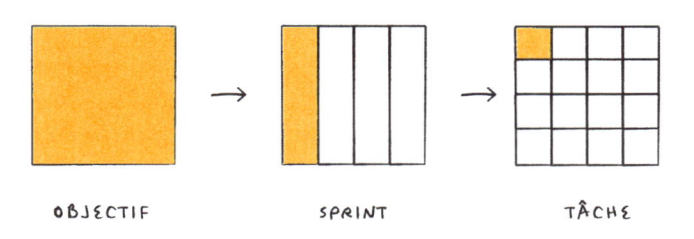

OBJECTIF → SPRINT → TÂCHE

Fractionner des objectifs en une série de sprints réduit les risques de perdre pied et de s'épuiser. Si vous êtes un piètre cuisinier, mais que vous êtes déterminé à devenir un cordon-bleu, servir de délicats soufflés à une demi-douzaine de gastronomes distingués n'est pas la bonne façon de commencer. Même si vous ne vous en sortez pas trop mal, la pression que vous vous mettrez risque de rendre l'expérience si déplaisante qu'elle portera un coup fatal à votre intérêt pour l'art culinaire. Les sentiments pénibles peuvent vite éclipser la curiosité ou les moments agréables. Commencez avec un plat plus simple, servi à une ou deux personnes dont vous ne craignez pas trop le jugement, et voyez comment vous vous sentez à la fin de la soirée.

Les objectifs

En quoi scinder un objectif en sprints est-il différent d'une simple division en phases successives ? Contrairement aux phases d'un projet, qui ne sont pas des fins en soi, les sprints sont des mini-objectifs indépendants et autonomes, de sorte qu'ils sont potentiellement une source de satisfaction, d'informations et de motivation pour aller plus loin (un sprint peut aussi, comme dans le cas de mon projet de carrière d'animateur en volume, jouer un rôle d'alarme qui vous invite à renoncer à tel ou tel objectif).

Prenons l'exemple de Tim Ferriss, auteur et entrepreneur qui s'est intéressé au podcasting. C'était un domaine qui piquait sa curiosité, mais qui ne lui était pas familier. Plutôt que de se lancer dans l'aventure tête baissée, il a décidé d'enregistrer six émissions en podcast avec son ami Kevin Rose. Des années plus tard, cette expérience est devenue *The Tim Ferriss Show*, le podcast le plus populaire d'iTunes, avec plus de deux cents épisodes enregistrés et plus de cent millions de téléchargements. Cela démontre qu'il ne faut pas sous-estimer l'impact potentiel des petits projets portés par une démarche intentionnelle. C'est également un sprint qui a donné naissance à la première version de Bulletjournal.com.

Pour créer des sprints, organisez-les autour d'un objectif à long terme, sous forme de sous-objectifs spécifiques ou de compétences à acquérir pour atteindre votre but. Pour poursuivre avec l'exemple culinaire, voici à quoi ça peut ressembler :

OBJECTIF À LONG TERME : APPRENDRE À CUISINER

Sprints envisageables :

- Apprendre le maniement des couteaux
- Apprendre à griller, à saisir et à faire sauter les aliments [au fur et à mesure de vos progrès, ajoutez des tâches correspondant à l'apprentissage de nouvelles méthodes de cuisson]
- Apprendre à choisir ses légumes au marché [puis créer des tâches de plus en plus complexes sur le même thème : sélection des fruits, de la viande, de la volaille, etc.]
- Apprendre à cuisiner les œufs [créer l'une après l'autre des tâches associées : brouillés, durs, au plat, pochés, en omelette...]

LES SPRINTS DOIVENT REMPLIR LES CRITÈRES SUIVANTS :

1. **Ne pas présenter d'obstacles majeurs pour être mis en œuvre** (rien qui vous empêche de vous y mettre). Par exemple, pour apprendre le maniement des couteaux de cuisine, il n'est pas nécessaire d'acheter un jeu complet de couteaux professionnels. Un ou deux couteaux polyvalents – que vous possédez déjà ou que vous pouvez acquérir sans

Les objectifs

vous ruiner – feront très bien l'affaire en attendant votre première étoile.
2. **Se présenter sous la forme d'une tâche bien définie sur laquelle vous pouvez agir.** L'apprentissage du maniement des couteaux peut être divisé en : « Tenir un couteau comme il se doit », « Aiguiser », « Éplucher », « Émincer », « Couper en dés », « Hacher », etc.
3. **Disposer d'un délai prédéfini relativement court pour être menés à bien** (pas plus d'un mois entre le départ et l'arrivée du sprint ; idéalement une semaine ou deux). Pour le maniement des couteaux de cuisine, par exemple, le simple fait de préparer une salade plusieurs jours par semaine et de maîtriser une recette facile de soupe aux légumes devrait vous mettre à niveau assez vite.

S'ils remplissent ces trois conditions, vos sprints seront clairs dans leurs intentions, simples à mettre en œuvre et à gérer. Lorsque votre sprint est structuré comme il se doit, vous aurez du mal à trouver une excuse pour remettre sa réalisation à plus tard. Si vous pensez qu'un sprint va prendre plus d'un mois pour être mené à bien, divisez-le en deux sprints plus petits.

L'idée est de se laisser aller à sa curiosité et de tâter le terrain en toute sécurité, sans perdre son temps.

REMUE-MÉNINGES

Mais avant de scinder notre objectif en sprints, nous devons d'abord le cerner. Maintenant que vous avez choisi votre objectif et que vous lui avez dédié une collection dans votre Bullet Journal, utilisez la première double page disponible pour vous interroger sur le *quoi* et le *pourquoi*. Creusez, sondez, examinez. Écrivez tout ce qui vous vient à l'esprit. Ce processus fait fonctionner vos méninges. Imaginons que la page de brainstorming pour votre objectif « Apprendre à cuisiner » ressemble à ça :

1. Qu'est-ce qui a piqué ma curiosité dans l'idée d'apprendre à cuisiner ?

    Je me suis toujours demandé par quelle magie la nourriture que je vois dans les rayons des magasins ou sur les étalages des marchés atterrissait dans une assiette, sous forme de magnifiques plats qui mettent l'eau à la bouche. Que se passe-t-il, exactement, entre ces deux moments ?

2. Qu'est-ce qui m'a donné envie d'investir mon temps et mon énergie dans ce projet ?

    Je dépense beaucoup d'argent dans l'achat de plats préparés ou à emporter, et je sais bien que ce n'est pas la façon la plus saine de se nourrir. En plus, j'ai pris un peu de poids ces derniers temps et j'ai envie de surveiller le nombre de calories que je consomme chaque jour.

Les objectifs

3. Qu'est-ce que j'essaie d'accomplir avec cet objectif ?

   En apprenant à faire la cuisine, je peux économiser de l'argent et manger plus sainement, mais aussi essayer d'en profiter pour perdre quelques kilos. Et puis j'ai envie de pouvoir recevoir des amis ou inviter quelqu'un qui me plaît à dîner sans craindre de gâcher la soirée avec un plat raté.

4. Que vais-je devoir faire pour atteindre mon objectif ?

   Apprendre les bases de la cuisine, savoir préparer les plats à l'avance pour gagner du temps, maîtriser quelques recettes simples de plats à emporter au travail, et aussi être capable de cuisiner quelques classiques pour faire plaisir à mes invités.

5. Quand pourrai-je estimer que j'ai atteint le but que je me suis fixé ?

   Quand je dépenserai moins d'argent pour les plats préparés et les plats à emporter, que je me nourrirai mieux et que j'oserai inviter des amis à dîner.

Une fois votre remue-méninges terminé, vous devriez avoir une meilleure idée des exigences de votre projet ; de son périmètre (de sa délimitation précise et donc du travail et des ressources qu'il faut investir pour l'atteindre), des jalons qui le balisent, de la raison pour laquelle il compte tellement pour vous.

À présent, scindez votre objectif en sprints. Chaque sprint peut trouver sa place dans une autre sous-collection au sein de votre BuJo. Ensuite, c'est au tour des sprints d'être eux-mêmes fractionnés en leurs tâches composantes.

Une fois dressée la liste de vos tâches, c'est le moment d'estimer le temps que prendra chaque sprint. Si vous avez déjà eu l'insigne honneur de travailler avec un entrepreneur en bâtiment, la même technique s'applique ici : prenez le délai estimé et multipliez-le par trois. Même si, par définition, les « sprints » sont rapides par comparaison avec la course de fond que représente un objectif à long terme, le progrès reste plus important que la vitesse. Si quelque chose est accompli plus vite que prévu, tant mieux ! Il n'y a rien de mal à être en avance sur son planning (du moment que vous ne focalisez pas votre attention sur la vitesse d'exécution, bien sûr). En revanche, prendre du retard est à éviter à tout prix. Ça fait pencher la balance plaisir/déplaisir du côté du déplaisir, et ça rend la poursuite du processus beaucoup plus incertaine. Si vous avez du temps, utilisez-le à votre avantage. Si vous en manquez, réduisez le périmètre de votre sprint.

Maintenant que vous avez planifié vos sprints, bloquez la plage de temps nécessaire à leur mise en œuvre sur le calendrier de votre choix. Bloquez également un créneau horaire pour traiter vos tâches. Désormais, vous savez quand ce projet commence, combien de temps il va vous falloir pour le mener à bien, quand travailler dessus et quand il se termine.

Plus il faut de temps pour atteindre un objectif, plus votre motivation est mise à l'épreuve. Lorsque vous êtes à court de motivation, les objectifs ont tendance à se désagréger. Scinder ces projets sous forme de sprints vous aidera à alléger la charge et, parce que vous aurez régulièrement la satisfaction de constater les progrès accomplis, à vous maintenir dans un état d'esprit positif. Celui-ci joue un rôle crucial dans la réussite d'un projet, surtout s'il s'agit d'une entreprise personnelle pour laquelle vous n'êtes peut-être pas entouré d'une équipe ou épaulé par un supérieur qui vous aide à rester concentré sur votre tâche. Les progrès donnent de l'élan à votre action. Sentir que les choses sont en mouvement vous aide à cultiver votre patience.

Olov Wimark, un écrivain suédois, pense que la dépression nerveuse dont il a souffert était en partie due au sentiment que sa liste de tâches ne se réduisait jamais. Il utilisait une application qui effaçait les tâches chaque fois qu'il les signalait comme remplies. C'est lorsque son ordinateur a rendu l'âme et qu'il a décidé de le remplacer par une vieille machine à écrire qu'Olov a eu une sorte de révélation : « Je me suis rendu compte que les fautes de frappe ne me dérangeaient pas plus que ça. Dans la mesure où je ne pouvais pas modifier ce qui était déjà tapé, il fallait que j'accepte mes petites erreurs ou que je retape la page entière. Les mots se sont vraiment mis à couler librement.

Et devinez quoi : lorsque le soir est tombé, une pile de pages fraîchement écrites s'élevait près de la machine à écrire. J'ai commencé à retrouver le plaisir et la fierté du travail accompli. » De même, il explique à propos du

MODÈLE CLASSIQUE DE PROGRESSION PAR PHASES

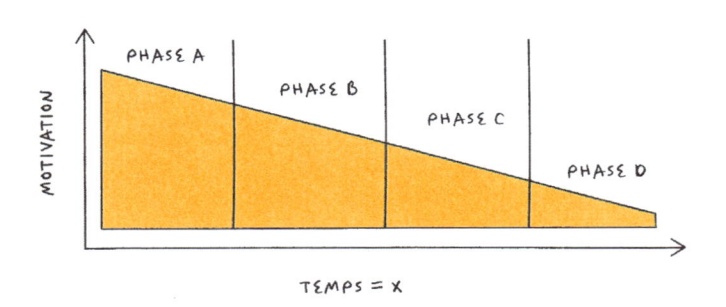

PHASE A — PHASE B — PHASE C — PHASE D

MOTIVATION

TEMPS = X

MODÈLE DE PROGRESSION PAR SPRINTS

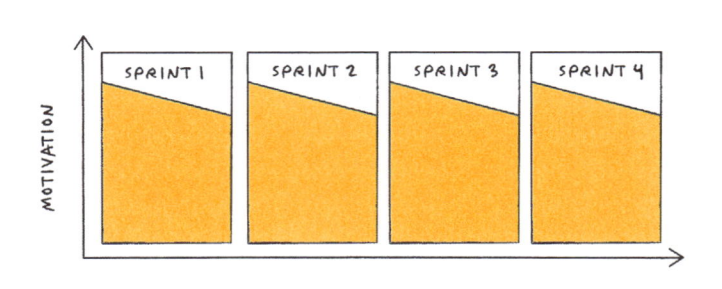

SPRINT 1 — SPRINT 2 — SPRINT 3 — SPRINT 4

MOTIVATION

TEMPS = X

Les objectifs

Bullet Journal : « Ce que j'aime dans le BuJo, c'est son côté très tangible. On voit les progrès accomplis et on fait le point quotidiennement, chaque fois qu'on ouvre le carnet pour y noter quelque chose de nouveau. » Il a rempli un vieux stylo-plume avec de l'encre gris-bleu et s'est lancé avec enthousiasme dans la nouvelle aventure : « Tout ce qui restait en chantier dans l'appli que j'utilisais avant a été transféré vers mon Bullet Journal, puis planifié, mis en œuvre, ou tout simplement abandonné. »

Décomposer un grand projet en une série de sprints est également une façon de limiter les dégâts. Il se peut qu'un sprint ne fonctionne pas. Vous vous rendez compte que vous avez fait fausse route, que ce n'est pas pour vous, ou alors une information ou une situation vient vous mettre des bâtons dans les roues. Si votre sprint a été correctement planifié, le clore ne fera pas dérailler les autres sprints qui composent votre train, et vous continuerez à avancer vers votre grand projet. Au pire, vous risquez de devoir réaménager un peu les dates et les horaires de votre programme.

Qu'ils soient ou non menés à bien, les sprints nous offrent un espace de réflexion. Non seulement vous pouvez appliquer la réflexion quotidienne (page 184) à vos sprints (elle ne se limite pas nécessairement à la feuille de route quotidienne), mais la fin d'un sprint vous donne aussi l'opportunité de faire une pause et de réfléchir au chemin parcouru. Par exemple :

1. *Que suis-je en train d'apprendre sur mes forces ? Sur mes faiblesses ?*
2. *Qu'est-ce qui fonctionne pour moi et qu'est-ce qui ne fonctionne pas ?*
3. *Que puis-je faire un peu mieux la prochaine fois ?*
4. *Qu'est-ce que cette expérience m'a apporté jusque-là ?*

Ce que vous avez appris en chemin vous fera peut-être comprendre que vous devez affiner les contours de votre objectif principal. C'est une bonne nouvelle ! Imaginons que vous preniez conscience de n'être intéressé que par la préparation de plats italiens, ou que vous n'avez envie de cuisiner qu'en grande quantité (pour des mariages ou des équipes de tournage, par exemple), ou encore que faire pousser des légumes vous intéresse plus que de les accommoder. Quelles qu'elles soient, ces prises de conscience vont vous aider à redessiner votre objectif avec davantage de précision, ce qui vous permettra de répartir plus efficacement votre temps et votre énergie. Le fait que vous corrigiez votre cap signifie que vous avez découvert quelque chose qui a encore plus de sens pour vous, et c'est précisément ce vers quoi tendent tous nos efforts. Vous pourrez appliquer les leçons apprises au cours d'un sprint lors du sprint suivant. Parce qu'il vous rapproche chaque jour un peu plus de ce qui compte vraiment pour vous, ce cercle vertueux vous conduit sur le chemin de l'amélioration continue.

PAS À PAS

J'avais trois amies qui avaient trois choses en commun : un travail abrutissant dans un bureau, une passion pour le yoga et, pendant un moment, un compte Instagram truffé de photos idylliques. Vous avez forcément déjà vu ces images de carte postale : des étendues immaculées de sable blanc bordées de palmiers luxuriants et d'eau turquoise, délicieusement transparente. Flux incessant de photographies de gens beaux et heureux sirotant des cocktails exotiques, tout sourire, ou se prélassant autour de feux de joie sur des plages caressées par le soleil couchant.

La première d'entre elles – appelons-la Karen – a quitté son boulot et a vendu tout ce qu'elle possédait pour refaire sa vie au Costa Rica où elle est devenue professeure de yoga. Un an plus tard, elle était de retour à la case départ, assise derrière ce même bureau qu'elle avait voulu fuir. Pourquoi ? Elle a expliqué n'avoir pris aucun plaisir à enseigner le yoga dans un hôtel à des touristes qui se croyaient tout permis. Avant de s'expatrier, elle n'avait pas songé que les gens du coin n'avaient pas les moyens de la rémunérer pour ses cours, et que mélanger voyage et travail réduisait considérablement le plaisir de vivre dans un environnement dépaysant. C'était le même train-train qu'avant, avec davantage de soleil mais loin des gens qu'elle aimait.

La deuxième – appelons-la Rachel – a également quitté son emploi pour un poste de professeure de yoga dans une sublime station balnéaire. Au bout d'une bonne année, elle a repris son poste de gratte-papier. Pourquoi ? Elle s'est rendu compte qu'enseigner le yoga lui gâchait le profond bien-être que lui procurait cette discipline. Ce qui avait été son jardin secret – son moment de paix et de douceur intérieure – était devenu un boulot et une source de stress.

La dernière – appelons-la Leigh – a quitté son emploi de bureau il y a dix ans et n'a jamais regretté sa décision. Elle enseigne le yoga aux quatre coins de la planète. Qu'est-ce qui a rendu son expérience différente de celles de Karen et Rachel ? Elle a commencé modestement. Au début, elle a donné un cours de yoga par semaine, le week-end, sans quitter son travail. Grande voyageuse, elle a profité de ses vacances pour enseigner sa passion durant une semaine ou deux dans divers hôtels situés sur son parcours de globe-trotteuse. Elle a compris que ça ne lui convenait pas. Non seulement elle n'a rien perdu au terme de cette expérience, mais elle a aussi appris quelque chose. Après ça, Leigh a fait un essai en tant que professeure lors de retraites spirituelles. Bingo. Elle adorait l'ambiance intime et recueillie de ces retraites, qui lui permettaient par ailleurs de s'en sortir financièrement. Cette première expérience lui a aussi donné des idées pour mieux adapter son enseignement au cadre d'une retraite spirituelle. Bientôt, elle a organisé elle-même des retraites dans son quartier. Lorsqu'elle s'est sentie à l'aise dans ce nouveau rôle, elle a déplacé son savoir-faire dans des lieux plus exotiques. Et elle a continué ainsi, avançant pas à pas vers un mode de vie qui lui ressemblait. Plutôt que de chambouler son existence d'un seul coup, Leigh a réalisé son objectif par le biais d'une approche méthodique. Elle a abordé son changement de vie avec un mélange de patience et de curiosité, agençant une par une les pièces du puzzle.

Au bout du compte, cette démarche animée par la curiosité et néanmoins méthodique lui a permis, au terme d'une transition réfléchie, de vivre avec succès une existence très différente de celle qu'elle menait auparavant.

Le changement est un composant essentiel de la productivité et du développement personnel ou professionnel. Ça peut être un moyen redoutablement efficace de modifier le contexte dans lequel nous évoluons, mais il peut aussi se retourner contre nous. Les grands changements déclenchent une réaction de peur. Plus nous sommes effrayés, plus le besoin de nous rassurer, de retrouver notre calme nous pousse à l'inaction. Bien des initiatives productives engendrent dans leur foulée une mesure égale ou supérieure d'immobilisme.

Dans ces conditions, comment pouvons-nous opérer des changements durables dans nos vies sans qu'ils s'accompagnent d'un stress paralysant ? Il existe au Japon un concept connu sous l'appellation de *kaizen*. Ce terme fusionne les mots *kai* et *zen* qu'on peut respectivement traduire par « changement » et « meilleur ». En France, la traduction la plus répandue de *kaizen* est l'« amélioration continue ».

Contrairement à l'Occident, où le monde de l'entreprise croit au progrès grâce à ce que l'on a tendance à nommer l'« innovation radicale », le *kaizen* est une démarche d'amélioration incrémentale[49]. Cette approche prend la forme de questions simples, telles que : *Quelle petite chose puis-je changer pour améliorer la situation ? Que puis-je faire de mieux la prochaine fois ?* C'est un moyen particulièrement efficace de mettre au jour des points problématiques sur lesquels nous pouvons agir, ce qui permet de faire des progrès constants avec bien plus de facilité.

Bien que conçu à l'origine pour améliorer la qualité, la productivité et la culture d'entreprise de l'industrie automobile japonaise, le *kaizen* est une méthode universelle. Appliqué à notre quotidien, il peut contribuer de façon déterminante à notre épanouissement. En portant notre attention sur les petites choses, nous progressons en douceur ; nous mettons en marche le changement sans en subir les effets négatifs. Chacune des solutions que nous apportons s'ajoute aux précédentes ; de modestes progrès qui s'accumulent rapidement et induisent, avec le temps, de colossaux changements.

Pas à pas

EN PRATIQUE

POSEZ-VOUS DES QUESTIONS SIMPLES

Nous nous sommes déjà intéressés à la manière d'atteindre nos objectifs en les fractionnant en mini-objectifs autonomes appelés « sprints ». À présent, nous allons appliquer le même traitement aux sprints en les scindant en étapes réalisables (sur lesquelles nous pouvons agir), ou tâches.

Créez vos tâches sous l'impulsion de la curiosité plutôt qu'en vous donnant des ordres ou en vous posant des ultimatums. C'est la différence entre « Maigris ! » et « Quels aliments malsains puis-je retirer de mon régime alimentaire ? ».

Vous pouvez éveiller votre curiosité avec des questions qui titillent votre imagination :

- *Qu'ai-je envie de faire ?*
- *Pourquoi ai-je envie de le faire ?*
- *Quelle petite chose puis-je entreprendre dès maintenant pour m'y mettre ?*

Veiller au caractère simple des questions que vous vous posez, c'est contribuer à la réalisation des tâches qui en résulteront : une question simple entraîne une solution applicable, et donc une tâche dont vous avez toutes les chances de vous acquitter. Plus la tâche est complexe, plus les efforts nécessaires à sa réalisation seront importants, et plus vous êtes susceptible de la remettre à plus tard, voire de la renvoyer aux calendes grecques. Vos tâches doivent être aussi simples que possible à exécuter.

Vous pouvez également appliquer cette technique si votre projet est au point mort. Même si quelque chose ou quelqu'un entrave sa progression, il y a probablement un moyen de le remettre en marche. Posez-vous des questions telles que :

- *Que puis-je faire dès maintenant pour redonner vie à mon projet ?*
- *Que puis-je améliorer tout de suite ?*

Ça peut prendre la forme d'actions toutes simples : la recherche d'informations pertinentes sur Internet, interroger un ami ou un collègue calé dans le domaine qui vous pose un problème, rajuster le contenu de vos sprints ou écrire une longue note dans votre carnet pour décrire ce que cette expérience vous a enseigné jusque-là. Chercher des points sur lesquels agir dans une démarche d'amélioration incrémentale permet souvent de débloquer les situations et d'aller de l'avant. C'est une façon simple de s'entraîner à être plus proactif (prendre l'initiative au lieu de subir).

C'est dans la résolution des problèmes que cette technique se montre le plus efficace. *La Méthode Bullet Journal* ne s'est pas faite en un jour. Elle a pris forme lentement, obstacle franchi après obstacle franchi. La plupart des solutions que j'ai essayé d'appliquer au cours de ces années n'ont *pas* fonctionné. Pourtant, je ne considère pas ces tentatives comme des échecs. Chaque flèche qui a manqué sa cible m'a appris quelque chose de nouveau, ce qui, au bout du compte, m'a permis de trouver une meilleure solution. Comme l'a dit Aleksandr Soljenitsyne : « Les erreurs sont d'excellentes pédagogues quand on est assez honnête pour les admettre et disposé à entendre ce qu'elles ont à nous apprendre. »

Lorsque vous rencontrez un problème, prenez un peu de recul et essayez de le dénouer en vous posant des questions simples telles que :

- *Qu'est-ce qui n'a pas fonctionné, au juste ?*
- *Pourquoi ça n'a pas fonctionné ?*
- *Quelles petites choses puis-je améliorer la prochaine fois ?*

Quelle que soit la nature des obstacles qui se dresseront sur votre route, considérez-les avec curiosité. Efforcez-vous de les cerner, de les utiliser à votre avantage ; de saisir ce qu'ils ont à vous apprendre à l'aide de questions simples. Elles permettent d'ouvrir des portes jusque-là verrouillées. Ne laissez pas la peur, l'orgueil ou l'impatience vous priver de cette opportunité. Pour citer Carl Sagan : « Il y a des questions naïves, des questions fastidieuses, des questions mal formulées, des questions posées sans avoir tourné sept fois la langue dans sa bouche. Mais toute question est une prière pour comprendre le monde. Il n'existe pas de question stupide[50]. »

ITÉRATION

Une fois que nous avons obtenu des réponses, nous devons vérifier leur validité, parce qu'elles seront souvent erronées. C'est normal. Ça fait partie du processus de recherche de solution. Thomas Edison aurait eu un jour ce trait d'esprit : « Je n'ai pas connu l'échec, j'ai simplement découvert dix mille façons de ne pas réussir. » Au lieu de considérer l'échec comme une impasse, il faudrait le redéfinir comme une part essentielle du processus de création ; l'inévitable condition préalable à toute réussite. C'est ainsi que sir James Dyson – l'inventeur de l'aspirateur sans sac du même nom – a testé 5 126 prototypes avant d'arriver au résultat souhaité. Sa fortune est aujourd'hui estimée à plusieurs milliards de dollars[51].

Edison, Dyson et beaucoup d'autres inventeurs de la même trempe ont su tirer le meilleur parti de leurs échecs en appliquant consciemment les enseignements de ces « ratages » pour parfaire leurs idées, encore et encore, jusqu'à obtenir enfin un résultat à la hauteur de leur ambition. Cette façon de procéder s'appelle un cycle itératif, et ce cycle est le moteur qui alimente le *kaizen*.

Le fonctionnement de ce moteur n'est pas aussi complexe qu'il en a l'air. Se poser une simple question comme *Quelle petite chose puis-je changer pour améliorer ce que je fais ?*, c'est déjà donner la première impulsion à la « roue de Deming », un processus qui doit son nom à W. Edwards Deming, le père du *kaizen*[52]. La roue de Deming nous fournit un système pour mettre en œuvre l'amélioration

Pas à pas

continue en quatre étapes : « Planifier → Développer → Contrôler → Ajuster ». Voyons cela plus en détail.

1. **Planifier :** Repérer un point à améliorer et préparer une modification.
2. **Développer :** Mettre le plan en action et tester la modification.
3. **Contrôler :** Analyser les résultats du test et identifier les enseignements à en tirer.
4. **Ajuster :** Agir à la lumière desdits enseignements. Si la modification ne fonctionne pas, refaites tourner la roue (les quatre étapes) en appliquant une autre modification. Si c'est une réussite, servez-vous de ce que vous avez appris pour planifier de nouvelles améliorations. Et ainsi de suite.

À présent, voyons comment vous pouvez appliquer ça à votre Bullet Journal. Chaque journée peut être considérée comme un cycle itératif. Le plus simple est de *planifier* au cours de votre réflexion matinale, de *développer* pendant la journée, de *contrôler* et d'*ajuster* lors de votre réflexion du soir.

Bien entendu, comme pour tout ce qui concerne le Bullet Journal, il existe d'autres moyens de faire tourner la roue de Deming à l'aide de votre carnet. Vous pouvez mettre en œuvre des cycles itératifs quand bon vous semble ; quotidiennement, hebdomadairement, voire au cours de votre migration mensuelle (page 152). Ce qui compte, c'est que l'amélioration continue devienne une partie intégrante de votre démarche.

PLANNING QUOTIDIEN

| 7 | Réflexion matinale |
| 8 | |

9	
10	Priorités
11	
12	

| 1 | Déjeuner |

2	
3	
4	Tâches
5	
6	

| 7 | Dîner |

8	
9	Priorités personnelles
10	

| 11 | Réflexion du soir |
| 12 | |

- Planifier
- Développe
- Contrôler / Ajuster

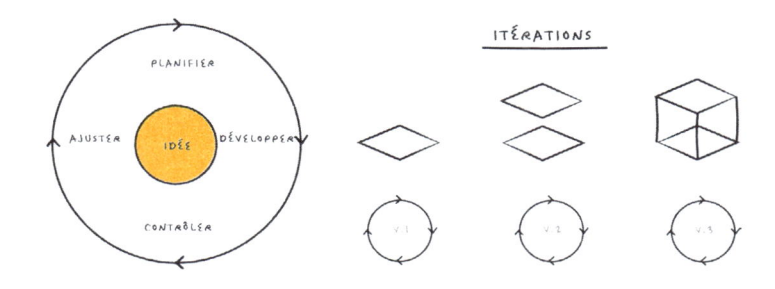

La productivité est, pour une grande part, une affaire de constance. Une fois que vous vous êtes débarrassé de l'idée fausse qu'il faut travailler à toute allure pour être efficace, vous pouvez focaliser votre attention sur le processus. À défaut de volonté surhumaine, c'est le seul moyen pour rester productif.

DES JOURS MEILLEURS

Tout ça peut vous paraître une montagne, surtout si vous êtes démoralisé, en proie à un sentiment d'impuissance ou complètement débordé. Vous vous dites que vous n'avez pas assez d'argent, d'énergie, de temps ou de volonté pour vous attaquer à vos objectifs professionnels, sans parler des projets personnels. Le fait que ces pensées négatives se fondent sur des sentiments bien réels ne les rend pas plus justes pour autant : même lorsque vous avez l'impression de toucher le fond, vous avez encore le choix.

Vous pouvez choisir de ne voir que les raisons qui vous empêchent d'agir, ou vous pouvez chercher un moyen simple qui vous *permet* d'agir. Si vous n'êtes pas satisfait de votre sort, demandez-vous : *Quelle minuscule action, réalisable dès demain, pourrait rendre ma vie un peu meilleure ?* Passer un coup de fil à un ami, par exemple, ou profiter d'une belle journée pour partir du bureau un peu plus tôt et prendre cette route pittoresque qui rallonge de quelques minutes le trajet du retour. Ou encore libérer ce fauteuil qui disparaît sous un tas de vêtements... L'idée est de mettre une victoire à son actif, si modeste soit-elle. Placez la barre suffisamment bas pour être certain d'accomplir la mission, et notez-la sous forme de tâche dans votre Bullet Journal.

Posez-vous la même question le lendemain. Trouvez quelque chose, n'importe quoi, qui améliorera ne serait-ce qu'un tout petit peu votre vie. Peut-être prendre des nouvelles d'une amie perdue de vue dont le nom a été mentionné lors de l'appel téléphonique de la veille ? Ou bien aller boire un café dans cet endroit sympathique repéré lorsque vous avez emprunté le trajet pittoresque, ou encore mettre de l'ordre dans un ou deux tiroirs de votre commode ?

Continuez à faire ça tous les jours, pendant un mois, et effectuez un suivi de ces petits progrès dans votre BuJo. Bien plus vite que vous ne le pensez, vous aurez renoué le contact avec des gens qui vous sont chers, déniché de bonnes adresses et retrouvé le plaisir de rentrer chez vous le soir, dans une maison ou un appartement mieux rangé. Voilà comment des actions simples inspirées

Pas à pas

par des questions simples peuvent avoir un impact exponentiel et bénéfique sur votre vie. Question après question, tâche après tâche, vous progressez sur le chemin de l'amélioration continue et du changement positif, un petit pas après l'autre.

			22	23	24	25	26	27	28	SEMAINE 4
		15	16	17	18	19	20	21		SEMAINE 3
	8	9	10	11	12	13	14			SEMAINE 2
1	2	3	4	5	6	7				SEMAINE 1

28 PETITES AMÉLIORATIONS QUOTIDIENNES

LE TEMPS

*Au bout du compte, ce ne sont pas les années
qui ont constitué votre vie qui importent,
mais la vie que vous avez insufflée dans ces années.*
ABRAHAM LINCOLN

Quand on lui demandait d'expliquer sa théorie de la relativité, Albert Einstein avait la bonté de répondre par une métaphore à notre portée : « Quand un homme a passé une heure assis sur un banc auprès d'une jolie femme, il a le sentiment que ça n'a duré qu'une minute. Mais s'il s'assoit sur un poêle à bois brûlant, une minute lui semblera bien plus longue qu'une heure. C'est ça, la relativité. » En d'autres termes, notre perception du temps change selon ce que nous faisons.

Songez à quel point notre perception du temps est différente aujourd'hui de ce qu'elle était quand nous étions enfant. À l'époque, un trajet d'une heure en voiture nous semblait durer une éternité. *On est bientôt arrivés ?* Plus nous vieillissons, moins nous voyons le temps passer et moins nous sommes conscients de l'usage que nous en

Le temps

faisons. Délai serré après délai serré, objectif après objectif, le temps file, surtout lorsque nous sommes submergés de travail. Parce que notre perception du temps est toute relative, nous oublions facilement qu'il s'agit d'une ressource limitée. Très vite, le temps vient à manquer.

La dure réalité est que nous ne pouvons pas trouver le temps, mais seulement prendre celui dont nous disposons.

Même s'il ne faut pas espérer en trouver plus qu'il n'y en a dans une journée, nous avons la possibilité d'améliorer la qualité du temps dont nous disposons.

Mesurer la qualité du temps n'est pas une science exacte, mais l'un des meilleurs indicateurs pour effectuer cette mesure est l'impact du temps utilisé. Combien de fois avez-vous passé la journée assis à votre bureau sans pour autant avoir eu le sentiment d'avoir accompli grand-chose ? À l'inverse, il vous est peut-être arrivé d'effectuer le travail de plusieurs jours en seulement quelques heures. Le temps dont vous avez disposé n'a pas grand-chose à voir là-dedans ; c'est l'attention que vous êtes parvenu à concentrer sur le moment présent qui a fait la différence. Maîtriser les caprices de sa concentration peut se révéler un exercice difficile, le cerveau humain n'étant pas à son avantage lorsqu'il voyage dans le temps. Le fait est que notre esprit a une fâcheuse tendance à se perdre dans le passé comme dans l'avenir. Combien de fois nous surprenons-nous à ressasser des événements que nous ne pouvons pas changer, ou à nous inquiéter de choses qu'il nous est impossible de prévoir ? Ça représente une sacrée quantité de temps et d'énergie qui aurait été mieux employée dans la seule dimension temporelle où il est vraiment possible de faire bouger les choses : l'ici et le maintenant.

La qualité de notre temps dépend de notre capacité à être ancré dans le présent.

Notre attention peut être considérée comme un nuancier : à une extrémité se trouvent les choses qui agissent comme des répulsifs anti-curiosité – aller à la préfecture pour renouveler son permis de conduire, par exemple – et, à l'autre, le « *flow* », cet état psychique dans lequel une personne est le plus ancrée dans le présent et le plus à même de peser sur les événements.

Mihaly Csikszentmihalyi, le psychologue hongrois à qui l'on doit le concept du *flow*, a passé sa carrière à étudier ce qui rend les gens heureux. Au cours de ses recherches, il s'est entretenu avec toutes sortes de créateurs, des peintres aux poètes en passant par les sportifs et les scientifiques. Tous parlent d'un état idéal dans lequel leur travail semble se faire tout seul ; une sorte d'état second et pourtant maîtrisé. Certains le décrivent comme une forme d'extase, un mot dérivé du grec *ekstasis* qui signifie « être en dehors de soi-même ». M. Csikszentmihalyi postule que le *flow* se produit lorsque le cerveau

Le temps

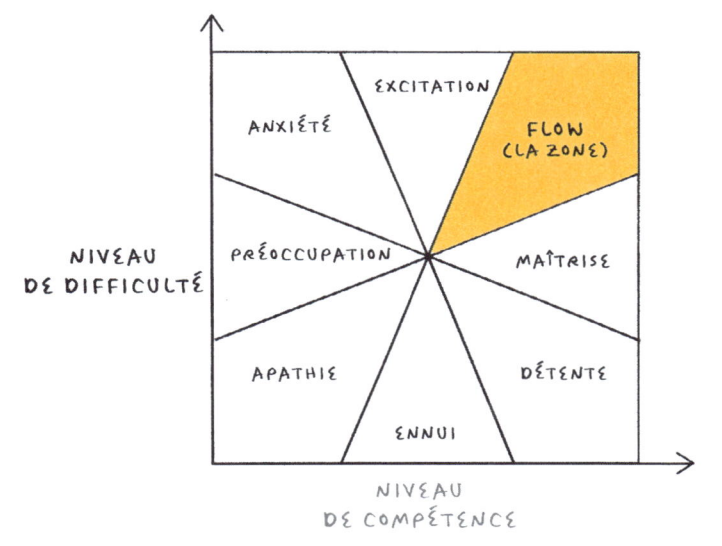

NIVEAU DE DIFFICULTÉ ↑

- ANXIÉTÉ
- EXCITATION
- FLOW (LA ZONE)
- PRÉOCCUPATION
- MAÎTRISE
- APATHIE
- ENNUI
- DÉTENTE

→ **NIVEAU DE COMPÉTENCE**

(Basé sur le travail du Dr Mihaly Csikszentmihalyi)

s'implique si pleinement dans l'accomplissement d'une tâche qu'il en perd la conscience de soi[53]. Nous entrons dans la « zone[54] » lorsque nous engageons tout notre être dans ce que nous faisons. C'est là, lorsque nous sommes totalement présents à ce que nous faisons, que nous libérons tout notre potentiel productif et créatif. Alors, me direz-vous, est-il possible de créer le *flow* ? De décider, à tel ou tel moment, d'entrer dans la « zone » ? À l'image du bonheur, auquel il se rattache, le *flow* ne se décrète ni ne se convoque. Toutefois, une utilisation stratégique de notre temps peut créer les conditions favorables à l'apparition de cet état psychique.

245

EN PRATIQUE

LA MÉTHODE DU TEMPS LIMITÉ

Mener une vie intentionnelle n'empêche pas d'être confronté à des tâches pas forcément agréables auxquelles on ne peut se soustraire. Certaines situations nous semblent délicates et nous inquiètent (avoir cette discussion à cœur ouvert avec l'être aimé, demander une augmentation à son patron, faire une présentation devant des clients importants, etc.). D'autres nous semblent trop simples, ce qui provoque l'ennui (faire le ménage, régler des factures, accomplir un travail routinier au bureau, etc.). Nous avons tendance à repousser ces deux types d'activités aussi longtemps que nous le pouvons. Bien entendu, leur tourner le dos ne les fait pas disparaître, bien au contraire : elles viennent grossir votre liste de tâches, qui deviennent chaque jour un peu plus stressantes comme le tic-tac de petites bombes à retardement. Plus on les ignore, plus elles se transforment en priorités et en sources d'angoisse. C'est ainsi que des choses aussi dépourvues d'intérêt que le règlement de factures finissent par se transformer en urgences qui vous explosent au visage – frais de retard, solde débiteur et autres angoisses financières – et ne valent ni l'attention, ni le temps, ni l'énergie que vous allez devoir y consacrer.

On peut désamorcer ces obligations en utilisant la méthode du temps limité. Cette technique consiste à ranger une activité dans une boîte temporelle (d'où son nom anglais de *Time Boxing*), c'est-à-dire à la contenir dans une plage de temps allouée. La méthode du temps limité a été conçue pour vous permettre de focaliser toute votre attention sur une tâche en définissant une durée limitée pour l'accomplir.

La méthode du temps limité apporte deux éléments de motivation essentiels à une tâche que vous ne cessez de remettre à plus tard : un cadre et un sentiment d'urgence.

Si vous n'avez qu'une demi-heure par jour pour lire un texte sur lequel vous serez interrogé, vous allez tout faire pour exploiter au mieux cette courte période de temps. En choisissant de limiter votre temps d'apprentissage, vous calmez votre impatience (« Dieu merci, ça ne va pas s'éterniser »), vous vous simplifiez suffisamment la tâche pour être certain de ne pas perdre pied (« Ça, je peux le faire ! »), et vous la rendez assez stimulante pour y engager pleinement votre attention (« D'accord, une demi-heure pour m'y mettre à fond. Cerveau, on va assurer. C'est parti ! »).

Imaginons qu'il vous reste un mois pour remplir votre déclaration de revenus. Plutôt que d'attendre la dernière minute pour le faire, au risque de vous apercevoir que vous avez oublié de prendre en compte toutes sortes d'éléments et de vous mettre à stresser, scindez cette corvée en boîtes temporelles, chacune correspondant à une petite séance de travail. Par exemple :

- Séances 1-2 : dimanche 20 h 30-21 heures – Réunir les documents nécessaires.
- Séances 3-6 : lundi, mercredi, dimanche 20 h 30-21 heures – Compléter le formulaire en ligne et enregistrer.
- Séance 7 : mardi 20 h 30-21 heures – Vérifier l'ensemble du formulaire et envoyer au Service des impôts.
- Séance 8 : jeudi (dernier jour) 20 h 30-21 heures – Fournir toute information complémentaire.

Le meilleur moyen d'ouvrir les portes de la « zone » est de trouver un équilibre entre le niveau de difficulté d'une tâche et votre niveau de compétence. Si vous n'êtes pas assez compétent pour accomplir une tâche, celle-ci peut rapidement devenir une source d'angoisse et vous donner le sentiment de perdre pied. Avec ses boîtes temporelles, la méthode du temps limité vous permet de tailler dans la masse d'une tâche et d'accroître de façon incrémentale, au cours du processus, votre capacité à la réaliser. Au bout d'un certain temps, ce qui représentait un défi peut devenir une simple formalité. C'est appréciable, mais d'un autre côté vous perdez l'effet stimulant du défi : si une tâche demande un niveau d'effort très bas, notre capacité d'implication est également très basse.

Dans ce contexte, on peut utiliser la méthode du temps limité pour réinjecter de la stimulation en créant un sentiment d'urgence (plus le temps est limité pour agir, plus il y a urgence à agir).

PLANIFICATION : NE REMETTEZ PAS À PLUS TARD, REMETTEZ À PLUS TÔT !

Notre capacité d'attention s'étiole au fil de la journée. La qualité de ce que nous faisons dépend largement du moment où nous le faisons. Vous vous surprenez à toujours remettre quelque chose à plus tard ? Félicitations, vous avez identifié une corvée. Une tâche sans cesse ajournée a toutes les chances d'être celle qui représente le plus gros défi à vos yeux, parce qu'elle vous stresse ou qu'elle ne vous intéresse pas. Faites-en une priorité !

Je comprends parfaitement qu'on n'ait pas envie de commencer la journée avec quelque chose d'ennuyeux ou de désagréable. Mais si vous avez un caillou dans la chaussure, ne vaut-il mieux pas s'en débarrasser au plus vite ? Retirez-le avant qu'il ne cause de vrais dégâts. Lorsque vous vous acquittez en premier des corvées les plus pénibles, le reste de la journée prend une tout autre saveur. C'est comme courir avec une enclume dans les mains : on se sent plus fort et plus léger dès qu'on s'en est débarrassé.

L'autre avantage de cette hiérarchie inversée des tâches est que vous progressez vers les choses qui vous intéressent le plus. Il est bien plus facile de garder sa concentration et sa motivation au cours de la journée lorsqu'on a quelque chose d'agréable en point de mire. Cela étant dit, nous avons tous des rythmes biologiques différents. Certaines personnes ne sont jamais plus éveillées qu'au milieu de la nuit. Il s'agit de déterminer quand vous êtes le plus concentré et le plus productif, et de vous organiser en conséquence.

MEMENTO MORI

Je n'avais plus parlé à mon grand-père depuis un an. Conscient que sa santé déclinait, j'ai écrit : « Appeler papy » dans mon Bullet Journal. Mais il s'est éteint avant que je ne décroche mon téléphone. La plupart des gens que je connais ont vécu des histoires similaires – ont eu des regrets similaires. La mort nous rappelle sans ménagement à quel point le temps est précieux.

La locution latine *memento mori* signifie « Souviens-toi que tu vas mourir ». La légende veut que dans la Rome antique, ces mots étaient prononcés par un esclave à l'oreille du général qui, de retour d'une bataille victorieuse, paradait dans les rues de Rome. L'esclave lui murmurait ce rappel à l'oreille, encore et encore, afin qu'il reste humble et garde les pieds sur terre.

Que tout ce qui vit finira par mourir est l'une des rares vérités absolues qu'il nous sera donné de connaître. Pourtant, l'Occident diabolise l'éphémère. La mort est anthropomorphisée sous l'apparence inquiétante de la Grande Faucheuse, menace funeste qui rôde dans la pénombre, prête à tout nous reprendre. Cette vision de la mort, aussi terrifiante qu'étroite, affecte notre rapport à la nature éphémère de la vie. Mais accepter et embrasser la réalité de notre finitude peut accroître de façon significative la valeur du temps dont nous disposons.

Le temps

Songez à quelque chose que vous prenez toujours plaisir à manger. Disons une pizza. Imaginons qu'on vous annonce un jour que vous pourrez encore en déguster quatre-vingt-sept au cours de votre vie. Cela vous empêchera-t-il de continuer à aimer la pizza ? Cela vous amènera-t-il à éviter à tout prix d'en manger ? Redouterez-vous d'aller chez des amis de crainte qu'on ne vous en propose ? Les pizzerias deviendront-elles pour vous des lieux déprimants ? Non, et ce sera sans doute même tout le contraire. Le simple fait de savoir que ce plaisir est limité dans le temps intensifiera votre capacité à en jouir, à être dans l'instant présent et à savourer chaque bouchée. Il vous aurait été impossible de l'apprécier autant, d'éprouver une telle reconnaissance pour le plaisir qu'elle vous procure sans la conscience que cela n'a qu'un temps.

Toujours garder à l'esprit que vous, votre collègue insupportable, votre animal domestique, votre conjoint, vos frères et sœurs, vos parents vont mourir peut améliorer fondamentalement les relations que vous avez avec eux. Ça peut vous rendre plus empathique, indulgent, patient, gentil, et plus reconnaissant de ce qu'ils vous apportent. Mais avant tout, la conscience de votre finitude peut améliorer la qualité du temps dont vous disposez en vous aidant à être plus présent au monde.

Marc Aurèle, empereur romain et philosophe stoïcien, a eu ces mots : « Vous pouvez mourir à tout moment. Que cette vérité inspire vos actes, vos paroles et vos pensées[55]. » En quoi votre vie serait-elle différente si vous suiviez vraiment ce conseil ? Tout resterait-il inchangé ? Que feriez-vous *différemment* ? Que diriez-vous *différemment* ?

Le simple fait de réfléchir de cette façon rend-il les choses plus claires pour vous ? Cela vous ouvre-t-il de nouvelles perspectives ? La vraie question est : pourquoi n'agissons-nous pas déjà à la lumière de cette conscience ?

Nous ne pouvons pas toujours influer sur ce que nous réserve le destin. Dans ces moments où nous avons le choix, il nous faut faire preuve de vigilance sur ce que nous laissons entrer dans nos journées, parce que nous n'avons qu'une seule vie. Lors de la migration (page 152), les questions que nous nous posons – « Qu'est-ce qui est essentiel ? », « Qu'est-ce qui compte pour moi ? » – agissent comme un tamis qui retient les distractions, de sorte à les éliminer de nos vies. Parfois, répondre à ces questions se révèle plus difficile qu'il n'y paraît. Dans ces moments d'incertitude, le filtre de l'impermanence de notre existence peut remettre les choses à leur juste place. Se souvenir que nous allons mourir, c'est aussi se souvenir d'utiliser au mieux le temps dont nous disposons sur cette terre.

LA GRATITUDE

La vie est d'une si délicate complexité que parfois c'est à peine si l'on a conscience de franchir ces portes qu'on rêvait pourtant de voir s'ouvrir devant soi.
Brianna Wiest

Il y a une scène dans la série *Twin Peaks* de David Lynch où l'on voit l'agent spécial Dale Cooper et le shérif Harry S. Truman entrer dans ce café-restaurant au charme suranné, le *Double R diner*. Alors qu'ils se présentent devant le comptoir, l'agent Cooper pose la main sur l'épaule du shérif Truman et lui dit avec un sourire : « Harry, je vais vous confier un petit secret. Tous les jours, une fois par jour, il faut se faire un cadeau. »

De quel cadeau parle-t-il ? De « deux bonnes tasses de café bien chaud ».

Cette scène a quelque chose de profondément touchant. Bien qu'il évolue au sein de cet univers lynchéen où la violence côtoie l'étrange et le malsain, Dale Cooper a trouvé un moyen d'injecter un peu de légèreté dans sa vie.

Il recense ce qu'elle lui apporte de bon. Il adore ce *diner*, il adore le café qu'on y sert, et il s'accorde une pause pour s'immerger dans cette ambiance qu'il aime, pour profiter du moment. Même s'il parle d'un « secret » pour qualifier ce rituel, je dirais qu'il s'agit plutôt d'une aptitude largement sous-estimée. D'un talent rare et pourtant à la portée de tous.

La tradition méditative de la pleine conscience nous apprend à ancrer notre attention dans l'instant présent. Qu'on fasse la vaisselle, la queue à la caisse d'un supermarché ou qu'on se brosse les dents, nous sommes pleinement là, cultivant notre aptitude à être présents au monde. Une idée fausse assez répandue à propos de la méditation est qu'elle consisterait à évacuer toute pensée. En réalité, la méditation de pleine conscience nous aide à trouver la bonne distance avec nos pensées. Un de mes professeurs utilisait une métaphore pour traduire cette idée, expliquant que si les pensées étaient des voitures, la méditation aiderait à se tenir au bord de la route au lieu de rester bloqué dans les embouteillages.

Il est facile d'être pris dans la circulation de nos pensées, de nos vies, au point de passer à côté de l'essentiel. Il suffit d'observer la façon dont nous sommes obnubilés par la réussite de nos actions, au point de négliger leur sens. L'accomplissement d'une tâche est l'unité de mesure de la productivité, mais comment mesure-t-on la valeur de cet accomplissement ? En d'autres termes, que nous apporte l'accomplissement de telle tâche, de tel projet, au-delà de la satisfaction d'avoir réussi à les mener à bien ? Le sentiment de progresser ? D'exploiter notre potentiel et d'avancer vers une vie plus épanouie ? Cela peut être le cas, mais seulement si nous prenons le temps d'examiner l'impact de ces efforts sur notre vie. Accomplir ne veut pas nécessairement dire s'accomplir. Rouler à toute allure ne veut pas nécessairement dire qu'on va dans la bonne direction.

La prochaine fois que vous rayez une tâche dans votre BuJo, levez le pied. Accordez-vous un moment pour évaluer l'impact de ce que vous venez d'accomplir. Que ressentez-vous ? Si vous ne ressentez rien – ou peut-être rien que du soulagement –, il y a des chances pour que cet objectif que vous poursuivez avec tant d'assiduité ne donne pas beaucoup de sens à votre vie. Il s'agit là d'un signal essentiel qui doit être pris en compte. En revanche, si vous éprouvez de la joie, de la fierté ou bien un sentiment de gratitude ou d'épanouissement, si ténus soient-ils, vous tenez peut-être quelque chose qui vaut la peine d'être creusé. Comme on s'offre un cadeau, offrez-vous un moment pour savourer ce que vous avez accompli et pour en saisir toute la portée, parce que cet accomplissement essaie de vous révéler quelque chose. Après tout, à quoi bon réaliser des choses si on ne peut même pas les apprécier à leur juste valeur ?

Vos accomplissements ont le pouvoir de vous éclairer, de vous guider et de vous aider à grandir, mais pour qu'ils vous offrent leurs fruits, il faut prendre le temps de leur témoigner une juste reconnaissance.

EN PRATIQUE

ÇA SE FÊTE !

Votre Bullet Journal abrite une liste de tâches en perpétuelle évolution. Une fois effectuée, la tâche devient un accomplissement. Ce que vous venez de réaliser a une incidence positive sur votre vie ? Ça se fête ! Marquez le coup selon l'importance de votre réussite : si c'est une grande victoire, comme la réalisation d'un objectif à long terme ou d'une de ses étapes majeures, organisez une soirée pour célébrer ce succès comme il se doit, idéalement en compagnie de ceux qui ont participé au projet ou qui ont suivi avec enthousiasme son évolution. Si c'est une victoire un peu moins décisive, vous pouvez appeler un ami pour en parler ou arrêter de travailler un peu plus tôt que d'habitude pour mieux goûter le moment. Si c'est une réussite modeste, souriez ! Applaudissez ! Serrez un poing victorieux ! Exclamez-vous : « Ça, c'est fait ! » Savourez la montée d'adrénaline. Il ne s'agit pas de vaine autosatisfaction, mais d'apprendre à identifier les moments réjouissants de sorte à en découvrir – et à en profiter – davantage.

En outre, fêter les petites victoires peut avoir un impact extrêmement positif sur l'image de soi et le comportement. Nous avons tendance à ressasser nos échecs au détriment de nos réussites. En fêtant nos accomplissements, nous nous contraignons à ouvrir les yeux sur nos capacités et nous nous apportons la preuve de notre utilité à la société. Ça nous permet de troquer le « Comment vais-je réussir à faire tout ça ? » contre le « Regarde un peu tout ce que j'ai fait ! » et le « Pas de problème, je m'en charge ! » ; de passer d'une attitude défaitiste à une attitude conquérante. La peur d'échouer ne trouvera plus chez vous un terrain aussi favorable. Là non plus, il ne s'agit pas d'autosatisfaction, mais d'une action intentionnelle qui crée une dynamique positive, renforce notre optimisme et nos facultés de résilience. Pour donner à vos succès la place qu'ils méritent dans votre vie, un moyen simple et néanmoins chargé de sens consiste à les noter dans votre carnet. En les couchant sur le papier, vous gratifiez vos moments positifs d'une bonne dose d'attention, et c'est une excellente façon de commencer à les apprécier à leur juste valeur. Dans le Bullet Journal, vous pouvez faire ça en inscrivant les événements qui vous inspirent de la reconnaissance dans votre feuille de route quotidienne, dans votre calendrier mensuel ou sur une page intitulée « Gratitude ».

LE RITUEL DE GRATITUDE

Des études montrent que nous avons besoin de cinq compliments pour contrebalancer l'effet d'une remarque négative. S'il en est ainsi, c'est parce que les événements négatifs marquent davantage notre esprit que les événements positifs. Mettre en place un rituel de gratitude – une simple habitude consistant à faire régulièrement l'inventaire de ce qui éveille en vous un sentiment de reconnaissance – est un bon moyen de contrebalancer votre penchant pour le négatif en encourageant une conscience de tout ce qu'il y a de positif dans votre vie[56].

Il a été démontré qu'entretenir un rituel de gratitude améliore la relation avec l'autre, la santé physique et mentale, la capacité d'empathie et l'estime de soi tout en réduisant les pulsions agressives, pour ne citer qu'une partie de ses bienfaits[57]. J'aime voir ce rituel comme un moyen d'aider le dialogue que nous entretenons avec la vie à rester fécond. En gardant cette vision des choses à l'esprit, jetons un œil à deux exemples qui montrent comment intégrer un rituel de gratitude à son Bullet Journal.

1. Dans votre feuille de route quotidienne (page 126), lors de la réflexion du soir, notez au moins deux choses qui vous inspirent un sentiment de gratitude. Essayez de le faire chaque jour.
2. Créez une collection « Gratitude » (et n'oubliez pas de l'ajouter à votre index). Là encore, notez au moins deux choses qui vous inspirent un sentiment de gratitude. Essayez de le faire chaque jour. Si le cœur vous en dit, vous pouvez même faire preuve de créativité dans votre manière de consigner vos moments préférés.

Il y a de bonnes chances pour que vous vous retrouviez vite à court de motifs évidents pour lesquels vous éprouvez de la reconnaissance, tels que la santé, le logement, la famille, les animaux domestiques, etc. L'astuce consiste à éviter de recycler les choses que vous avez notées précédemment. C'est là que ça devient intéressant : une fois notre stock de réponses évidentes épuisé, nous nous mettons à fouiller dans notre sac d'expériences quotidiennes pour trouver de quoi alimenter le rituel. Cela nous aide à nous ancrer dans le présent. En sondant quotidiennement votre journée pour en extraire ce qu'elle vous a apporté de bon, vous apprenez à mieux repérer le positif et à mieux l'apprécier. Et – pour paraphraser le moine bénédictin David Steindl-Rast – vous apprenez que si on ne peut éprouver de la gratitude pour toute chose, on peut poser un regard reconnaissant sur chaque instant de sa vie[58]. Autrement dit, la gratitude vous devient une façon d'être au monde.

Même lors de journées où vous avez le sentiment d'avoir fait du surplace, votre rituel de gratitude vous aidera à dénicher des choses qui méritent d'être appréciées, qu'il s'agisse de ce collègue qui vous a donné un coup de main, de cet inconnu qui vous a ouvert la porte, de ce déjeuner savoureux ou de cette place de stationnement proche du lieu où vous vous rendiez. Votre rituel vous aidera à rester conscient de tous ces petits moments qui rendent la vie un peu plus agréable et qui, mis bout à bout, la réenchantent. Cher lecteur, je vais vous confier un petit secret. Tous les jours, une fois par jour, faites-vous le cadeau de savourer ce que la vie vous apporte de bon.

Gratitude

Mark

the rain gave me a break!

analog tools

POSITIVE COMMENTS ♥

lisa AND bonnie!

#OMIMBJ

TAKING A ME DAY!

Peloton

FEELING healthy

long hot baths

NAPS

REST

CREATIVE TIME

baby fever

Cream Ridge Veterinary Clinic

Puppy Snuggles

hubby

ENERGY

SUNNY DAYS

TACOS!

BELLA

getting BACK TO normal

being self-employed

Gratitude Log by Kara Benz

LE CONTRÔLE

*Mon Dieu, donnez-moi la sérénité nécessaire
pour accepter les choses que je ne peux pas changer,
le courage de changer celles que je peux changer
et la sagesse de distinguer les premières des secondes.*
Reinhold Niebuhr

Tout évolue sans cesse et nos existences connaissent de nombreux changements, positifs et négatifs, sur lesquels nous n'exerçons pas toujours de contrôle. Nos efforts pour éviter des changements négatifs ou pour susciter des changements positifs nous conduisent souvent à gâcher un temps et une énergie considérables, parce que nous essayons d'influer sur des choses qui ne dépendent tout simplement pas de nous.

Déterminer ce qui dépend ou non de nous est au cœur du stoïcisme, un courant philosophique qui tente de définir les conditions d'une vie heureuse. Une grande partie de cette pensée peut se résumer à l'intérêt qu'elle porte à ce qui ne dépend *pas* de nous. Après tout, contrôler implique d'agir, et agir demande du temps et de l'énergie.

Mettre nos deux ressources les plus précieuses au service de choses qui ne dépendent pas de nous, c'est tout simplement les gâcher. Si nous voulons utiliser au mieux notre temps et notre énergie, nous devons apprendre à reconnaître ce qui dépend de nous (ce que nous sommes en mesure de contrôler).

Selon la pensée stoïcienne, nous ne pouvons contrôler ni le monde ni les gens qui nous entourent. C'est la résistance vaine qu'on oppose à cette vérité qui peut nous plonger dans le désarroi et la confusion. Par exemple, quand nous cherchons sans succès l'approbation ou la reconnaissance des autres en récompense de nos efforts, nous restons la plupart du temps sur notre faim ou dans l'incompréhension, voire franchement en colère. Pourquoi ce mal-être ? Parce que nous avons des attentes sur lesquelles nous n'exerçons aucun contrôle.

À la lumière de cet enseignement, bien d'autres exemples de la vie courante viennent en tête. Vous redoublez de gentillesse avec quelqu'un, mais rien à faire, cette personne ne vous apprécie tout simplement pas. Vous donnez un conseil avisé à un ami, mais il s'empresse de faire tout le contraire de ce que vous lui avez dit. Vous faites des tonnes d'heures supplémentaires, et pourtant la promotion vous passe sous le nez. La liste est sans fin. Plus nous essayons de contrôler les autres, plus la vie devient épuisante.

Si nous ne pouvons pas contrôler le monde et les gens qui nous entourent, il ne nous reste plus qu'à maîtriser notre monde intérieur, n'est-ce pas ? Le problème, c'est que nous sommes des créatures d'émotions, et d'émotions

LE CONTRÔLE

complexes qui plus est. Nous ne pouvons pas nous empêcher d'éprouver de la colère envers ceux qui nous ont fait du tort ou de la tristesse face à la perte d'un être cher. Nous ne sommes donc pas entièrement maîtres de nous-mêmes. Conclusion : nous ne pouvons contrôler ni nos sentiments, ni nos émotions, ni les gens, ni les événements extérieurs. Mais il existe quelque chose que nous pouvons contrôler, et c'est un levier puissant pour reprendre le pouvoir sur nos vies.

Nous pouvons contrôler notre façon de répondre à ce qui nous arrive.

Il est en notre pouvoir de mettre de l'intention dans notre façon de *répondre* aux situations problématiques auxquelles la vie, les gens et même nos propres émotions nous confrontent. Quoi qu'il nous arrive – même dans les circonstances les plus difficiles –, nous ne sommes jamais entièrement à la merci de ce que nous vivons. Il existe toujours une part de liberté dans les choix que nous faisons, et donc dans les actions qui en résultent. Et il est de notre devoir d'utiliser au mieux cette liberté.

Avant, si mon ordinateur avait le moindre pépin, je m'excitais comme un dingue contre ma souris et mon clavier, ce qui revenait à donner un coup de poing à une flaque d'eau pour faire cesser la pluie. Quand j'ai commencé à utiliser un Bullet Journal, je me suis mis à me demander

« Pourquoi ? » avant de m'énerver contre toutes les petites choses qui allaient de travers. Par exemple, si quelqu'un freine brusquement devant moi sur l'autoroute, sans raison apparente, je me demande pourquoi une chose sur laquelle je n'ai aucun contrôle me rend aussi furieux... et je décide qu'à l'avenir je garderai encore plus de distance entre ma voiture et celle qui la précède.

Trey Kauffman, bujoteur

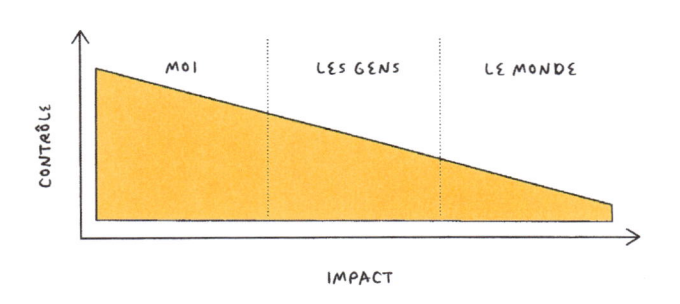

EN PRATIQUE

RÉPONDRE *VS* RÉAGIR

Nos réactions sont souvent plus instinctives qu'intentionnelles, surtout dans une situation où quelqu'un s'ingénie à nous faire sortir de nos gonds. Disons que votre collègue Chad a tenu des propos blessants à votre égard et que vous vous gonflez comme un poisson-globe face à une menace. Vous pouvez passer un temps fou à ressasser les torts de Chad ; à quel point il se trompe sur

Le contrôle

vous, sur la situation, sur ses choix vestimentaires et sur la vie en général. Ou pire, vous vous en prenez directement à votre collègue, qui en remet une couche pour se défendre, et la dispute part en vrille jusqu'à ce que vous vous retrouviez tous les deux sur le même barreau, tout en bas de l'échelle de l'évolution.

Nous perdons notre énergie à essayer de nous « protéger » parce que au fond nous avons un instinct animal. Lorsque nos lointains ancêtres se sentaient agressés, ils prenaient leurs jambes à leur cou ou attaquaient. Combat ou fuite. Quelques années se sont écoulées depuis, et nous disposons désormais d'autres options face à ce que nous identifions comme une menace. Oui, nous pouvons faire mieux que les hommes des cavernes.

Plutôt que de faire passer Chad par la fenêtre, prenez une bonne respiration et ne réagissez pas à chaud. Votre réflexion quotidienne (page 184) est l'occasion d'examiner ce qui vous est arrivé plus calmement, avec davantage de distance. Pourquoi a-t-il dit ou fait ça ? Pourquoi s'est-il senti tenu de vous faire part de ce point de vue discutable ? Pourquoi avez-vous ressenti les paroles de Chad comme une agression ? Quels mots en particulier vous ont blessé ou mis hors de vous ? Que pouvez-vous faire pour améliorer les choses ?

Servez-vous des réponses à ces questions pour élaborer une explication mesurée sous forme de lettre écrite dans votre Bullet Journal. Pour être parfaitement clair, cette lettre n'est pas forcément destinée à être lue par Chad. Sa première fonction est de mettre de l'ordre dans vos pensées. De faire apparaître des points de vue et des arguments difficiles à distinguer dans le feu de l'action. Cette façon de procéder m'a aidé lorsque j'ai dû faire face à des gens ou à des situations particulièrement pénibles. Tout d'abord, ça permet d'évacuer la colère sans craindre les conséquences. En soi, c'est déjà un énorme soulagement. Ensuite, voir ses pensées couchées sur le papier peut aussi faire comprendre en quoi nous nous sommes montrés mesquins, déraisonnables ou même irrationnels à certains égards. Une fois débarrassés de notre colère, nous pouvons nous repasser le film des événements, reconsidérer le problème de façon plus calme et réfléchie, et trouver des moyens d'améliorer la situation au lieu de l'envenimer davantage.

Par exemple, vous vous apercevrez peut-être qu'un des principaux moteurs de la dispute est que vous ne parvenez pas à vous mettre à la place de l'autre, et donc à comprendre comment il en est venu à vous dire de telles choses. Il est sans doute possible d'éclairer cette zone d'ombre. Si vous vous sentez capable d'avoir une conversation avec Chad, tâchez de faire l'effort d'écouter vraiment ce qu'il a à dire. Vous vous rendrez peut-être compte qu'il se peut que vous ayez fait quelque chose qu'il a interprété de travers et qui vous aurait mis en colère, vous aussi, si vous étiez à sa place. Que Chad ait eu tort sur la forme ne veut pas nécessairement dire qu'il a tort sur le fond… et que vous vous soyez senti agressé ne vous donne pas forcément raison.

En écrivant cette lettre, vous avez peut-être compris que les paroles ou les actes de Chad n'ont rien à voir avec vous. Dans le feu d'un face-à-face houleux, il est facile d'oublier que son adversaire du moment a sans doute sa propre dose de problèmes et de souffrance. En laissant la peur ou la colère dicter votre réaction, vous mettez à vif ses plaies comme les vôtres et vous gâchez vos chances de résoudre le conflit. Réagir au lieu de répondre a aussi pour effet de prolonger cette période stérile où vous perdez votre temps et votre énergie à vous préoccuper de choses sur lesquelles vous n'exercez aucun contrôle.

processus *vs* résultat

Mark Twain aurait écrit un jour : « J'ai imaginé beaucoup de situations inquiétantes au cours de ma vie, mais la plupart ne se sont jamais produites. » L'inquiétude n'a pas son pareil pour prendre notre attention en otage. C'est particulièrement vrai pour les choses qu'un haut degré d'incertitude rend incontrôlables. Nous consumons beaucoup d'énergie à imaginer jusqu'à l'obsession les issues possibles de telle ou telle situation, ainsi que les moyens de la rétablir au cas où les choses tourneraient mal, mais en réalité nous ne faisons qu'alimenter notre angoisse. Car lorsque le dénouement de pareille situation échappe à notre contrôle, essayer de l'anticiper n'est qu'une puissante distraction.

L'inquiétude nous appâte avec la promesse d'une solution, mais la plupart du temps elle n'en offre aucune.

Comme l'a dit le dalaï-lama : « Si un problème peut être résolu, il ne sert à rien de s'inquiéter. S'il ne peut pas être résolu, s'inquiéter n'arrangera pas les choses[59]. »

Lors de votre réflexion quotidienne, ou de votre migration mensuelle, passez vos tâches en revue et essayez d'identifier ce que vous pouvez contrôler. Une façon simple de faire ce tri est de déterminer si vos tâches sont tournées vers la notion de résultat plutôt que vers la notion de processus : « • Faire une présentation géniale », « • Perdre 5 kilos », « • Lire 6 bouquins » ou « • Faire entendre raison à Chad » sont des objectifs. Même si les objectifs nous donnent un cap, ils sont tournés vers la notion de résultat ; vers une issue qui, au bout du compte, échappe à notre contrôle. C'est la raison pour laquelle nous scindons nos objectifs en petites étapes concrètes sur lesquelles nous pouvons agir : « • Mémoriser la présentation », « • Pas de soda le dimanche », « • Me réserver un moment pour la lecture » et « • Prendre en considération les préoccupations de Chad ».

En identifiant ce qui échappe à notre contrôle et en acceptant de lâcher prise, nous pouvons économiser notre attention et l'investir dans ce qui dépend vraiment de nous. Faire son possible pour contribuer au succès d'une entreprise. On ne peut pas exiger davantage de vous. Plus important, on ne peut pas exiger davantage de soi-même.

LE RAYONNEMENT

*Lorsque l'homme change sa façon d'être au monde,
le monde change aussi sa façon d'être à l'homme.*
Mahatma Gandhi

Songez à une personne nuisible avec qui vous avez travaillé. Même si vous étiez plutôt satisfait de votre emploi, que ressentiez-vous lorsque cette personne dénigrait l'entreprise, se plaignait sans cesse des tâches qu'on lui donnait à faire ou manipulait ses collègues pour obtenir ce qu'elle voulait ? Cela laisse un goût amer dont on ne se débarrasse pas si facilement. Sans même s'en rendre compte, on peut propager cette négativité ; la transmettre à son conjoint au cours du dîner et même, selon une étude, aux collègues de son conjoint[60].

À l'image des ondes concentriques qui troublent la surface d'un lac frappé par un caillou, nos actions se propagent autour de nous. Chacune de ces ondes influe sur ce qu'elle rencontre sur son chemin, et qui à son tour se propage, étendant toujours plus loin le domaine d'influence de nos actions. Par exemple, quand vous tenez la porte pour la personne qui se présente après vous, votre geste l'incitera peut-être à faire de même pour la personne suivante, ou lui inspirera une autre forme de bienveillance qui n'aurait pas existé sans votre geste initial. De même, lorsque vous vous en prenez à quelqu'un, il y a de fortes chances pour que la victime répercute les ondes négatives de votre comportement sur son conjoint, ses enfants ou encore un ami. J'aime désigner notre capacité à influer sur ce qui nous entoure sous le terme de « rayonnement ».

La nature de notre rayonnement est souvent le reflet de ce qui se passe en nous. Voilà pourquoi cultiver sa pleine conscience, loin d'être une démarche égoïste, est d'une importance vitale.

La charge émotionnelle de vos paroles et de vos actions modèle le monde qui vous entoure à l'image de votre monde intérieur. Votre manque d'enthousiasme pour un projet prive vos collègues du leur. Votre pessimisme tire votre environnement humain vers le bas. Regardez comme votre mauvaise humeur vous revient dans la figure sous forme de silence, à l'heure du dîner avec votre conjoint…

Il ne s'agit pas de se forcer à devenir un personnage guilleret et plein d'entrain tout droit sorti des studios Disney, avec des arcs-en-ciel d'optimisme éternel vous jaillissant par les trous de nez. Mais il est de notre devoir de reconnaître nos faiblesses et d'essayer de les corriger, parce que nous ne sommes pas seuls sur terre. Cultiver son potentiel, c'est cultiver l'estime de soi et avoir plus à offrir aux autres, en particulier à ses proches.

Le rayonnement

Bien que vous ne puissiez pas contrôler les gens, vous pouvez exercer une certaine *influence* sur ceux avec qui vous êtes en contact et qui, à leur tour, étendront peut-être le domaine de cette influence en la faisant « rayonner » autour d'eux. Votre savoir peut profiter aux autres. Vos efforts pour accomplir quelque chose peuvent inspirer d'autres gens. Votre humeur positive peut être contagieuse. Comme l'a écrit Seth Godin[61] : « Vous êtes soit la personne qui crée de l'énergie soit celle qui la détruit[62]. »

S'améliorer revient à améliorer les autres et – dans l'hypothèse où cet effet en cascade toucherait l'ensemble des gens de bonne volonté – à améliorer le monde. Si vous ne le faites pas pour vous-même, faites-le pour les autres ! Car si votre but dans la vie est d'être utile aux autres, vous pouvez commencer par réfléchir à la meilleure façon d'être utile à vous-même.

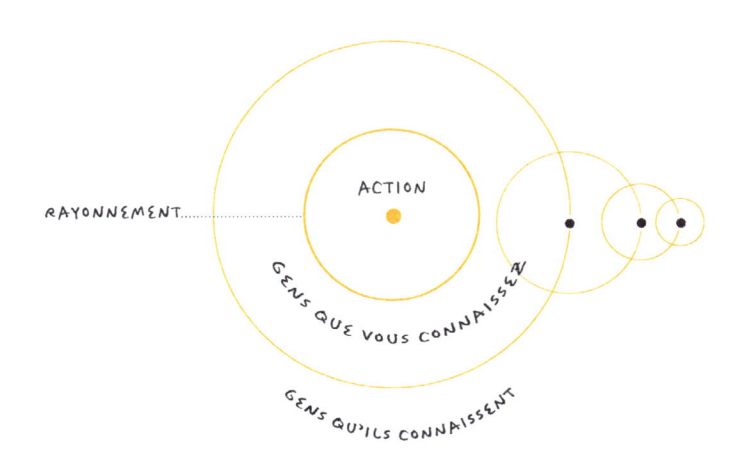

EN PRATIQUE

L'AUTOCOMPASSION

Accordez-vous un moment pour penser à un ami qui traverse une période difficile. Peut-être a-t-il commis une grosse erreur au travail ou s'en veut-il d'avoir été cruel avec quelqu'un, à moins qu'il ne se soit juste fait larguer. Quelle qu'en soit la raison, son estime de soi a connu des jours meilleurs. Vous l'avez sans doute écouté patiemment vous expliquer en long et en large tout ce qui fait de lui un type épouvantable ou un raté.

Peut-être avez-vous tenté de corriger la vision déformée qu'il a de lui-même. Vous avez souligné ses réussites, ses compétences, ses qualités. Vous lui avez rappelé que l'erreur est humaine et que vous ne l'aimez pas moins pour autant. Peut-être même lui avez-vous donné quelques conseils pour se remettre en selle et aller de l'avant, parce que vous savez que ruminer ce qu'on perçoit comme un échec ou un défaut est totalement contre-productif. Au minimum, vous l'avez écouté. Nous sommes heureux de pouvoir offrir soutien et réconfort à ceux qui comptent pour nous lorsqu'ils en ont besoin. Et si nous avions cette même attitude bienveillante envers nous-mêmes ? Plus facile à dire qu'à faire, n'est-ce pas ? Nous pouvons trouver d'innombrables raisons d'être durs avec nous-mêmes, surtout si nous manquons de confiance en nous ou que nous avons une sensibilité à fleur de peau. Au lieu de nous flageller, nous devons apprendre à nous réconforter avec ces mêmes conseils avisés ; à troquer l'autoflagellation contre l'autocompassion.

---

*L'autocompassion peut commencer
par une simple question : Que dirais-je à un ami
qui serait dans ma situation ?*

Se poser cette question agit comme un commutateur qui interrompt le monologue du dénigrement interne et permet de passer en mode « résolution des problèmes ». Est-il seulement concevable que vous accabliez un ami tourmenté venu chercher de l'aide auprès de vous ? Bien sûr que non, parce que vous avez de l'affection pour cette personne et que vous cherchez avant tout à la réconforter. Et pourtant, c'est précisément le traitement que s'infligent sans cesse bon nombre d'entre nous.

La prochaine fois que vous serez trop dur avec la personne qui souffle les bougies de votre gâteau d'anniversaire, faites comme si vous veniez au secours d'un ami au fond du trou. Quelles paroles patientes et charitables prononceriez-vous ? Quel conseil bienveillant lui donneriez-vous pour l'aider à surmonter son désarroi et à remettre les choses à leur juste place ? Si votre ami a commis une grosse erreur au travail, par exemple, il risque de tomber dans une spirale de l'échec et de perdre rapidement sa lucidité : il va remettre en cause ses compétences, se considérer comme un imposteur justement démasqué, etc. Un moyen simple de lui remonter le moral consistera à lui présenter des preuves réfutant les critiques injustes qu'il s'adresse, pour l'amener à considérer les choses sous un autre angle. Nous pouvons utiliser la même tactique pour les critiques que nous nous adressons à nous-mêmes.

Lorsque nous avons commis une erreur, la voix de notre critique interne gronde avec une force des plus persuasives. Heureusement, nous disposons d'éléments tout aussi convaincants à lui opposer. Et les preuves susceptibles de faire taire ces accusations sont d'autant plus irréfutables qu'elles ont été écrites de notre propre main ! Si vous avez utilisé votre feuille de route quotidienne, vous y avez consigné des exemples – de vos réussites, de vos compétences, de votre bienveillance, de l'attention que vous portez aux autres, etc. – qui parlent d'eux-mêmes et qui seront votre meilleur avocat. Et même un ténor du barreau si vous avez créé une collection « Gratitude » (page 253). Quelles que soient les critiques dont vous vous accablez, vous trouverez sûrement la preuve contraire dans les pages de votre Bullet Journal.

Quand vous n'avez pas le moral, passez en revue ces exemples de réussite au cours de vos réflexions quotidiennes. Montrez-vous les preuves de votre valeur et autorisez-vous à les accepter. Cela peut demander un effort, et vous risquez d'être sceptique dans un premier temps, mais essayez de faire de la place dans votre chorale intérieure pour accueillir une voix bienveillante. Plus cette voix restera longtemps au sein de votre chœur intime, plus elle aura de chances de se faire entendre. Avec le temps, vous finirez peut-être par lui faire confiance.

Le rayonnement

AMÉLIORATION MUTUELLE

Le rayonnement est une voie à double sens, un système d'influence réciproque. Il importe donc d'être vigilant dans le choix des gens dont on s'entoure, parce qu'ils vous façonnent, eux aussi. Leurs forces et leurs faiblesses peuvent avoir une influence considérable sur votre propre trajectoire. Il est donc essentiel de choisir avec le plus grand soin ceux avec qui nous souhaitons entretenir des relations, tant personnelles que professionnelles.

Feuilletez votre Bullet Journal pour voir avec qui vous passez votre temps. Peut-être êtes-vous au clair sur vos sentiments à leur égard, mais avez-vous déjà réfléchi à la façon dont ces relations vous impactent ? Commencez à prendre des notes sur certaines de vos interactions avec votre entourage. Ne vous inquiétez pas, il ne s'agit pas de tenir une sorte de carnet noir sur les agissements de vos amis, mais simplement de prendre conscience de l'influence que leur rayonnement a sur vous. De retour d'un dîner, d'un rendez-vous galant ou d'une réunion professionnelle, consignez quelques commentaires dans votre BuJo. Avez-vous passé un bon moment ? Avez-vous appris quelque chose ? Quoi ? N'avez-vous fait qu'écouter les problèmes des autres… une fois de plus ? Comment vous sentez-vous quand vous êtes avec elle ? Avec lui ? Avec eux ? Vous pouvez saisir rapidement ces impressions comme suit :

o Dîner avec Becca @ Evelina's
  – On a parlé de nos aspirations
  – Elle veut qu'on parte ensemble au Portugal

— Elle aimerait organiser la fête du mois prochain avec moi
— Je me sens toujours pleine d'énergie après un moment avec elle.

Ça pourra vous sembler bizarre au début, mais garder une trace de vos interactions avec votre entourage vous permettra peut-être de mettre le doigt sur des choses dont vous n'auriez pas eu conscience autrement. On ne sait jamais ce que l'on va découvrir. Peut-être allez-vous réaliser que cette relation est vampirisante : vous vous sentez souvent lessivé – comme vidé de votre substance – après avoir passé du temps avec cette personne. Ou alors il s'agit d'une relation à sens unique : c'est toujours vous qui appelez, qui proposez, qui organisez les rencontres. À l'opposé, vous prendrez peut-être conscience que certaines personnes vous inspirent, vous rendent plus optimiste, rechargent vos batteries, élargissent votre vision du monde ou vous apportent un sentiment de quiétude. Quelle que soit la nature de ce que vous révèle cet exercice, il aiguise votre conscience de l'influence qu'exerce sur vous votre entourage et vous invite à ne plus subir vos relations, mais au contraire à les gérer avec intention, quitte à en supprimer certaines.

Les personnes négatives ou démotivées qui gravitent autour de vous risquent de saboter vos efforts pour mener une vie intentionnelle. Essayez de vous entourer de personnes qui vous inspirent, vous motivent et dont l'exigence vous tire vers le haut. Posez-vous la question suivante : *Qu'est-ce que cette personne peut m'apporter ?*

LE RAYONNEMENT

Que peut-elle m'apprendre ? Ma vie s'est-elle améliorée, ne serait-ce qu'un peu, depuis que cette personne y est entrée ?

Comme l'a dit avec esprit Joshua Fields Millburn, du duo The Minimalists : « Vous ne pouvez pas changer les gens qui vous entourent, mais vous pouvez changer d'entourage[63]. » C'est à nous de choisir avec qui nous voulons partager le temps précieux dont nous disposons. Entourez-vous de gens qui ne vous veulent que du bien. Cela ne veut pas dire qu'ils seront toujours d'accord avec vous ou qu'ils soutiendront aveuglément tout ce que vous faites. Non, liez-vous avec des gens qui souhaitent votre succès, même si c'est au prix de conversations parfois rugueuses et de quelques désaccords. Même si ces gens, parce qu'ils veulent *vraiment* vous voir réussir ce que vous entreprenez, n'hésitent pas à vous dire quand vous avez tort ou que vous vous comportez de façon déraisonnable. Nous avons tous besoin de nous faire remonter les bretelles de temps à autre, surtout si c'est fait avec bienveillance. Liez-vous avec des gens qui vous tirent vers le haut : fort d'une relation basée sur l'affection, l'attention et le respect mutuel, vous vous améliorerez en relevant les défis constructifs qu'ils ne manqueront pas de vous lancer.

APPRENDRE

Développer ses ressources personnelles est le moyen le plus sûr d'avoir un rayonnement utile aux autres. À cette fin, placez chaque jour l'apprentissage délibéré au centre de votre vie. Certes, l'existence nous dispense spontanément toutes sortes de leçons (apprentissage spontané), mais adopter une démarche intentionnelle dans votre quête du savoir (apprentissage délibéré) vous aidera à vous ouvrir au monde, à l'embrasser, à le voir sous des angles jusque-là négligés ou insoupçonnés.

Au cours de vos réflexions, posez-vous les questions suivantes :

- *Que suis-je en train d'apprendre ?*
- *Qu'est-ce que _____ (situation ou personne de mon entourage) m'a appris ou m'a donné envie d'apprendre ?*
- *Quel sujet ai-je envie d'approfondir ? Comment vais-je m'y prendre pour développer mes connaissances sur cette question ?*

Que ce soit par le biais de la lecture, de cours universitaires, d'expériences enrichissantes ou de conversations avec des amis plus savants que vous sur le sujet, planifiez votre apprentissage sous forme d'objectifs. Servez-vous de votre Bullet Journal pour identifier ce qui vous donne envie d'en savoir plus. Une fois que vous avez mis le doigt sur ce qui pique votre curiosité, fixez vos objectifs (page 206). Vous pouvez les gérer comme n'importe quel autre objectif de votre Bullet Journal, mais vous trouverez également ci-dessous un exemple qui vous montre comment appliquer directement cette technique à votre pratique délibérée de l'apprentissage.

Chaque fois que vous apprenez quelque chose, vous devenez une personne plus capable, plus complète, plus civilisée, plus riche intérieurement. Et vous distribuez naturellement cette richesse autour de vous parce que vous devenez un être éclairé ; un être rayonnant de lumière.

Le rayonnement

APPRENDRE

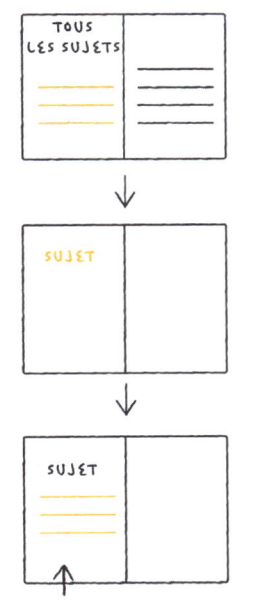

QUOI

Qu'ai-je envie d'apprendre ?
Créez une collection et écrivez ce qui vous vient à l'esprit.

POURQUOI

Qu'ai-je envie d'apprendre en premier ? Pourquoi ?
Choisissez le sujet **qui pique le plus votre curiosité** et créez une collection.

COMMENT

Comment vais-je m'y prendre pour en savoir plus sur ce sujet ?
Lancez toutes les idées qui vous traversent l'esprit.
Commencez à créer une liste de tâches.

Interrogez-vous : Quelle petite action permettrait d'initier le processus ? Bloquer un créneau horaire pour les recherches, peut-être ? Allez, on s'y met !

L'ENDURANCE

Celui qui est guidé par un « pourquoi »
peut triompher de tous les « comment ».
FRIEDRICH NIETZSCHE

Je ne sais pas pour vous, mais pour ma part je déteste faire la vaisselle. C'est idiot, je sais. J'ai essayé d'en faire un exercice de pleine conscience, un moyen de me déconnecter, mais non, ça ne fonctionne pas. C'était le pensum de mon enfance, et ça m'a laissé un goût amer que rien n'arrive à faire passer.

À une époque où mes moyens ne me permettaient pas d'acheter un lave-vaisselle, ma petite amie a voulu apprendre à faire la cuisine. Soirée après soirée, j'ai dû récurer assiettes, plats et ustensiles divers pour l'aider à accrocher cette nouvelle corde à son arc. Elle rentrait chez nous, salissait tout ce que j'avais soigneusement nettoyé la veille au soir, et le cauchemar recommençait.

Bien sûr, j'aurais dû lui être reconnaissant de me servir des plats faits maison, préparés qui plus est au terme d'une dure journée de travail, mais ça me rendait furieux

L'endurance

de passer une grande partie de mon maigre temps libre à faire la vaisselle.

Tout a changé un soir, lorsque je l'ai entendue chanter.

Elle traversait une période vraiment difficile lorsqu'elle avait décidé de se mettre aux fourneaux. Sa nature enjouée, pétillante, et son charme un peu clownesque qui m'avaient attiré lorsque je l'avais rencontrée s'étaient mis en veilleuse. La communication était bonne entre nous, et pourtant j'ai vite su que je ne serais pas en mesure de l'aider à retrouver sa joie de vivre. Bien entendu, ça ne faisait qu'ajouter à mon sentiment de frustration. La dernière chose qu'on a envie de faire quand on voit souffrir ceux qu'on aime est de rester les bras croisés.

Un soir, peu avant l'heure du dîner, j'ai été distrait de mon travail par une douce mélodie qui flottait dans l'appartement. Ça m'a un peu déstabilisé, ne l'ayant *jamais* entendue chanter au cours des quelques années que nous avions passées ensemble. Mais quand je suis arrivé dans la cuisine, je l'ai vue onduler gracieusement devant le four, fredonnant une chanson tandis qu'elle préparait le dîner.

C'est là que j'ai compris. Sa décision d'apprendre à cuisiner n'avait rien à voir avec l'envie de manger de bons petits plats. C'était sa façon de combattre ses démons, tout en me montrant à quel point je comptais pour elle. C'était une chose qu'elle pouvait contrôler. Ce soir-là, j'ai fait la vaisselle l'esprit occupé par l'image paisible de ma compagne fredonnant dans la cuisine. J'ai réalisé que tout ce que j'avais à faire pour l'aider – tout ce que je *pouvais* faire – était de manier la brosse à vaisselle.

Petit à petit, elle a retrouvé le sourire. Je me suis mis à attendre avec impatience l'heure de déguster ses plats tandis qu'elle redevenait lentement la fille adorable dont j'étais tombé amoureux. En fait, ces dîners ont fini par constituer un havre de paix qui nous permettait de resserrer nos liens, même en cas de gros temps. Lorsque la relation devenait houleuse et qu'une explication s'imposait, l'un de nous cuisinait pour l'autre. Même si la conversation était difficile, elle s'accompagnait toujours de cet effort empreint d'amour, marque à la fois d'attention et de profond respect. Un effort incluant la vaisselle qui, m'a-t-elle alors révélé, était pour elle aussi la pire des corvées. Rien ne resserre davantage les liens dans un couple qu'une chose qu'on déteste tous les deux.

Me suis-je mis à aimer faire la vaisselle pour autant ? Non, mais ça m'a permis de saisir le sens de cette activité. Cette basse corvée que j'avais jusque-là méprisée rendait soudain ma vie meilleure. Qu'est-ce qui avait changé ? Pas le laborieux processus qui consiste à laver des assiettes à la main. Bien entendu, c'est moi qui avais changé. Cette tâche avait pris du sens à mes yeux et j'ai mis davantage de soin dans son exécution. Un jour, alors que je terminais la vaisselle après un repas particulièrement délicieux, mon amie est arrivée derrière moi. Elle a posé un baiser sur ma joue avant de dire : « Merci. Je sais que c'était un gros boulot ce soir et que tu détestes faire la vaisselle, mais ça m'aide vraiment. Je me sens aimée quand tu fais ça. »

L'endurance

Auparavant, quand je m'efforçais de définir et de trouver ce qui avait vraiment du sens pour moi, j'en venais toujours à envisager des décisions spectaculaires, comme partir à l'autre bout du monde pour rejoindre un ermite pétri de sagesse terré au fond de sa grotte. Je sais désormais qu'il est possible de trouver du sens en s'épargnant bien des kilomètres.

Le sens peut se nicher dans les moments les plus calmes, les plus anodins, les plus inattendus. Si nous n'écoutons pas à la fois le monde qui nous entoure et notre monde intérieur, cette petite musique de la trivialité risque d'échapper à notre radar intime. Cette aptitude à dénicher le sens dans les recoins les plus quelconques de l'existence peut s'apprendre. Pas sur les bancs d'une école, mais en étudiant nos expériences.

Trop souvent, nous agissons sans réfléchir à nos choix. Nous traversons nos vies en pilotage automatique, en oubliant d'arrêter la machine lancée à pleine vitesse pour comprendre pourquoi telle chose provoque en nous tel sentiment. Si vous ne tenez pas compte de votre contexte personnel, si vous ne comprenez pas en quoi telle ou telle chose donne du sens à votre vie, vos efforts finiront par vous sembler futiles. Mais pour mettre nos obligations en contexte, il faut d'abord avoir conscience du contexte. Voyons comment nous y prendre pour le faire apparaître.

EN PRATIQUE

ALBUM CLAIRVOYANCE

Selon Sam Cawthorn, le fondateur de Speakers Tribe, « les gens les plus heureux ne sont pas forcément ceux qui bénéficient des meilleures conditions de vie, mais ceux qui savent tourner tout ce qui leur arrive à leur avantage[64] ». Un moyen très efficace d'aller vers cet état d'esprit positif est de reconsidérer notre rapport au trivial, aux activités prosaïques. Bien des tâches n'inspirent guère d'enthousiasme de prime abord : s'occuper du linge sale, boucler un dossier, faire les courses, etc. Plutôt que de polariser votre attention sur l'aspect laborieux de l'action, essayez de vous concentrer un moment sur les expériences qu'elle vous permet de vivre. Faire une lessive vous permettra de vous envelopper dans une serviette moelleuse au sortir de la douche, de porter une chemise impeccable au travail, de vous glisser le soir dans des draps frais. Boucler un dossier vous offrira la satisfaction du travail accompli et assurera le versement de votre salaire, lequel servira peut-être à payer vos vacances à Hawaï. Grâce aux courses que vous faites, vous pourrez déguster des plats savoureux en famille ou passer un bon moment avec vos amis autour d'un barbecue.

Il ne s'agit pas de pensée positive, mais d'analyser systématiquement vos tâches pour en saisir la raison d'être. Nous avons tendance à omettre de contextualiser nos obligations de cette façon. Pour prendre conscience du

L'endurance

pourquoi nous faisons ce que nous faisons (le pourquoi du quoi), la création d'un « Album Clairvoyance » dans notre Bullet Journal peut se révéler utile. Passez en revue votre feuille de route quotidienne et identifiez les obligations ou les corvées que vous renâclez à accomplir. Choisissez-en une et décrivez-la en quelques mots sur la page de gauche de votre Album Clairvoyance. Prenons par exemple « Payer le loyer » :

Payer le loyer me casse les pieds parce que j'ai l'impression de jeter mon argent par les fenêtres.

Certes, vous pouvez aisément considérer votre loyer comme un rituel consistant à jeter chaque mois le fruit de votre dur labeur dans un néant aussi noir et glacé que l'âme de votre propriétaire. Et pourtant, vous avez sûrement loué cet appartement ou cette maison pour de bonnes raisons. Contrebalancez votre perception négative de cette obligation en prenant un moment pour concentrer votre attention sur ce qui vous plaît dans ce logement.

Fermez les yeux et songez à deux ou trois détails qui vous attachent à ce lieu, qui font de cet endroit votre chez-vous. Quelles que soient les pensées positives qui vous sont venues à l'esprit, écrivez-les sur la page de droite, face à l'énoncé de l'obligation ou de la corvée :

– Les rayons de soleil qui s'invitent au matin et réchauffent le sol de la chambre.

- *Les bonnes odeurs qui montent jusqu'à chez moi depuis le café d'en bas.*
- *Le trajet court jusqu'à mon boulot.*

Tous les logements ont leurs défauts, mais si dans l'ensemble vous êtes satisfait du vôtre, vous pouvez poser un autre regard sur le versement de votre loyer ; le considérer comme un acte volontaire destiné à vous offrir mois après mois ces petites joies du quotidien. Reconsidérer cette prétendue corvée à la lumière de sa véritable raison d'être nous a permis de lui rendre son sens.

Un autre moyen de découvrir ce qui a du sens pour nous consiste à prendre en considération les personnes qui nous sont chères. L'exercice que nous venons de faire vous a peut-être amené à prendre conscience que vous n'aimez vraiment pas l'endroit où vous vivez (si c'est le cas, j'en suis désolé pour vous ; je suis passé par là, moi aussi). Mais tout n'est pas perdu. Songez à ce qui vous a poussé à emménager ici en appréhendant la question sous l'angle de la famille et des amis. Ce logement vous a peut-être donné la possibilité d'inscrire vos enfants dans une meilleure école. Peut-être vous a-t-il rapproché de votre travail, ce qui vous permet de perdre moins de temps dans les transports et d'en passer davantage avec votre famille ou vos amis. Quels que soient les bénéfices qu'en retirent vos proches – et vos relations avec eux –, notez-les dans votre carnet.

Faire le lien entre vos obligations et les gens qui vous sont chers peut leur donner le sens dont vous avez besoin pour être motivé. Si s'en acquitter ne devient pas plus agréable pour autant, cette prise de conscience aura l'immense mérite de leur offrir une raison d'être. Et une raison d'être peut rendre supportable la tâche la plus pénible qui soit.

ALBUM CLAIRVOYANCE

PROBLÈME → ALBUM CLAIRVOYANCE ← RAISON D'ÊTRE

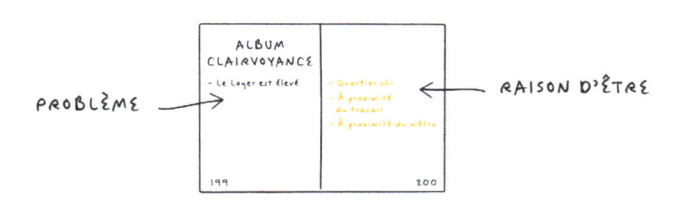

SUIVRE L'AVANCÉE DE VOS PROGRÈS

Imaginons à présent que vous ayez fait cet exercice sans parvenir à mettre au jour l'avantage ou le sens d'une obligation. Nombre de nos obligations ne révèlent pas immédiatement leur valeur sous-jacente. Le sens ressemble souvent à cet invité qui arrive en retard… avec une superbe bouteille de vin. Le secret est de faire preuve de patience, mais d'une patience vigilante.

Si une obligation tarde à dévoiler sa raison d'être, gardez un œil sur elle. La migration mensuelle peut aussi servir à suivre l'avancement de nos progrès. Considérez-la comme l'occasion de faire le point avec vous-même et de voir si quelque chose a changé.

Si vous en arrivez à la conclusion qu'une obligation n'apporte rien de significatif à votre vie, ou que les efforts qu'elle demande sont trop importants par rapport à ce qu'elle vous apporte, vous avez identifié une distraction. Laissez-la tomber. Si vous ne pouvez pas la laisser tomber pour une raison ou une autre, déconstruisez-la (page 289) et réfléchissez à une alternative.

LA DÉCONSTRUCTION

Ce qui nous barre la route devient le chemin.
Marc Aurèle

Le poème *Enouma Elish* est l'un des plus anciens textes connus. Il s'agit de l'épopée de la création du monde selon les Babyloniens ; un poème dans lequel Mardouk est désigné par les autres dieux pour combattre la déesse dragon Tiamat, mère de la vie, déterminée à détruire tous les dieux. Ce poème décrit l'affrontement épique entre le bien et le mal, l'ordre et le chaos. Mardouk tue Tiamat et la démembre, utilisant les parties de son corps pour poser les fondations du monde tel que nous le connaissons. Avec ses côtes, il crée le ciel, avec sa bouche l'océan. Bien que peu ragoûtant, ce récit mythologique est une puissante métaphore sur la façon dont nous pouvons déconstruire les défis qui se présentent à nous pour les utiliser à notre avantage.

Lorsque j'ai obtenu mon diplôme universitaire, j'ai eu la chance de trouver le stage en entreprise de mes rêves. J'avais étudié le graphisme et l'écriture créative, et je voulais combiner ces deux disciplines en travaillant sur des génériques animés, ces minifilms d'animation diffusés en préambule ou en conclusion d'un long-métrage. Mon stage allait me permettre d'intégrer l'équipe d'un des pionniers de la résurgence de ce moyen d'expression artistique ; un homme dont le travail était pour moi une grande source d'inspiration.

J'ai rempli deux sacs de voyage et je me suis envolé pour New York où j'ai trouvé refuge dans un sous-sol aux relents de moisi. Pourtant, malgré la décrépitude des lieux, un loyer au-dessus de mes moyens, deux colocataires qui avaient fait main basse sur les meilleures chambres et un chat qui avait une dent contre moi, j'étais plein d'optimisme : si ces contrariétés étaient le prix à payer pour lancer ma carrière, ça restait une excellente affaire.

La semaine où mon stage devait débuter, j'ai appelé mon futur employeur pour mettre au point les derniers détails pratiques. J'ai alors appris que les attentats du 11 septembre, l'année précédente, avaient contraint l'entreprise à réduire ses effectifs : j'étais viré avant même d'avoir commencé, et sans que personne se soit donné la peine de me prévenir. Brusquement, je me suis retrouvé dans la peau d'un diplômé des Beaux-Arts au chômage à New York – un de plus ! –, contraint de chercher du boulot dans un marché du travail qui n'avait pas été aussi maussade depuis des années, au cœur d'un hiver qui n'avait pas été aussi froid depuis des décennies.

Pendant plusieurs mois, toutes mes démarches ont été vaines. Mes maigres économies se sont évaporées. Les bons jours, je crapahutais dans la neige jusqu'à la première station de métro où, carton à dessin sous le bras, je voyageais compressé dans des voitures bondées à l'heure de pointe. Puis, dégoulinant de sueur, je passais un entretien avec un RH blasé qui proposait inévitablement un poste pour lequel je n'étais pas qualifié. Les mauvais jours, je restais en tête à tête avec mon ordinateur, postulant en ligne au premier boulot qui s'affichait sur l'écran.

Un matin, un drôle de bruit m'a réveillé. Mes yeux qui peinaient à s'ouvrir ont vu le sol bouger. Non… c'était de l'eau : ma chambre était inondée ! La neige avait entièrement fondu au cours de la nuit et l'eau s'était infiltrée dans la pièce. Mon carton à dessin, rempli du travail que je présentais lors des entretiens d'embauche, flottait à côté du lit. Ma première pensée a été : *Heureusement que j'ai tout sauvegardé.* C'est alors que j'ai vu mon disque dur externe sur le parquet, submergé, et mon ordinateur qui rendait l'âme juste à côté. Ce matin-là, j'ai perdu presque tout ce que je possédais.

Peu de temps après, j'ai accepté le premier boulot qu'on m'a proposé : il s'agissait désormais de survivre. Ce travail n'avait rien à voir avec mes compétences, mais j'étais fauché et à la rue.

Au cours de ma première semaine dans cette boîte, j'ai appris que mes prédécesseurs avaient tous fui en hurlant, et j'ai vite compris pourquoi. Ma fonction principale était de dresser des listes de bons de commande. De *tous* les bons de commande reçus par cette maison d'édition depuis sa lointaine création. Il y en avait des centaines de milliers. D'accord, j'aime bien les listes, mais là c'était l'enfer, même pour moi.

Il n'y avait ni système ingénieux ni logiciel dédié pour exécuter cette tâche, ce qui rendait l'erreur inévitable. Je savais que tôt ou tard les reproches finiraient par pleuvoir. Pour couronner le tout, j'étais sous la responsabilité d'une supérieure d'une violence inouïe qui faisait tout pour piétiner mon amour-propre et briser ce qu'il me restait de confiance en moi. Un jour, elle m'a hurlé si fort dessus que les gens installés dans les bureaux adjacents ont accouru, persuadés qu'il se passait quelque chose de grave. La situation a dégénéré au point que j'en suis venu à avoir peur de me rendre au travail. Je ne savais pas comment, mais quelque chose devait changer.

Je me suis remis en quête d'un travail plus adapté à mes compétences, et ça ne s'est pas bien passé. Il fallait regarder la réalité en face : qu'avais-je à faire valoir pour convaincre les employeurs ? Mon travail de graphiste avait coulé avec mon carton à dessin et mon disque dur, mon expérience se résumait à une poignée de stages d'été hétéroclites, et le seul emploi que j'avais réussi à décrocher n'avait pas grand-chose à voir avec les compétences dont je me prévalais. Je ne me serais pas engagé moi-même ! J'ai ravalé ma fierté et j'ai admis que je devais ajouter de la valeur à mon C.V. pour me rendre plus désirable auprès des employeurs.

Je me suis mis à disséquer la façon dont je passais mon temps libre dans ce qui était alors une proto-version du Bullet Journal. Internet en engloutissait une bonne partie. J'ai ensuite entrepris de noter systématiquement ce que je consultais sur le Web, et je me suis rendu compte que je m'intéressais beaucoup aux expériences interactives en ligne. Il y avait alors un mouvement émergent : des sites expérimentaux qui proposaient de fascinantes narrations interactives mélangeant beaux-arts, photographie, vidéo et graphisme. C'était aussi l'époque où les sites web personnels commençaient à fleurir sur la toile, en particulier ceux d'artistes, de graphistes et de petites entreprises.

N'étant pas encore entièrement remis de l'inondation de ma chambre et de ses conséquences désastreuses sur mon travail, j'étais particulièrement attiré par les avantages qu'offrait un espace en ligne où abriter mon labeur, loin des griffes avides de propriétaires négligents et des caprices mouillés de la nature. Il se trouve qu'à la même période, plusieurs de mes amis m'ont aussi demandé de créer des sites web, pour eux-mêmes ou pour l'entreprise qui les employait. Et si cette activité pouvait me permettre de gagner un peu d'argent ?

J'ai réuni les quelques dollars que mon ridicule salaire m'avait permis d'économiser et j'ai pris des cours du soir pour m'initier à cette nouvelle discipline qu'était la création et la conception de sites web, ou « web design ». Deux à trois soirs par semaine, je me traînais dans la salle de classe aveugle, épuisé par ma journée de travail mais suffisamment motivé pour me faire violence. Pour la première fois depuis longtemps, je faisais quelque chose qui me parlait vraiment. J'ai appris les bases du métier de concepteur web, ainsi que les rudiments de codage alors nécessaires à la création d'un site. Une fois formé, j'ai sauté sur la moindre occasion de mettre mes connaissances en pratique. J'ai commencé par concevoir le site d'un bar-restaurant de mon quartier, puis j'en ai imaginé un autre pour le groupe dans lequel jouait son barman, et ainsi de suite. Au bout d'un moment, je suis parvenu à cumuler suffisamment de commandes pour démissionner de mon affreux boulot et me consacrer entièrement à ma nouvelle carrière free-lance.

Bien que je ne puisse prétendre avoir opéré ce changement de trajectoire professionnelle de façon maîtrisée ni même vraiment délibérée, cette expérience m'a appris qu'on se laisse un peu trop facilement dévorer par les circonstances. Impôts, loyer, proche malade sur lequel il faut veiller, emprunt étudiant à rembourser… Ce sont les dragons qui se dressent sur notre route. Face à eux, nous pouvons battre en retraite sous l'effet de la peur, nous apitoyer sur notre sort, attendre que les cieux s'ouvrent et qu'une main divine vienne nous secourir… ou nous pouvons fourbir nos armes.

EN PRATIQUE

Nous avons tendance à largement exagérer nos problèmes. Cette façon d'appréhender les difficultés de la vie peut se révéler énergivore en ressources personnelles et nous donner le sentiment d'être impuissants, désarmés face à l'adversité. Pourtant, si sombre ou menaçante qu'une situation puisse sembler, nous ne sommes jamais complètement à sa merci. Elle ne peut pas nous priver entièrement de notre liberté de répondre, de notre capacité à agir au lieu de subir.

Même la plus petite action peut commencer à faire bouger les choses, à modifier la situation dans laquelle nous nous trouvons. Cette première action peut simplement consister à faire une pause pour examiner le problème, afin de se donner le recul nécessaire pour le déconstruire. À cette fin, nous allons utiliser la technique dite des « cinq pourquoi ».

LES CINQ POURQUOI

Sakichi Toyoda, fondateur de Toyota et père de la révolution industrielle japonaise, a inventé cette méthode pour identifier les causes des incidents techniques qui affectaient le processus de fabrication de son entreprise. Il s'agit d'une méthode simple, mais plus sophistiquée qu'il n'y paraît, pour mettre au jour des problèmes fondamentaux et ouvrir des perspectives insoupçonnées qui sont autant d'opportunités. Elle y parvient en réduisant un problème sérieux aux éléments qui le composent.

À l'aide du Bullet Journal, nous pouvons utiliser la même approche pour répondre à nos défis. Créez une nouvelle collection et donnez-lui un sujet qui résume le problème : « J'ai du mal à payer mon loyer ». Et maintenant, demandez-vous *pourquoi*. Notez la réponse dans votre carnet, puis mettez-la aussitôt à l'épreuve d'un nouveau « pourquoi ? ». Procédez de même avec la réponse suivante, et ainsi de suite, jusqu'au cinquième et dernier *pourquoi*.

J'AI DU MAL À PAYER MON LOYER

1. Pourquoi ? Parce que je n'ai pas assez d'argent
2. Pourquoi ? Parce que le loyer est élevé
3. Pourquoi ? Parce que je vis dans un quartier agréable
4. Pourquoi ? Parce que ça me plaît de vivre ici
5. Pourquoi ? Parce que l'ambiance est décontractée, qu'il y a des boutiques sympas et de bons restaurants, et que je m'y sens en sécurité.

Nous venons de déconstruire un problème sérieux pour faire apparaître ses composants, que nous pouvons désormais traiter séparément. Mais le plus important est que nous avons fait ressortir les éléments positifs obscurcis par la perception négative d'une situation. En déconstruisant un problème, vous en découvrez bien souvent les véritables enjeux. Dans le cas qui nous occupe, le véritable enjeu n'est pas vraiment le loyer ; c'est de conserver ce sentiment de plaisir et de sécurité que vous procure la vie dans ce quartier. Il s'agit là de données importantes qui peuvent se révéler utiles pour élaborer votre plan d'attaque.

LE PLAN D'ATTAQUE

À l'aide de votre liste de raisons clairement exposées (liste des *parce que*), l'étape suivante consiste à déterminer vos possibilités d'action pour améliorer la situation. Naturellement, ça passe par la création d'une nouvelle liste : elle peut être placée face à la page où se trouve votre collection « J'ai du mal à payer le loyer ».

La déconstruction

Si l'obstacle principal est le manque d'argent, vous pouvez commencer par dresser une liste des moyens susceptibles d'améliorer ce problème spécifique. Parmi ceux qui viennent spontanément à l'esprit, on peut citer :

1. Demander une augmentation
2. Chercher un travail mieux rémunéré
3. Trouver un colocataire
4. Emménager dans un quartier moins prisé
5. Suivre des cours du soir pour donner plus de valeur à mon C.V.

Là, nous faisons des progrès ! Chaque solution potentielle est un pas vers la résolution du problème. À présent que les options qui s'offrent à vous sont clairement exposées, choisissez celle qui vous enthousiasme le plus ; celle qui résonne en vous.

Disons que votre choix s'est porté sur « Suivre des cours du soir pour donner plus de valeur à mon C.V. ». C'est votre objectif. Tournez les pages jusqu'à la prochaine double page vierge et créez une sous-collection consacrée à cet objectif. Une fois que c'est fait, fractionnez l'objectif en étapes concrètes sur lesquelles vous pouvez agir comme : « Définir mes centres d'intérêt », « Trouver un choix d'établissements qui proposent ce genre de cours », « S'inscrire à un cours », et ainsi de suite. C'est votre plan d'attaque. Chaque étape franchie est un coup sévère porté au dragon que vous affrontez.

La vie est pleine de dragons. Plus ils vivent longtemps, plus ils prospèrent et prennent de la place dans nos vies, se nourrissant de nos malheurs, de nos ressentiments et de notre sentiment d'impuissance. Regardez-les droit dans les yeux et soutenez leur terrible regard. Vous y verrez votre reflet. Les défis qui se présentent à nous sont des miroirs qui révèlent nos vulnérabilités, nos insécurités, nos faiblesses et nos peurs. Si difficile que cela puisse être, ne détournez pas les yeux. Regardez-les attentivement, examinez-les. Abordez vos peurs l'esprit curieux et faites connaissance : vous découvrirez une façon de les surmonter. Il est tout à fait possible que de nouvelles perspectives s'ouvrent à vous en récompense de votre courage.

Dans mon cas, le dragon était mon emploi. Me rendre au travail me terrifiait. Il incarnait tout ce que je m'étais naïvement promis de ne jamais accepter : un boulot stupide sans la moindre perspective d'avenir. Mais j'ai trahi ma promesse pour payer mes factures. J'étais tellement enfermé dans mon malheur que j'ai oublié une vérité toute simple : tant que nos cœurs battent, il y a toujours des chances à saisir.

Finalement, après une nouvelle agression verbale particulièrement violente de ma supérieure, j'ai décidé que ça suffisait comme ça. J'en avais marre d'être sa victime, mais aussi celle de mes insuffisances. Marre d'être l'invité d'honneur du Club de ceux qui s'apitoient sur leur sort ; marre de subir et de me sentir impuissant face à la tournure désastreuse que prenait mon existence. Je me suis rendu compte que j'étais complice de toutes ces misères dont je me croyais victime, que je prenais un malin plaisir à jouer les martyrs, comme si endurer cette horrible situation m'auréolait d'une sorte de noblesse propre aux persécutés. C'était ridicule et immature. Je me voilais tout simplement la face, préférant ignorer l'évidence : si je voulais sortir de ce pétrin, la solution viendrait de moi et de personne d'autre.

J'ai commencé par me fixer un objectif : trouver un nouveau travail. Quand j'ai compris que c'était mission impossible parce que mon C.V. n'était pas assez étoffé, je me suis simplement fixé un sous-objectif : apprendre à créer des sites web.

C'est à partir de ce moment-là que je me suis mis à combattre mon dragon – mon travail – avec ses propres armes : mon maigre salaire m'a servi à payer mes cours du soir. Les insultes de ma supérieure et l'insignifiance des tâches qu'elle me confiait m'ont motivé pour suivre les cours du soir avec assiduité malgré la fatigue. Même si c'était parfois difficile, chaque cours que je prenais me rapprochait de la victoire finale. Enfin, j'ai pu donner le coup de grâce avec une lettre en guise d'épée ; quelques mots laconiques annonçant ma démission sur du papier gondolé qui avait survécu à l'inondation.

Aujourd'hui, quand les choses ne se passent pas comme je le voudrais ou quand je dois travailler sur quelque chose qui ne me donne pas envie de bondir de joie, je repense à ma Tiamat. Je fais un rapide tour d'horizon de ma vie actuelle et je vois tout ce que j'ai pu tirer de cette expérience. Cela m'a contraint à apprendre le codage, ce qui m'a ouvert la voie vers une carrière épanouissante de désigneur numérique, laquelle m'a fourni les connaissances pratiques dont j'avais besoin pour lancer le site Bulletjournal.com… grâce auquel j'ai aujourd'hui le privilège d'écrire ce livre et de partager ma méthode avec vous.

L'INERTIE

Je trouverai un chemin… ou j'en créerai un.
Hannibal Barca

Dans le chapitre consacré aux objectifs (page 206), nous avons vu comment scinder des objectifs ambitieux en une série d'objectifs plus petits et plus simples à gérer appelés sprints. Mais que se passe-t-il si vous vous retrouvez coincé en chemin ? Vous avez peut-être rencontré un problème que vous ne parvenez pas à résoudre, ou bien vous avez perdu votre motivation, ou encore vous ne savez plus comment vous y prendre pour permettre à votre projet, votre objectif ou votre couple de franchir une nouvelle étape. Quelle que soit la raison de ce coup d'arrêt, un sentiment d'inertie fait naître en vous quelques bouffées de frustration. Que faire ? Voici deux techniques que j'ai trouvées utiles pour redonner du mouvement à une entreprise lorsque nous sommes coupés dans notre élan.

L'inertie

EN PRATIQUE

LA MÉTHODE DU CANARD EN PLASTIQUE

Une de mes amies avait une petite affaire florissante et cherchait à ouvrir une quatrième adresse. Elle a demandé un prêt à sa banque pour financer l'aménagement de ce nouvel espace, mais malgré le succès des trois boutiques déjà existantes, la banque a refusé. Déçue et passablement furieuse, comme on peut le comprendre, elle a appelé son comptable et s'est mise à lui raconter son problème en détail. Tandis qu'elle lui expliquait point par point ce qu'elle cherchait à accomplir, elle a peu à peu pris conscience que son but n'était pas tant d'ouvrir un magasin dans cet emplacement en particulier que d'élargir sa clientèle. Elle a finalement opté pour une solution consistant à ouvrir cinq espaces éphémères afin de voir quel emplacement générerait le plus de passage ; une idée applicable sans aide extérieure. C'est donc en expliquant son problème qu'elle a trouvé une solution.

Ce processus est connu sous le nom pittoresque de « méthode du canard en plastique », une appellation apparue pour la première fois dans l'ouvrage *The Pragmatic Programmer* d'Andrew Hunt et David Thomas. Les auteurs y racontent l'histoire d'un développeur qui résolvait des erreurs de programmation en expliquant ligne par ligne le code source qu'il avait écrit à... un canard en plastique. Oui, nous parlons bien ici du petit canard jaune qui flotte sur l'eau de nos baignoires. Garder ses pensées pour soi peut altérer notre lucidité, parce qu'elles finissent généralement par tourner en rond. En expliquant un problème en détail à quelqu'un (voire à quelque chose), à voix haute si possible, nous sommes contraints de changer de point de vue, de prendre de la hauteur dans notre façon de l'appréhender.

Si personne n'est là pour vous écouter et que parler à voix haute à un canard en plastique n'est pas votre tasse de thé, vous pouvez ouvrir votre Bullet Journal et écrire une lettre adressée à « Cher canard en plastique » ou à toute autre créature affable, de confiance ou tolérante. Parlez-lui de :
- Votre problème
- Ce qui ne fonctionne pas
- Pourquoi ça ne fonctionne pas
- Ce que vous avez essayé de faire pour remédier au problème
- Ce que vous n'avez pas encore essayé de faire
- Ce que vous aimeriez qu'il se produise

L'important est de sortir tout cela de votre tête. Faites preuve de patience et de minutie dans vos explications : la créature à laquelle vous écrivez ne connaît sans doute pas toutes les informations dont vous disposez. Une bonne communication jette un pont entre l'information et la compréhension. Ce processus vous permet de vous dédoubler et de devenir à la fois la personne qui cherche une solution et celle qui la lui fournit. Et si une lettre à votre canard en plastique, à votre nounours chéri, à votre agrafeuse ou à votre collègue Chad (avec qui vous avez fait la paix) ne vous apporte pas l'aide espérée, nous pouvons essayer autre chose…

L'inertie

LES SPRINTS-PAUSES

Si vous avez opté pour une approche linéaire de cet ouvrage, vous devriez, à ce stade de votre lecture, avoir créé une collection « Objectifs ». Cette collection peut devenir une puissante source d'inspiration lorsque vous vous sentez bloqué ou démotivé. Je sais, je sais, lorsque nous avons abordé le sujet de la collection « Objectifs », je vous ai demandé de ne pas y retourner « avant que les objectifs indiqués comme prioritaires n'aient été menés à bien (ou abandonnés après avoir perdu leur pertinence) ». Mais là, il s'agit d'une urgence ! Quand vous êtes vraiment coincé ou à court d'idées, on peut estimer que vous avez « la tête dans le guidon », c'est-à-dire que vous n'êtes plus capable de prendre le recul nécessaire pour poser un regard lucide sur la situation. Pour décoller la tête du guidon, libérer votre esprit du sujet contre lequel il bute en vain en portant votre attention sur autre chose peut se révéler efficace. À cette fin, nous allons créer ce que j'appelle une « sprint-pause ».

Tout comme les sprints auxquels nous nous sommes intéressés plus tôt, les sprints-pauses sont des microprojets autonomes. Elles sont conçues dans l'unique but de vous libérer des pensées qui tournent en rond dans votre tête. On peut créer une sprint-pause dans le Bullet Journal de la même façon qu'un sprint normal, mais la sprint-pause obéit à des règles subtilement différentes :

1. **Elle doit être menée à bien en deux semaines maximum.** Certes, vous avez besoin d'une pause, mais il ne faut pas perdre le fil du projet principal.

2. **Elle ne doit pas avoir de lien avec le projet / problème sur lequel vous butez.** Vous avez besoin de passer un moment chacun de votre côté, vous et votre projet principal. Vous ne vous séparez pas, vous avez juste grand besoin d'un peu de « temps à vous ».

3. **Il est crucial de lui donner une fin bien définie (ainsi qu'un début et un milieu aux contours clairs).** Quand nous nous sentons coincés, le sentiment d'inertie consume notre motivation. Un des buts de votre sprint-pause est de vous faire ressentir la satisfaction de rayer la dernière tâche d'une liste ; ce sentiment si agréable d'avoir accompli quelque chose, d'être allé au bout de sa mission. Vous souvenir de ce que l'on éprouve dans ces moments-là peut vous injecter la dose de motivation nécessaire pour relancer la machine.

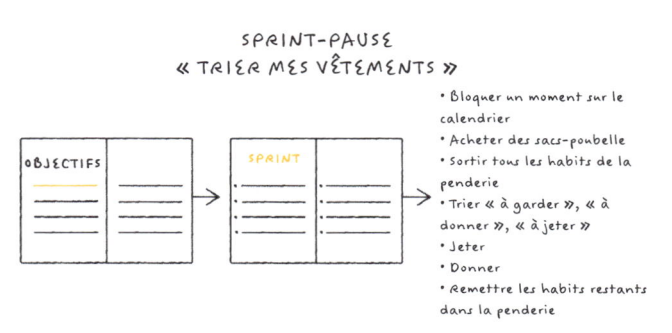

SPRINT-PAUSE
« TRIER MES VÊTEMENTS »

- Bloquer un moment sur le calendrier
- Acheter des sacs-poubelle
- Sortir tous les habits de la penderie
- Trier « à garder », « à donner », « à jeter »
- Jeter
- Donner
- Remettre les habits restants dans la penderie

L'INERTIE

Inscrivez-vous à ces cours en ligne qui vous tentaient depuis un moment, écrivez cet article que vous avez en tête, mettez de l'ordre dans vos photos sur votre ordinateur, refaites une beauté à votre penderie avec la méthode KonMari[65], goûtez aux joies du bénévolat… À vous de choisir de quoi sera faite votre sprint-pause. Assurez-vous simplement de choisir une activité qui pique votre intérêt.

Lorsque vous parviendrez au terme de votre sprint-pause, vous aurez été exposé à quelque chose de nouveau. Vous aurez utilisé votre cerveau d'une autre façon, créant des pensées que vous n'auriez pas eues autrement. Toute nouvelle expérience nous aide à nous améliorer et nous ouvre de nouveaux horizons. Quand vous remettrez en marche l'objectif qui vous avait donné le sentiment d'être en panne, quelque chose aura insensiblement changé en vous. Et ce petit quelque chose peut faire toute la différence.

L'IMPERFECTION

*C'est la faille en toute chose
Qui laisse passer la lumière.*
Leonard Cohen

Les fêtes de fin d'année étaient finies depuis longtemps déjà et les rues d'ordinaire bondées de New York semblaient étrangement désertes, comme si la ville tout entière hibernait avant l'heure, déjà frileuse à la perspective des mornes journées de froid qui s'annonçaient.

Mon couple traversait une mauvaise passe et j'avais pensé qu'un tête-à-tête romantique dans l'intimité de notre appartement pourrait nous faire du bien. J'avais fait de longues recherches pour dénicher une bouteille de ce vin que nous aimions commander autrefois, quand notre restaurant préféré n'avait pas encore mis la clef sous la porte. Au menu, des gnocchis de patate douce faits maison, un plat que je n'avais jamais cuisiné auparavant, mais qu'elle m'avait dit adorer. Ça ne devait pas être sorcier à préparer…

L'imperfection

En fait, si. Et bien entendu, tout est allé de travers : il a fallu que je reprenne du début... à plusieurs reprises. J'ai passé des heures à essayer de trouver un sens à la recette que j'avais sous les yeux, le visage aussi rouge que la peau des patates. Je suis devenu de plus en plus irritable au fil des heures et de mes échecs successifs, et j'ai commencé à paniquer. Le parfait tableau que j'avais imaginé – ma compagne poussant la porte et découvrant une table magnifiquement dressée sous la lumière vacillante des bougies, le tout baigné de musique douce et d'odeurs délicieuses s'échappant de la cuisine – était en train de se décomposer à toute allure.

J'ai fini par venir à bout de ces fichus gnocchis juste avant qu'elle n'arrive. Dès que ses yeux se sont posés sur la table, elle a laissé tomber tout ce qui l'encombrait pour me sauter au cou, pressant sa joue froide contre ma poitrine. Mais quand elle a levé les yeux vers moi, son grand sourire a perdu un peu de son éclat et elle m'a demandé ce qui n'allait pas. « Tout va bien », ai-je répondu, l'air renfrogné, en époussetant mon pantalon couvert de farine.

Nous nous sommes mis à table et elle n'a cessé de s'extasier sur ce que j'avais préparé. Du moins je crois, parce que j'étais trop occupé à ruminer les erreurs commises en préparant le dîner pour vraiment écouter et apprécier ses compliments. Les gnocchis manquaient un peu de cuisson, le vin était trop froid... Je comparais la réalité à une image idéale, fabriquée de toutes pièces. Ce que je ne parvenais pas à voir, c'est à quel point mon geste l'avait touchée, enchantée, ni la façon dont sa joie déclinait lentement mais sûrement tandis que je lui rebattais les oreilles avec la liste de tout ce que j'aurais pu mieux faire. Je croyais avoir pensé à tout, mais j'ai fini par gâcher notre tête-à-tête amoureux en oubliant l'essentiel : la personne pour qui j'avais fait tous ces efforts et le temps que je souhaitais lui consacrer. Tout ça parce que je voulais que la soirée soit parfaite.

La perfection est une notion contre nature aux conséquences néfastes. Si je dis « contre nature », c'est que, pour autant que je le sache, il n'existe absolument rien dans le monde matériel qui, après examen minutieux, corresponde sans réserve à notre définition de la perfection : soit un objet sans défaut et ne pouvant pas être amélioré. Même nos étalons de mesure ne peuvent prétendre à la perfection. Le prototype international du kilogramme par exemple, surnommé le « grand K » par les Français qui l'ont créé, est l'objet physique qui établit la norme d'une des unités de mesure de masse les plus utilisées au monde. De nombreuses copies ont été produites et envoyées aux quatre coins du globe à d'autres pays utilisant la même norme. Or, il s'est avéré qu'avec le temps la masse de ces objets « parfaits » (les étalons nationaux du kilogramme, soit les copies du « grand K ») avait changé. Pour un étalon de masse, il s'agit d'un problème crucial. Après tout, une valeur absolue n'est pas censée changer. Voilà pourquoi ce type de normes est désormais exprimé sous forme d'équations et de concepts.

Et maintenant, vous allez peut-être argumenter en disant : « Et mon 20 sur 20 en maths ? C'est une note

L'imperfection

parfaite ! » D'accord, vos réponses ont sans doute été correctes, mais qu'en était-il des questions ? Quel était au juste le but de cet examen ? Était-ce vraiment une façon parfaite d'évaluer vos connaissances ? Non, les examens sont, dans le meilleur des cas, des approximations. Beaucoup de ceux qui s'en sortent bien aux examens se révèlent peu performants quand il s'agit de passer à la pratique. Et plus nombreux encore sont ceux qui peinent lors des examens, mais font pourtant de beaux parcours professionnels.

On peut toujours arguer que la perfection existe seulement dans les concepts, théories et croyances intangibles dont on se sert pour définir l'idéal, l'éternel et le divin. Pourquoi autant insister sur cette question ? Parce que l'idée de perfection sabote trop fréquemment notre faculté à devenir la personne que notre potentiel pourrait nous permettre d'être.

Nous sommes des créatures merveilleuses et pourtant imparfaites, et peu de choses illustrent aussi bien cette condition que notre tendance à placer la barre toujours trop haut. C'est ainsi que bien souvent nos aspirations dépérissent, faute de pouvoir se hisser à la hauteur des idéaux inatteignables que nous nous fixons, que ce soit pour notre corps, pour notre esprit, pour ce que nous souhaitons accomplir ou pour notre vie sentimentale.

L'incapacité à atteindre la perfection visée est l'une des principales sources de haine de soi. C'est une corruption de l'intentionnalité, une dépense de temps et d'énergie contraire à notre intérêt, une destruction de nos progrès. Nous remettons tout en cause, nous nous réinstallons dans des attitudes contre-productives et nous nourrissons notre propension à l'autostigmatisation.

Une idée fausse largement répandue est que la seule alternative à la réussite serait l'échec. Mais la vie n'est pas binaire, Dieu merci, et offre au contraire une palette de nuances. D'un côté se trouve l'inatteignable : l'idéal. De l'autre l'inéluctable : le chaos. Toute la beauté du monde réside dans l'équilibre entre ces deux extrêmes.

Au Japon existe le terme *wabi-sabi*. Le *wabi-sabi* postule que la beauté d'un objet se niche *dans* son imperfection. À l'opposé de la vision occidentale, qui tend à associer beauté et perfection, le *wabi-sabi* célèbre la nature éphémère, singulière et lacunaire des choses ; autant de qualités qui leur confèrent originalité, authenticité et beauté. Les fêlures d'un vase, le bois gauchi par les intempéries, la feuille que le vent dépose sur une pierre, l'éclaboussure d'encre sur le bureau de l'écolier. Cette approche fait écho aux philosophies bouddhistes pour lesquelles faire la paix avec le caractère faillible de la nature humaine conduit à la sagesse.

Accepter notre imperfection, l'accueillir avec bienveillance et curiosité permet de concentrer notre attention sur ce qui compte : l'amélioration continue. Cet état d'esprit transforme ces champs de mines que sont nos erreurs en panneaux indicateurs qui pointent vers le chemin à suivre.

L'imperfection

En célébrant l'éphémère – ce principe universel qu'est la nature changeante de toute chose –, le wabi-sabi *nous conduit vers un chemin tolérant pavé d'infinies possibilités de nous améliorer.*

EN PRATIQUE

TRAVAILLER NOTRE IMPERFECTION

Peut-être protestez-vous à la lecture de ces mots : *Je n'ai que trop conscience de mes failles et suis suffisamment imparfait comme ça pour avoir besoin de m'entraîner à l'être davantage !* L'idée n'est pas de faire volontairement des erreurs mais de changer le regard que vous portez sur celles que vous commettez, et donc de revoir votre façon d'y remédier.

Le but de la méditation, si tant est qu'il y en ait un, est d'être là, maintenant, dans le moment présent. En se détachant de nos pensées, nous parvenons à les considérer objectivement. Plus facile à dire qu'à faire.

Même les pratiquants les plus expérimentés sont absorbés par des pensées qui les chassent du présent. La clef est de prendre conscience que vous êtes prisonnier d'une pensée, et de s'en détacher. Plus encore, c'est de percevoir les errances de votre esprit non comme une erreur, mais comme une opportunité d'amélioration. Chaque fois que vos pensées cessent de vagabonder et que vous revenez dans le moment présent, vous renforcez imperceptiblement votre capacité de concentration. De cette façon, vous commencez à accueillir une de vos imperfections avec bienveillance, à porter sur elle un regard ouvert, empreint de curiosité et non de jugement.

Êtes-vous du genre à tout faire pour avoir le carnet parfait ? Votre écriture manuscrite n'est peut-être pas des plus élégantes ou des plus lisibles, ou alors les aptitudes artistiques qui pourraient enjoliver vos pages vous font défaut. Est-ce vraiment important ? Seulement si vous décidez que ça l'est. Vous pouvez voir votre carnet comme la preuve tangible de vos imperfections *ou* comme celle de votre courage. Ces lignes pas très droites et cette écriture irrégulière dessinent le portrait de quelqu'un qui fait tout son possible pour apprendre et améliorer sa vie. Ce n'est peut-être pas parfait, mais c'est indéniablement beau.

Abandonnez-vous vos carnets lorsque vous faites une erreur ou que vous prenez un mauvais départ ? Si vous êtes de ceux-là, créez une collection « Imperfection ». Quelque part dans votre BuJo, consacrez un espace où vous vous laisserez complètement aller. Par exemple, vous pouvez commencer par écrire votre prénom de la main gauche (ou droite si vous êtes gaucher). Griffonnez, gribouillez, barbouillez… tout ce qui vous passe par la tête ! Faites précisément ce qui, de votre point de vue, gâcherait l'esthétique de votre carnet. Cela le rend-il moins intéressant, moins précieux ? Non. On pourrait même arguer qu'il a gagné en singularité. Qu'à présent il est vraiment unique en son genre. Chaque fois que vous vous surprendrez à pinailler sur le moindre détail pour que tout soit parfait, souvenez-vous que votre carnet n'est qu'un outil. C'est ce que vous construisez qui compte.

L'imperfection

En acceptant que nous ne pouvons pas atteindre la perfection et qu'il existe toujours une part d'erreur dans nos actions, nous débloquons la situation et nous pouvons nous remettre au travail.

LE BON CHANGEMENT

L'amélioration et le développement personnels ne visent-ils pas la perfection ? Ça dépend de l'objectif que vous vous fixez. Plutôt que chercher à atteindre la perfection ou tout faire pour être meilleur que les autres, trouvez des moyens de vous améliorer continuellement. Selon les mots attribués à W. L. Sheldon : « Il n'y a rien de noble à être supérieur à votre prochain ; la vraie noblesse consiste à être supérieur à celui que vous étiez hier. »

Pour profiter pleinement des bienfaits du *wabi-sabi* dans le cadre de son développement personnel, il peut être judicieux de s'intéresser d'un peu plus près à la culture qui a vu naître ce concept. Les Japonais élèvent le savoir-faire au rang d'art depuis des siècles, quel que soit le domaine dans lequel il s'exprime : menuiserie, travail du métal, et même les techniques d'emballage. Contrairement à la perfection, la maîtrise d'un savoir-faire englobe à la fois l'éphémère et l'imparfait, parce qu'il s'agit d'un processus, d'un état, et non d'un objectif figé. C'est le résultat d'une amélioration et d'un apprentissage continus. Dans son best-seller *Outliers*, Malcolm Gladwell nous parle de la « règle des 10 000 heures », selon laquelle il faudrait 10 000 heures de pratique délibérée pour atteindre le niveau de maîtrise d'un expert de renommée internationale, dans quelque domaine que ce soit[66]. Pour les Japonais, l'apprentissage peut prendre toute une vie.

La notion de maîtrise, invitation à devenir un être meilleur à travers la persévérance et l'apprentissage, remplace avantageusement la notion de perfection. La compétence n'atteint jamais son plus haut degré, celui qui ne pourrait pas être dépassé. Même les plus grands maîtres restent des élèves avides de nouvelles connaissances. Leurs compétences, comme les nôtres, continuent à se développer avec le temps. Tous ont commencé quelque part et se sont probablement montrés aussi maladroits que n'importe qui, lors de leurs premières tentatives.

Chaque jour, demandez-vous ce qui pourrait vous permettre d'accomplir des progrès, puis notez la réponse sous forme de tâche ou d'objectif dans votre Bullet Journal. Chaque tâche menée à bien est un gain d'expérience. Suivez l'évolution de vos progrès. De cette façon, vous augmentez vos chances de passer à l'action.

Chaque action est une étape franchie vers l'amélioration. Peu importe que ces étapes soient modestes ou que vous trébuchiez en chemin. Ce qui importe, c'est de continuer à avancer et à construire votre vie, étape par étape.

IV

L'ART ET LA MANIÈRE

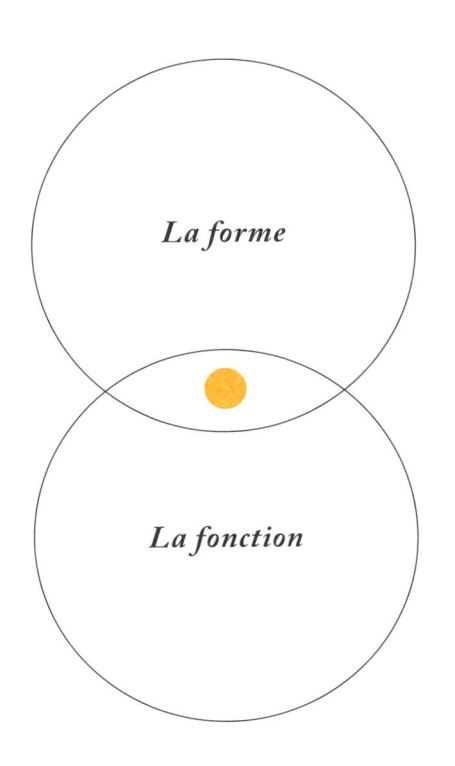

La forme

La fonction

L'ART ET LA MANIÈRE

Récemment, j'ai pris un cours de capoeira au Brésil qui a bien mal commencé. Pour ceux qui n'en auraient jamais entendu parler, la capoeira est un art martial inventé par les esclaves brésiliens qui dissimulaient son caractère guerrier sous des mouvements aux allures de danse ; mélange d'acrobatie, de contorsions, de chants en chœur et d'enchevêtrements dont l'intensité n'a rien à envier à celle du tango. Lorsqu'ils « s'affrontent », les capoéristes s'enroulent avec fluidité autour du corps de l'« adversaire », enchaînant souvent saltos et figures d'équilibre qui défient les lois de la gravité. En résumé, c'est aussi impressionnant que déroutant à regarder, et ça demande une sacrée souplesse de corps et d'esprit.

J'ai bravé une pluie tropicale pour atteindre un hangar qui prenait l'eau en bordure de la jungle, et dans lequel le cours devait se tenir. L'averse n'avait charrié que trois autres personnes sous le toit perméable du hangar : une élève et deux professeurs de capoeira qui avaient visiblement fumé une grande quantité de substances illicites. Après quelques mots d'introduction maugréés, ils nous ont demandé si nous avions déjà pratiqué cette discipline. La jeune femme a admis en avoir entendu parler pour la première fois de sa vie le matin même. Le duo professoral quelque peu apathique a échangé un regard hésitant et s'est lancé dans une démonstration paresseuse de mouvements qui semblaient exécutés au hasard. L'autre élève et moi-même les avons observés, mal à l'aise, en nous demandant ce qu'ils attendaient de nous.

Lorsque les enseignants se sont finalement souvenus qu'ils étaient là pour, eh bien, *enseigner*, ils nous ont demandé de reproduire leurs mouvements. Parce qu'ils avaient omis de nous fournir le moindre contexte, ces mouvements nous ont semblé – n'ayons pas peur des mots – ridicules. Pour l'œil inexercé, nombre de ces figures de base ressemblaient aux gesticulations enthousiastes d'un ivrogne à la recherche de ses clefs. Du moins était-ce l'image que *je* donnais. Ce n'est qu'à la fin du cours, quand nos professeurs se sont enfin « affrontés », bougeant en fonction de l'autre et reliant leurs mouvements respectifs en un bel enchaînement de figures cohérentes, que les éléments se sont assemblés pour former un tout. J'ai alors compris que j'avais beaucoup appris au cours des deux heures passées dans ce hangar ouvert à tous les vents, mais je n'ai pu en prendre conscience qu'une fois tous les éléments en action et replacés dans leur contexte.

Nous avons déjà traité de nombreux sujets dans ce livre, et beaucoup de notions se baladent encore chacune de leur côté. Peut-être vous sentez-vous un peu comme moi lors de ce cours de capoeira, face à quelque chose que

L'art et la manière

vous ne savez pas trop par quel bout aborder. Contrairement à mes deux professeurs, je veux donc m'assurer de contextualiser la façon dont le système et la pratique forment un tout cohérent.

Peut-être avez-vous déjà entendu ce proverbe chinois : « Donnez un poisson à un homme et vous lui permettez de se nourrir une fois. Apprenez-lui à pêcher et vous lui permettez de se nourrir jusqu'à la fin de ses jours. » Pour filer la métaphore, le système est la canne à pêche de *La Méthode Bullet Journal*. La pratique vous fournit la ligne et l'appât. Le système et la pratique sont deux éléments distincts qui ne peuvent être appréciés à leur juste valeur que lorsqu'ils s'assemblent pour agir de concert. Un moyen très efficace d'en faire l'expérience – et d'approfondir votre compréhension du mécanisme – est d'apprendre à concevoir et à personnaliser vos collections.

Concevoir vos propres collections vous montre comment créer un BuJo à votre image. Au cours du processus, vous allez mettre en pratique tout ce que vous avez appris jusqu'ici dans ce livre. C'est un mélange d'organisation, d'introspection et de rêves lucides. Assemblés en conscience, ces ingrédients vous permettront de refaçonner continuellement votre Bullet Journal pour en faire un outil capable de vous aider bien au-delà de la simple organisation de votre chaos. C'est dans cette pratique continue que vous allez tirer pleinement profit de la flexibilité de votre carnet pour tracer un chemin intentionnel vers ce qui résonne en vous.

Une des choses qui me ramène sans cesse vers le Bullet Journal – qui le rend encore pertinent au bout de toutes ces années – est sa capacité d'adaptation permanente à mes besoins changeants.

Déterminer comment rendre votre Bullet Journal aussi efficace que possible pour servir *vos* besoins fait partie intégrante de cette pratique. Et parce que vos besoins évoluent avec le temps, vos principes de mise en page évolueront avec eux.

Dans cette section du livre, nous allons voir comment nous y prendre pour mettre le design au service de nos besoins, en travaillant sur un projet pour lequel nous devrons gérer différents types de contenus. Cela nous permettra d'examiner diverses façons d'utiliser le Bullet Journal pour répondre aux défis qui se présentent à nous ; pour les déconstruire et concevoir des gabarits – ou modèles – qui nous aideront à mettre en place un plan d'action. Plutôt que d'être normatifs, ces chapitres mettront l'accent sur certains points qui, je l'espère, vous aideront à créer un Bullet Journal qui ne ressemble qu'à vous.

Mise en garde

Si enthousiasmantes que puissent être les joies de la personnalisation, je recommande aux bujoteurs débutants d'attendre d'avoir apprivoisé ce qu'ils ont appris dans la deuxième et la troisième partie du livre pour s'y adonner. Deux à trois mois de pratique de la version basique du Bullet Journal sont conseillés avant de commencer à créer des collections plus complexes. Il importe que vous vous sentiez à l'aise avec les fonctionnalités élémentaires du système avant de chercher à les approfondir. Si vous êtes un Bullet-journaliste novice, cette partie du livre a été conçue pour vous fournir un aperçu de la façon dont vous pourrez élargir grandement les capacités de votre Bullet Journal lorsque vous vous sentirez prêt.

CONCEPTS CLEFS

Développez votre BuJo avec les collections personnalisées.

Votre Bullet Journal peut devenir tout ce que vous avez besoin qu'il soit. Déterminer ce dont on a besoin fait partie de la pratique. Voici quelques règles simples à suivre :

Les collections personnalisées doivent être au service d'un besoin spécifique.

Assurez-vous que les collections que vous entretenez apportent vraiment quelque chose à votre vie. Pour être productif, il faut savoir investir son temps de façon judicieuse. Si vous avez du mal à faire ça…

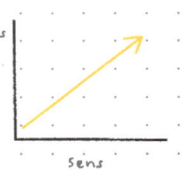

Clarifiez vos motivations

Avant de chercher la meilleure façon de faire quelque chose, définissez les raisons qui vous poussent à le faire.

Prenez le temps d'étudier vos entreprises

Chaque collection est une tentative d'apprendre quelque chose. Il est important de se pencher sur ses collections, qu'elles aient ou non fonctionné, pour voir quels enseignements on peut en tirer pour la prochaine fois.

Soumettez votre travail au cycle itératif, mais aussi la façon dont vous l'effectuez !

CONCEPTS CLEFS

Moins, mais mieux

La fonction l'emporte sur la forme

La valeur de votre carnet ne dépend pas de son esthétique. La forme doit toujours être au service du fond. Si en plus il est beau, tant mieux ! Le tout est que la présentation ne se mette pas en travers de votre bujotage.

--- VS ~~~~~~~

Concevez vos mises en page en pensant à votre futur moi

Votre carnet raconte l'histoire de votre vie. Votre design doit en faciliter la lecture, aussi bien aujourd'hui que dans les années à venir, lorsque vous reviendrez consulter votre bibliothèque intime.

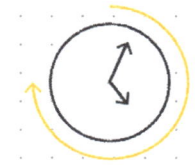

La communauté

Une des ressources les plus précieuses du Bullet Journal est sa communauté en ligne. Elle n'a cessé de contribuer au développement et à l'amélioration de ma méthode, à travers d'innombrables illustrations et personnalisations. Si vous êtes coincé ou que vous avez besoin d'inspiration, connectez-vous à votre réseau social préféré et tapez :

#bullet journal ou #bujo

Apprenez à partager, partagez pour apprendre

LES COLLECTIONS PERSONNALISÉES

Le contenu précède le design.
Le design sans contenu n'est plus du design,
mais de la décoration.
JEFFREY ZELDAMN

Les quatre collections principales du Bullet Journal (l'index, la feuille de route de l'avenir, la feuille de route mensuelle et la feuille de route quotidienne) vous serviront dans la plupart des cas. Cela étant dit, le BuJo n'est pas un adepte de la taille unique. Autrement dit, chaque Bullet-journaliste a des besoins qui lui sont propres : et si vous aviez besoin de suivre l'évolution d'un projet à l'aide d'une technique qui n'est pas proposée dans ce livre ? C'est là que les collections personnalisées entrent en jeu.

Une collection personnalisée est conçue
pour se mettre au service d'un besoin spécifique.

Les collections personnalisées

Cela peut être quelque chose d'aussi simple qu'une liste de courses ou d'aussi compliqué qu'un projet à long terme. Les collections personnalisées sont une facette créative, agréable et gratifiante du bujotage, parce que vous concevez vos propres moyens de répondre aux défis spécifiques à votre vie !

Alors que la feuille de route quotidienne est conçue comme un fourre-tout, les collections personnalisées doivent être au service d'un objectif précis. Attention à la collectionnite aiguë ! J'ai moi-même souffert de cette pathologie, créant des collections pour effectuer un suivi des séries télévisées que je regardais, des restaurants que j'essayais, ainsi que de toutes sortes d'autres activités prosaïques. Je les appelle les « collections bric-à-brac ». Il n'y a rien de mal à effectuer un suivi de ce que vous faites à l'aide d'une collection, tant que vous avez l'intention de vous servir des informations collectées pour faire quelque chose de constructif. Pour une réalisatrice en herbe, effectuer un suivi des films qu'elle a vus pourra être un moyen de parfaire son éducation cinématographique : *Est-ce que je me gave de thrillers au détriment des comédies ?* Une personne décidée à faire de l'exercice mais qui a du mal à s'y tenir pourra effectuer un suivi de ses données de remise en forme, ainsi que des étapes qui jalonnent le chemin vers son but, afin de se motiver ou de repérer les moments où elle a tendance à flancher (pendant les vacances ? Au lendemain de ces soirées poker avec les copains ? Après un énième rendez-vous à l'aveugle qui tourne au fiasco ?). À l'inverse, les collections « bric-à-brac » ont une longévité limitée, parce qu'elles ne vous offrent pas d'éclairage susceptible de vous faire progresser.

S'il n'y a rien à apprendre des informations contenues dans une collection, celle-ci n'apportera pas grand-chose à votre vie et vous manquerez probablement de motivation pour la maintenir en activité. Ne perdez pas de temps à cultiver des collections qui ne vous apportent rien de significatif.

Trois sources clefs pour vos collections personnalisées

1. *Les objectifs*

Les objectifs sont importants, parce qu'ils sont (devraient être) porteurs de sens : ils nous motivent et nous orientent vers ce qui compte pour nous. Les nombreux éléments qui les composent ont toutefois tendance à complexifier leur gestion. Les collections personnalisés peuvent nous aider à déconstruire un objectif ; à identifier les éléments qui le composent afin de les traiter l'un après l'autre.

2. *Les challenges*

Vous sentez-vous constamment en colère, angoissé, débordé ou sévère avec vous-même dans telle ou telle sphère de votre vie ? Une fois que vous avez déterminé la nature du défi, créer une collection personnalisée conçue spécialement pour le traiter peut se révéler très utile. Cela vous offre un espace dédié qui, en vous aidant à rassembler et à clarifier vos pensées, vous permet de porter toute votre attention sur le développement d'une solution et le suivi de vos progrès.

3. *Les tâches*

Beaucoup de collections naissent sous forme de simples tâches, telles que « • Organiser vacances ! ». Au cours de la réflexion quotidienne (page 184), il peut arriver qu'on identifie des tâches qui renferment un enchevêtrement d'autres tâches. La tâche « Organiser vacances », par exemple, est constituée d'un grand nombre d'éléments. Telle quelle, elle paraîtra tentaculaire et vous donnera le sentiment de ne plus savoir où donner de la tête, ce qui lui fera courir le risque d'être sans cesse remise au lendemain et la transformera au bout du compte en source d'angoisse. Organiser ses vacances devrait susciter l'enthousiasme, pas l'anxiété. Alors choisissons cet exemple pour notre projet de collection personnalisée.

Petite parenthèse, à propos des vacances : des études indiquent que tourner son esprit vers un événement agréable que nous organisons – un voyage, par exemple – peut être une méthode efficace pour se donner un coup de fouet au moral et augmenter son sentiment de bien-être[67]. Ce n'est pas tant le voyage en lui-même que son anticipation qui est susceptible d'apporter motivation et enthousiasme. Cela peut se révéler particulièrement utile lorsque nous traversons un moment difficile. En fixant le cap sur un projet engageant, nous nous réchauffons en chemin à la chaleur de ses promesses.

Premiers pas

Commençons par créer notre première collection. Il faut donc tourner les pages du carnet jusqu'à la prochaine double page vierge et y inscrire le sujet du projet : « Vacances à Hawaï. » Voilà qui semble une alternative tout à fait séduisante à Brooklyn, qui se couvre de neige tandis que j'écris ces mots… en ce premier jour du printemps.

Remue-méninges

J'aime lancer les nouveaux projets dans mon carnet en me servant des premières pages de la nouvelle collection comme d'un espace où jeter les idées qui me passent par la tête : deux pages dédiées à la capture de mes premières pensées, qu'elles prennent la forme de phrases, de mots isolés, d'images, de cartes heuristiques, etc. Cette double page est là pour vous permettre de vous laisser aller à l'excitation d'un nouveau projet, et voir quelles pensées l'association libre peut faire émerger.

Mais nous sommes parfois si empêtrés dans notre quotidien (dans nos actes comme dans nos pensées) que nous pouvons ne plus savoir par où commencer face à un horizon trop vaste. Si c'est votre cas, lisez ce qui suit.

LES COLLECTIONS PERSONNALISÉES

Examinez vos motivations

Lorsqu'on crée une collection pour un projet – qu'il s'agisse d'écrire un livre, de rénover le sous-sol ou d'organiser les vacances –, se pencher sur ce qui le motive constitue un bon point de départ. *Pourquoi* nous lançons-nous dans cette aventure ? À quel besoin répond-elle ? À celui de passer davantage de moments privilégiés en famille ? De se détendre et de se requinquer en faisant du surf ou en pratiquant la sylvothérapie ?

En quoi est-il important de découvrir cette motivation sous-jacente ? La motivation ne sort pas de nulle part. Elle naît de nos souffrances, de nos frustrations, de nos désirs. Il faut identifier son origine, quelle qu'elle soit, pour s'assurer que nos efforts ne vont pas dans la mauvaise direction. En comprenant quelles sont nos véritables motivations, nous augmentons l'impact potentiel de nos actions.

En d'autres termes, comprendre **pourquoi** *vous êtes attiré par un projet vous aidera à mieux définir* **comment** *le réaliser.*

Comme nous l'avons évoqué plus tôt dans cet ouvrage, la première occasion de clarifier notre intention se présente lorsque nous faisons une pause pour réfléchir à un titre (le sujet) qui saisisse en peu de mots l'essence de notre projet. Toutefois, il faut parfois creuser un peu plus profond. Quand le sujet ne suffit pas à faire toute la lumière sur notre motivation, il peut être utile d'écrire une brève déclaration de mission (le *pourquoi*), ce que nous espérons retirer de cette expérience (le *quoi*) et la façon dont nous allons procéder pour atteindre notre but (le *comment*). Si cela vous aide, vous pouvez même utiliser ce modèle :

Je veux…… [quoi] afin de…. [pourquoi] en…. [comment]

Ainsi, dans le cas qui nous occupe, la déclaration de mission pourrait être :

Je veux ==prendre des vacances== afin de me ==détendre en m'éloignant du bureau==.

À présent, même si rien ne cloche avec cette déclaration de mission, creuser encore un peu plus profond peut vous aider à découvrir si ce voyage est lié à quelque chose qui compte vraiment pour vous. Après tout, on peut s'éloigner de son bureau sans entreprendre un voyage. Qu'est-ce qui rend *ce* voyage si excitant à vos yeux ? Vous pouvez utiliser les « cinq pourquoi » pour aller un peu plus loin :

1. *Pourquoi je souhaite prendre des vacances ?* Pour me détendre.

Les collections personnalisées

2. *Pourquoi ?* Parce que mon travail me stresse et me déprime.
3. *Pourquoi ?* Parce que c'est la même chose tous les jours et que je finis par me sentir seul.
4. *Pourquoi ?* Parce que ma vie se partage entre mon minuscule espace de travail et mon canapé, et que je ne vois plus les gens qui comptent pour moi.
5. *Pourquoi ?* Parce que je ne prends pas le temps d'entretenir mes amitiés.

Nous avons à présent identifié une série d'insatisfactions auxquelles nous allons pouvoir nous attaquer. Commençons par braquer les projecteurs sur les sentiments clefs mis au jour par les « cinq pourquoi » : confinement, dépression, solitude et culpabilité. Ces ressentis sont très probablement la source de votre motivation. Le but de ces vacances serait donc de soulager ces souffrances en vivant, à travers un voyage, des sentiments contraires : liberté, enthousiasme, joie, sentiment d'appartenance à un groupe, fierté. Reformulons notre déclaration de mission à la lumière des désirs que nous venons d'identifier :

> Je veux prendre des vacances afin de me rappeler pourquoi je travaille (fierté) en partageant des bons moments avec des gens qui comptent pour moi (sentiment d'appartenance à un groupe) et avec qui je vais m'éclater (joie) en partant à la découverte d'un archipel tropical (liberté, enthousiasme).

Ce simple exercice vous aide non seulement à définir vos priorités pour ce voyage, mais il vous donne aussi de quoi alimenter de futures réflexions auxquelles vous vous consacrerez plus tard, une fois bronzé et reposé. Conservez également à l'esprit que cette technique peut s'appliquer à n'importe quel projet de votre choix. Par exemple :

> Je veux ==écrire un livre== afin ==d'expliquer aux lecteurs comment avoir davantage de pouvoir sur leur vie en partageant avec eux mes connaissances sur l'art et la manière de mener une vie intentionnelle.==

Ou :

> Je veux ==intégrer une école d'infirmiers== afin ==d'aider les gens en apprenant à traiter les maladies et la souffrance.==

N'hésitez pas à créer votre propre modèle. Assurez-vous simplement qu'il vous aide à bien sonder votre motivation, de sorte à mettre en lumière ce qui vous importe vraiment dans votre projet. Par la suite, lorsque vous êtes au cœur de l'action, votre déclaration de mission peut vous rappeler vos priorités et vous aider à ne pas les perdre de vue, fonctionnant si besoin à la manière d'une boussole.

Coucher cette déclaration de mission sur le papier est également un excellent moyen d'« éveiller la page ». C'est l'expression dont je me sers pour décrire ce moment où l'on utilise une page pour la première fois. Ce moment où la pensée comble la distance qui sépare notre monde intérieur et le monde extérieur, et où nous donnons vie à nos idées. Le plus difficile est parfois de commencer. Quelle meilleure façon d'éveiller la page que d'y exposer nos désirs ? Ne réfléchissez pas trop à ce que vous voulez écrire ; contentez-vous de mettre des mots sur ce que vous ressentez. Il ne s'agit pas d'un contrat, mais simplement d'un moyen bienveillant de vous frayer un chemin jusqu'à la ligne de départ.

DESIGN & MISE EN PAGE

*Il semble que la perfection soit atteinte
non quand il n'y a plus rien à ajouter,
mais quand il n'y a plus rien à retrancher.*
Antoine de Saint-Exupéry

Si vous avez effectué des recherches en ligne sur ma méthode, vous avez sans doute vu de nombreuses interprétations du BuJo, parfois avec des mises en page et des illustrations très sophistiquées. Les créations qui apparaissent sur l'écran lorsqu'on tape « Bullet Journal » ou « BuJo » dans un moteur de recherche sont magnifiques, et motivantes pour certains. Mais, pour d'autres, elles peuvent se révéler intimidantes. Certaines personnes s'imaginent que le Bullet Journal n'est pas pour elles parce qu'elles ne savent pas dessiner ou que leur écriture est peu soignée. Permettez-moi de m'inscrire en faux contre cette vision des choses. Le contenu est la seule chose qui compte vraiment avec le Bullet Journal, pas la présentation. Si vous pouvez soigner à la fois le fond et la forme, je vous tire mon chapeau. Mais pour devenir bujoteur, l'unique talent artistique indispensable est l'art de tracer des lignes à peu près droites. Si vous êtes capable de faire ça, vous vous en sortirez très bien. Comme l'a dit le Bullet-journaliste Timothy Collison : « Étant donné que je n'ai aucun talent pour le dessin et que la calligraphie est pour moi un rêve inaccessible, mon Bullet Journal est le plus neutre qu'on puisse imaginer. Pourtant, je peux dire en toute honnêteté que cette méthode a changé ma vie. »

Lorsque nous mettons en page une collection, notre but doit être d'optimiser sa fonctionnalité, sa lisibilité et sa viabilité. Dans ce chapitre, je souhaite me pencher sur chacun de ces aspects, et partager avec vous quelques considérations qui pourront vous être utiles quand vous serez prêt à concevoir vos propres collections.

Fonctionnalité

Dieter Rams, le désigneur industriel à qui l'on doit de nombreuses icônes du design, qu'il s'agisse de radios portatives, de rasoirs ou de toutes sortes d'objets du quotidien (dont certains auraient, dit-on, inspiré le design du premier iPod), estimait avec son *weniger, aber besser*[68] que la forme ne devait jamais prendre le pas sur la fonction. C'est là un des principes directeurs de *La Méthode Bullet Journal*, et il se reflète dans sa conception. Réduisez le design de votre carnet à l'essentiel, afin de ne pas distraire votre attention de ce qui compte vraiment pour vous. Si embellir votre carnet est une condition essentielle pour rester motivé et productif, ne vous retenez pas ! Mais n'oubliez pas que les collections sont des outils censés vous aider à progresser vers vos objectifs, et non se mettre en travers de votre route.

Les collections doivent toujours privilégier le fond sur la forme. Ce qui compte, c'est l'efficacité avec laquelle une collection vous aide à atteindre l'objectif qui a justifié sa création.

Ce n'est pas vrai seulement pour le design de vos gabarits, mais aussi pour les informations qu'ils contiennent, tels que des noms, des événements, des relevés de poids, de temps, de distance, etc. Les traqueurs d'habitudes, par exemple, sont des collections conçues pour aider à se former de nouvelles habitudes en effectuant un suivi des progrès réalisés dans des domaines aussi divers que la lecture, la méditation, l'exercice physique ou la consommation journalière d'eau. Parce qu'il existe tant de choses qu'on pourrait améliorer dans sa vie, on peut être pris d'un enthousiasme débordant et s'attaquer à trop de choses à la fois. Mieux vaut éviter d'effectuer simultanément le suivi de douze habitudes. Cela pourrait vite devenir écrasant, oppressant et démotivant au bout du compte. Il vous faudra beaucoup de temps pour devenir fidèle à toutes ces habitudes, et la probabilité d'échouer à vous forger douze nouvelles habitudes en même temps est élevée. Réservez les traqueurs d'habitudes à celles qui vous tiennent le plus à cœur. Ne vous précipitez pas : soyez serein et sélectif. Comme l'a suggéré Herr Rams, faites-en moins, mais faites-le mieux. Vous pourrez toujours ajouter un traqueur plus tard. Assurez-vous que le contenu de vos collections soit le reflet de vos priorités.

Un autre solide critère d'évaluation de la qualité fonctionnelle d'une collection est la façon dont elle survit à l'épreuve du temps. Une collection bien conçue sur le plan graphique restera instructive longtemps après avoir accompli sa mission. Un excellent exercice pour s'assurer de la longévité du design de vos collections est de créer vos gabarits avec l'idée qu'un inconnu qui tomberait dessus puisse comprendre sans effort ce qu'il a sous les yeux. Je ne vous invite pas à partager le contenu de votre Bullet Journal avec le premier venu ! Je dis simplement que votre moi futur voudra peut-être un jour réutiliser à d'autres fins une ancienne collection, et qu'il convient de lui faciliter la tâche. Alors faites votre possible pour qu'il se souvienne de la façon dont elle fonctionnait et des raisons qui la rendaient utile.

Vos collections devraient vous être aussi utiles rétrospectivement que lors de leur création.

Toute nouvelle utilisation d'un ancien gabarit devrait faire l'objet d'un examen attentif : Qu'est-ce qui a fonctionné ? Qu'est-ce qui n'a *pas* fonctionné ? Quelle petite chose puis-je changer pour que ça fonctionne mieux pour moi ? Concevoir des gabarits minimalistes – qui vont à l'essentiel – vous aide à repérer des opportunités d'amélioration fonctionnelles. Il faut que ça reste simple. Au service de votre objectif. Pertinent.

Lisibilité

Votre écriture manuscrite est un moyen d'expression très personnel qui reflète souvent votre disposition d'esprit du moment. La joie l'embellit et elle se détériore avec le stress, parfois au point de devenir difficile à déchiffrer. Que vous soyez bien ou mal dans votre peau, la vôtre n'a peut-être jamais brillé par sa beauté ou sa lisibilité. On s'imagine souvent que les jeux sont faits, et pourtant même une chose aussi ancrée en nous peut s'améliorer à l'aide de moyens simples.

Si la lisibilité n'est pas votre fort, je vous conseille d'expérimenter différents types et/ou outils d'écriture. Vous serez sans doute surpris de constater à quel point notre plume est sensible au changement, si subtil soit-il. Par exemple, j'ai découvert qu'écrire en majuscules avec un feutre à pointe extrafine résout deux problèmes de lisibilité : en ralentissant ma main, le stylo me contraint à tracer les lettres et à choisir mes mots de façon plus réfléchie. Bien qu'étrange dans un premier temps, ce changement a fini par sauver nombre d'idées pas forcément si mauvaises qui sans lui auraient été victimes de mes hiéroglyphes.

Et puis cela vous fournira une excellente excuse pour faire une incursion dans le monde merveilleux de l'encre et de la plume. C'est un univers plein d'élégance, et riche de son histoire ; des siècles et des siècles à peaufiner l'art de noircir le papier. Du stylo-plume au stylo-feutre, il y a tout un univers à explorer. Vous y trouverez sans doute un moyen d'améliorer la lisibilité de votre graphisme, ou au moins une nouvelle forme d'intérêt pour l'écriture manuscrite. Attention tout de même à ne pas vous laisser déborder par votre quête du papier ou du stylo parfait. Votre stylo a son importance, mais il ne doit en aucun cas prendre le pas sur ce que vous écrivez. C'est un outil, pas une baguette magique. C'est à vous d'illuminer la page d'une touche de magie.

La lisibilité ne dépend pas uniquement de ce qu'on met sur une page, mais aussi de ce qu'on n'y met pas. Claude Debussy a dit que « la musique est ce qu'il y a entre les notes[69] ». Dans le domaine du design graphique, cet espace « entre les notes » dont parle le célèbre compositeur est appelé « l'espace blanc ». Loin d'être le résultat aléatoire d'une composition graphique qui s'en accommoderait tant bien que mal, l'espace blanc est au contraire intégré de façon tout à fait délibérée à la mise en page et en devient un élément à part entière. Si les silences ou les respirations d'une symphonie donnent leur sens aux notes qui les suivent, l'organisation des espaces vides d'un gabarit fait ressortir ses éléments importants en renforçant sa structure et sa clarté. Faites respirer vos mises en page. Pour que vos gabarits restent lisibles, il faut éviter de les surcharger. Jouez avec la perspective, augmentez le contour du lettrage et espacez le texte, les cellules d'un tableau ou les éléments d'une liste. Parfois, ce parti pris graphique réduira le nombre d'éléments que vous pouvez faire entrer dans une page, mais ce n'est pas grave. La manière dont nous organisons visuellement l'information joue un grand rôle dans le degré de lisibilité et de compréhension qu'elle nous offrira par la suite, sans parler des bienfaits sur notre santé mentale. Nous faisons de la place uniquement pour ce qui compte vraiment.

Viabilité

Faire vivre une collection demande du temps et de l'énergie, il importe donc que le jeu en vaille la chandelle. Jusque-là, chacune des collections que je vous ai présentées était conçue comme une réponse à un problème spécifique. L'index (page 142) répondait au besoin de retrouver facilement ce que je cherchais dans mon carnet, la feuille de route mensuelle (page 131) à celui de disposer d'une vue d'ensemble de ce que j'avais à faire et du temps que j'avais pour le faire. Comme d'autres, ces collections ont prouvé leur intérêt à d'innombrables reprises, justifiant amplement l'attention à leur accorder pour les maintenir actives.

Toutefois, cette nécessaire attention ne doit pas être ressentie comme une corvée. En étudiant de plus près les récits des gens qui ont fini par abandonner leur Bullet Journal, on constate que la plupart d'entre eux passaient trop de temps à décorer leurs pages. Ça voulait dire que l'équilibre était rompu : si vous avez le sentiment que la récompense n'est pas à la hauteur de l'effort, optez pour plus de simplicité.

La bonne nouvelle, c'est que vous allez pouvoir éliminer naturellement les collections qui ne sont pas viables lors de la migration mensuelle ou annuelle (page 152). Si vous n'avez pas actualisé telle ou telle collection, vous saurez qu'elle ne vous apporte pas grand-chose. Laissez-la tomber sans regret. Ce n'est pas un échec, mais une précieuse leçon que vous pourrez mettre à profit lors de la conception de futurs gabarits. Il faut savoir identifier ce qui ne fonctionne pas pour concevoir ce qui fonctionnera.

Apprendre à mettre le doigt sur ce qui pique notre curiosité est au cœur de l'expérience Bullet Journal. Évaluer l'intérêt que vous portez à vos collections lors de la migration vous révélera vite ce qui retient votre attention et ce qui la laisse échapper. La fréquence à laquelle vous actualisez une collection peut être riche d'enseignements sur vos véritables centres d'intérêt, mais aussi sur la façon dont vous organisez vos pensées sur le papier. Avec le temps, vous finirez par déterminer le genre de mise en page qui vous aide à y voir plus clair – à mieux réfléchir et à mieux vous concentrer –, et qui vous permet *in fine* d'accomplir des progrès significatifs. Vous devenez plus intentionnel dans ce que vous faites (le *quoi*) tout en optimisant votre façon de le faire (le *comment*). Voilà comment le Bullet Journal vous aide à concevoir vos propres outils d'amélioration continue.

SE PRÉPARER

*Si vous échouez à vous préparer,
vous vous préparez à échouer !*
BENJAMIN FRANKLIN

Planifier ne garantit pas le succès, mais débroussailler un peu le terrain avant de vous lancer dans un projet réduit considérablement le risque d'échouer. Que vous planifiiez un voyage à Hawaï, le lancement de la nouvelle mouture d'un site web ou une présentation importante, vous serez certain d'utiliser au mieux votre temps et vos ressources si vous prenez un moment pour définir les paramètres et les variables de votre projet (le *quoi*) avant de réfléchir à la structure de votre plan d'action (le *comment*).

Les cuisiniers professionnels disposent de tous leurs ingrédients, prêts à l'usage et à portée de main, bien avant de se lancer dans la réalisation d'un plat. Ces préparatifs – légumes épluchés et émincés, fonds préparés, surfaces de travail nettoyées, etc. – s'appellent la « mise en place ». Cette façon de faire permet au cuisinier de concentrer

Se préparer

son attention sur l'essentiel : la réalisation du plat. Dans les cuisines de votre Bullet Journal, c'est vous le chef !

Comme une recette, une collection est la somme de plusieurs éléments. Pour concevoir une collection chargée de sens, vous devez d'abord définir les « ingrédients » qui vont entrer dans sa composition et avec lesquels vous allez donc devoir travailler. Ces ingrédients prennent la forme de données (poids, distances, séances, etc.) qui diffèrent selon le projet qui vous occupe. Votre collection sera conçue de sorte à entreposer et à organiser ces données avec un maximum de clarté.

Voyons comment tout ça fonctionne dans votre collection « Vacances à Hawaï ». Les idées que nous brassons (remue-méninges) lorsque nous planifions un projet/plat nous permettent d'identifier les divers éléments d'information/ingrédients nécessaires à sa réalisation. Ces éléments doivent être soigneusement organisés (la mise en place), de sorte à nous seconder efficacement au moment de passer à l'action. Nous effectuons cette « mise en place » en nous posant des questions simples : *Où ai-je envie de partir ? Qu'ai-je envie de faire là-bas ? Quand ai-je envie de partir ? Quel est mon budget pour ces vacances ?* Ces questions peuvent également servir à définir des catégories telles que « Destinations », « Activités », « Temps » et « Budget ». Tout de suite après avoir jeté vos idées sur le papier, dressez une liste de ces catégories et des pensées qui leur sont associées, de sorte à pouvoir commencer à définir le cadre de votre projet (page 330).

Maintenant que nous avons la liste de tous les éléments à prendre en considération, nous pouvons créer des sous-collections dans notre Bullet Journal et nous attaquer à chacune d'entre elles, séparément. Commençons par « Destination », parce que c'est la catégorie qui va demander le plus de recherches.

Recherches

Chaque projet comporte une grande part d'inconnu : bien se renseigner peut grandement vous aider à surmonter une des phases les plus délicates de toute nouvelle entreprise : s'y mettre. Tout d'abord, la période de recherches permet de se familiariser en douceur avec le projet. Plus nous avons conscience de ce qui nous attend, moins nous tâtonnons une fois que le projet a pris forme. Ça paraît évident dit comme ça, mais nombreux sont ceux qui comptent sur un coup d'éclat ou des déclarations tonitruantes pour lancer un projet, sans avoir la moindre idée des difficultés auxquelles ils vont devoir faire face. Cette attitude peut avoir un certain panache, mais elle est souvent synonyme de projet qui tourne court, coulé par des problèmes parfaitement évitables.

Imaginons que vous souhaitiez devenir végétarien. Avec un peu de recherches et de planification, vous saurez comment remplir votre frigo et préparer des plats savoureux pour, disons, une semaine, de sorte à vous mettre dans le bain. De cette manière, vous ne commencez pas la première journée de votre nouvelle vie de végétarien avec un réfrigérateur et un estomac vides (ou seulement remplis de généreuses portions de frustration, de découragement

VACANCES À HAWAÏ

DÉCLARATION DE MISSION

« Je veux prendre des vacances afin de me rappeler pourquoi je travaille en partageant des bons moments avec des gens qui comptent pour moi et avec qui je vais m'éclater en partant à la découverte d'un archipel tropical »

DESTINATIONS

- Quels sont les endroits que je veux visiter à Hawaï ?

ACTIVITÉS

- Qu'ai-je envie de faire là-bas ?
- Que veulent faire mes compagnons de voyage ?

TEMPS

- Nombre de jours de vacances disponibles
- Temps de vol
- Temps liaison aéroport/ hôtel
- Durée des activités

BUDGET

- Vol aller-retour
- Location de voiture
- Hébergement
- Essence
- Nourriture
- Activités

et d'accablement que vous ferez passer, tout honteux, avec un gros steak bien saignant). Comme nous l'avons déjà évoqué, la sensation d'être dépassé par les événements peut rapidement avoir raison de notre enthousiasme et de notre motivation. Nous pouvons atténuer cette sensation en nous informant en amont.

Attention toutefois à ne pas tomber dans l'excès inverse. S'informer peut être amusant – et productif lorsque les renseignements recueillis servent à baliser un projet –, mais pour certains cela devient un prétexte pour éviter de s'y mettre. Plus vous faites de recherches, plus les options se multiplient, ce qui peut aussi vous donner le sentiment d'avoir la tête sous l'eau. Le travail préliminaire est nécessaire, mais il faut aussi savoir avancer. C'est là que la méthode du temps limité entre en jeu.

En traçant à la fois leur ligne de départ et leur ligne d'arrivée, la méthode du temps limité fournira le cadre nécessaire à vos séances de recherches. Pour mieux se concentrer sans craindre de se faire happer dans les profondeurs du cyberespace, certaines personnes comptent sur l'alarme de leur portable pour sonner la fin de la séance.

Lorsque vous définissez un créneau horaire pour vos recherches, veillez à définir également un nombre limité de séances. Par exemple, pour l'organisation de vos vacances à Hawaï, une de vos premières tâches va consister à faire des recherches sur les différentes îles de l'archipel afin de choisir celles que vous souhaitez visiter. Chaque île propose de *nombreuses* choses passionnantes à découvrir. Pour éviter que votre recherche ne devienne une forme de distraction en elle-même, accordez-vous disons une demi-heure par

Se préparer

île et bloquez la séance dans votre calendrier. Si vous avez besoin de davantage de temps, pas de problème, mais n'oubliez pas de fixer une durée à ne pas dépasser, de sorte que vos séances restent productives et limitées dans le temps.

Lors de la séance inaugurale, nous allons donc commencer par créer une sous-collection « Destinations ». La première page de cette sous-collection accueillera, à des fins référentielles, une liste des îles parmi lesquelles il faudra faire un choix. Chacune des pages suivantes sera consacrée à une île en particulier, avec l'énumération de tout ce qui justifierait de la visiter. Ces extraordinaires randonnées à flanc de volcan, par exemple ? Ou alors un spot de surf renommé ? Des villages où flâner ? Pour le moment, ne songez pas au *comment* (*Comment vais-je faire pour m'offrir ça ? Comment vais-je faire pour m'y rendre ? Où vais-je séjourner ?*) : nous y viendrons bientôt. Polarisez-vous d'abord sur le *quoi* en cherchant ce qui est le plus en phase avec votre déclaration de mission, avec les raisons qui motivent ce voyage.

Tout comme les mouvements des professeurs de capoeira dont j'ai parlé plus tôt semblaient assez absurdes en l'absence de contexte, agir sans planifier ne rimerait pas à grand-chose. Lorsqu'elle ne s'inscrit pas dans un programme, l'action tend à se muer en perte de temps et d'énergie ; une suite de vains efforts qui trouvent souvent leur conclusion dans la déception d'un échec. Oui, j'ai conscience que notre projet n'est « qu'un » départ en vacances, mais il n'en représente pas moins un précieux investissement de temps, d'énergie et d'argent durement gagné. Alors pourquoi ne pas faire en sorte d'en profiter au maximum ?

LES LISTES

Dans la mesure où nous travaillons avec divers types de données dans notre projet de vacances (dates, périodes, dollars, etc.), nous pouvons optimiser chaque type de contenu en personnalisant sa mise en page, de sorte qu'elle serve au mieux sa fonction. Votre budget et votre itinéraire, par exemple, n'ont pas le même objet : pourquoi leur mise en page devrait-elle être identique ?

Le gabarit le plus élémentaire est la liste. Simples à créer, les listes fournissent un moyen efficace et pratique d'organiser du contenu. En nous incitant à consigner leurs éléments sous forme de notes concises mais précises, elles nous permettent de saisir rapidement l'information dans notre carnet. Dans l'univers du design graphique, rares sont les outils ergonomiques capables d'en faire autant avec si peu. C'est pourquoi la liste est le gabarit de base du Bullet Journal.

Jetons un œil à la liste qui énumère toutes les activités sympas que nous avons trouvées au cours de nos recherches sur Mauna Kea, un volcan situé sur Big

Les listes

Island, la plus grosse île de l'archipel. Dans un monde idéal, nous aurions le temps de faire tout ce qui se trouve sur notre liste, mais là nous allons devoir faire des choix. Les listes peuvent vite prendre de l'embonpoint et nous donner le sentiment de ne plus savoir où donner de la tête. C'est pourquoi, dans ce chapitre, nous nous pencherons sur des moyens simples d'organiser nos listes afin qu'elles restent aisément gérables et centrées sur l'essentiel.

Établir les priorités

Lorsque nous dressons une liste, comme celle pour nos vacances, nous nous contentons de rassembler des données : telle chose a l'air sympa à faire, telle autre nous semble incontournable, et ainsi de suite. Nous nous prenons au jeu et nous notons tout un tas d'informations, ce qui est parfait tant qu'elles s'inscrivent dans le cadre de notre projet. Une fois notre liste parvenue à un stade plus ou moins définitif, c'est le moment de prendre un peu de recul et de la soumettre à la réflexion. Quels éléments vous excitent, piquent votre intérêt ? Quels sont ceux qui, au contraire, ne résonnent pas en vous ? Passez la liste en revue et pesez chacun de ses éléments sur votre balance mentale avant d'attribuer un « * » à ceux qui vous parlent le plus ou qui ont un caractère d'urgence, puis de rayer ceux qui ne vous inspirent pas plus que ça. Le but n'est pas de se construire une vie fade.

MAUNA KEA, NOS HYPOTHÉTIQUES VACANCES HAWAÏENNES

* Les piscines naturelles
  Les champs de lave
* La « forêt volcanique »
  Nager avec les raies mantas
  La plage aux tortues
* Marché nocturne
  L'École de Yoga Moona
  ~~La plage de sable noir~~
  La plage de sable vert
  La plage du volcan

Enfin, il y a souvent un facteur humain à prendre en considération lorsqu'on établit des priorités. Dans l'exemple que nous avons choisi, puisque vous avez décidé de voyager accompagné, une bonne manière de commencer à sélectionner les éléments de votre liste sera de tenir compte des allergies de vos compagnons de voyage, de leurs goûts et de leurs aversions, etc. Il ne s'agit pas nécessairement de sacrifier vos propres envies, mais ces données pourront vite faire pencher la balance dans un sens ou dans l'autre lorsque vous hésitez : plage de sable noir ou plage de sable vert ? Tous les autres ont déjà vu une plage de sable noir ? Alors va pour le vert !

Le contexte

Dans l'exemple précédent, vous pouvez voir la liste de toutes les activités alléchantes à faire à **Mauna Kea, nos hypothétiques vacances hawaïennes**. C'est un bon début, mais cette liste est avare de contexte. C'est comme être attablé dans un restaurant où tous les plats de la carte vous mettent l'eau à la bouche. Ce n'est qu'après nous être intéressés au prix, à la composition et à l'apport calorique de chaque plat que notre choix se resserre. Le contexte nous fournit des informations qui nous aident à établir des priorités. À cette fin, enrichissons notre liste de quelques paramètres qui donnent du contexte et facilitent nos prises de décision : situation géographique, horaires et coût.

J'ai ajouté la colonne « H » (pour horaires), afin de m'assurer que je ne me présenterai pas le bec enfariné à la porte d'un commerce justement fermé ce jour-là, parce que le Gros Sammy (le propriétaire) a décidé dans sa grande sagesse que *les mercredis n'étaient pas faits pour travailler.* Ça m'est arrivé. Noter les horaires d'ouverture et de fermeture vous fournit aussi du contexte lorsque vous planifiez vos journées.

Dans la colonne « SG » (situation géographique), j'ai utilisé « N » pour Nord, « S » pour Sud, « E » pour Est, « O » pour Ouest et « C » pour central : en m'aidant à situer grossièrement les endroits qui m'intéressent les uns par rapport aux autres, ces indications me permettent de trouver des solutions plus efficaces en matière de transport et de logement (je ne sais pas pour vous, mais quand je suis en vacances j'ai envie de passer autant de temps que possible sur les lieux qui m'intéressent, pas sur la route pour les rejoindre). Noter la situation géographique de vos activités vous permet aussi d'en trouver rapidement une autre à proximité si un problème se présente avec celle que vous aviez prévue.

Le « $ » de la dernière colonne parle de lui-même. Les prix ajoutés à la liste pourront nous servir à resserrer nos choix, une fois décidé le montant du budget. Pour être tout à fait clair, le fait qu'un poste soit onéreux n'implique pas nécessairement son retrait de la liste. Il s'agit simplement d'une information susceptible de nous aider à prendre des décisions.

Les listes

Mauna Kea		H	SG	$
* Les piscines naturelles		Me / 9-16	N	124
Les champs de lave		Me / 11-18	S	65
* La « forêt volcanique »		Mult	O	32
Nager avec les raies mantas			NE	10/h
La plage aux tortues		L - Ma / 8-16	O	
* Marché nocturne			SO	
L'École de Yoga Moona			O	
~~La plage de sable noir~~			E	
La plage de sable vert			NO	
Location planche de surf			O	
Loc. planche de surf 2			O	

Inévitablement, de nombreuses activités vont rester sur la liste pour le moment, parce qu'elles ont l'air vraiment géniales. Ce n'est pas un problème. Au fur et à mesure que nous progresserons dans la préparation du projet, nous reviendrons consulter cette liste et nous filtrerons ses éléments à la lumière de nouvelles considérations mises au jour par les autres collections que nous allons créer plus tard. Comme c'est le cas avec toutes les collections principales du Bullet Journal, vos collections personnalisées peuvent interagir entre elles pour votre plus grand profit. Pour mieux comprendre comment ça fonctionne, nous allons créer une collection pour notre itinéraire de voyage et une pour notre budget.

L'EMPLOI DU TEMPS

Le temps est un facteur essentiel dans tout projet, même (surtout !) lorsqu'on a prévu d'entreprendre un voyage. Maintenant que nous avons établi notre liste d'activités, la prochaine étape va consister à placer ces activités dans un contexte temporel. Pour ce faire, nous allons avoir besoin d'une collection conçue à cette fin, sur le modèle d'un itinéraire de voyage. Vous avez peut-être déjà eu l'occasion d'organiser un voyage sous une forme ou une autre. Si c'est le cas, essayez de retrouver le programme que vous aviez établi et de faire remonter les souvenirs. Étudiez-le et réfléchissez à ce qui a fonctionné et moins bien fonctionné, tant sur le plan de sa présentation que du voyage qu'il encadrait.

Quels enseignements tirez-vous de cette réflexion ? Avez-vous tendance à être un peu trop optimiste et à remplir à l'excès vos journées de vacances ? Ce programme très chargé vous a-t-il stressé et/ou épuisé ? Avez-vous laissé une trop grande part à l'improvisation, regrettant de ne pas disposer du temps nécessaire pour voir une exposition qui vous aurait intéressé, mais dont vous n'avez découvert l'existence qu'une fois sur place ? Peut-être avez-vous éprouvé une vive irritation en entendant un

L'emploi du temps

maître d'hôtel vous informer froidement qu'une table se réservait des semaines à l'avance dans ce restaurant où vous vous faisiez une joie de dîner… À moins que vous ne vous en soyez voulu quand un type du coin vous a parlé d'une magnifique excursion d'une journée dont vous n'aviez jamais entendu parler, faute de recherches sérieuses ? Il ne s'agit pas de se faire des reproches, mais de mettre à profit les erreurs passées pour accroître ses chances de vivre une expérience plus aboutie. Que feriez-vous différemment, cette fois-ci ?

Commençons par trouver le bon moment pour partir. Quoi qu'on entreprenne, il existe rarement un moment parfait pour se lancer, mais n'en faites pas une excuse pour négliger cet aspect du projet. Adoptez une approche pratique. On cherche toujours à disposer d'un maximum de temps. Si vous êtes salarié, vous pouvez combiner vos jours de congé avec des jours fériés, de sorte à allonger vos vacances sans sacrifier trop de congés payés.

Une fois les dates du voyage décidées, nous pouvons concevoir en conséquence notre gabarit d'emploi du temps. C'est l'un des rares cas où j'utiliserai un stylo et un crayon à papier pour la mise en page d'une collection : la situation requiert la prise d'un grand nombre de décisions, et vous serez probablement amené à actualiser des éléments au fur et à mesure de l'avancée du projet. Lorsque vous concevez un gabarit, tenez toujours compte de l'usage auquel il est destiné. Si vous créez une collection dont le but est d'organiser une suite d'événements ou d'activités, prenez soin d'utiliser des outils qui vous permettront d'effectuer d'éventuelles modifications.

1. Pour créer mon gabarit, j'ai pris en compte les variables pertinentes : où, quand et quoi. La première colonne nous renseigne sur le « où ». Dans la mesure où nous allons aller d'île en île, savoir où nous serons à telle date revêt une certaine importance. Dans l'illustration ci-dessous, j'ai indiqué la situation géographique à l'aide du code aéroport et du numéro de page de la sous-collection correspondant à cette île. J'ai utilisé le fil d'exécution (page 149) pour relier cette destination avec sa sous-collection, de sorte à pouvoir trouver rapidement une alternative en cas de souci avec une des activités. Le texte est orienté à la verticale pour créer un impact visuel qui le rendra plus visible une fois les dates ajoutées. Vous noterez également que la colonne des destinations s'affranchit des séparations entre les dates. Ce choix graphique aide à visualiser le passage d'une île à une autre, de sorte à pouvoir repérer rapidement les jours de voyage dans l'archipel. De plus, la colonne des destinations empiète plus ou moins largement sur la journée suivante, la barre de séparation indiquant approximativement l'heure de départ de l'avion.

2. La colonne suivante dresse la liste des « quand » en faisant défiler les dates de voyage dans la marge de gauche, dans l'ordre chronologique. Pour une meilleure lisibilité, les dates et les jours de la semaine bénéficient de plus d'espace.

L'emploi du temps

3. Maintenant que les dates et les destinations ont été inscrites dans le gabarit, il ne nous reste plus qu'à y inclure nos activités. Celles qui sont placées en haut d'une cellule sont programmées le matin, chacune des activités suivantes se déroulant plus tard dans la journée. Les activités qui nécessitent d'être réservées à l'avance sont précédées de l'heure à laquelle elles débutent. En avoir connaissance permet de choisir en conséquence les créneaux horaires où caser les activités encore stockées dans notre sous-collection « Destinations ».

Tout ça vous semble peut-être très détaillé. Certains préfèrent improviser en matière de voyages, et si vous êtes de ceux qui choisissent leur destination en pointant le doigt au hasard sur un globe terrestre, souvenez-vous qu'il ne s'agit là que d'un exemple, une illustration des considérations qui entrent en jeu lorsque vous élaborez et reliez entre elles vos propres collections, quel que soit leur objet. C'est votre voyage, votre histoire. Mais voir comment tracer une carte peut être utile avant de se mettre à dessiner les contours de son propre itinéraire.

La Méthode Bullet Journal

ITINÉRAIRE HAWAÏ

HNL / 11	25 Ma	9 h 00 15 h 00 19 h 30	Arrivée @ Reef Hotel Ville & plage Cours de Kundalini yoga Dîner @ The Rum Barrel
/	26 Me	11 h 30 16 h 00 17 h 30 20-22 heures	Départ Reef Hôtel Vol pour Mauna Kea Cours de capoeira Plongée raies mantas
MUË / 12	27 Je	 15 h 00 19 h 30	Journée plage émeraude ! Cours de surf Dîner @ The Secret Garden
	28 Ve	9 h 00 15 h 00 19 h 30	Cours de yoga Champs de lave Dîner @ Surf House Marché nocturne
/	29 Sa	9 h 00 11 h 00 19 h 30	Départ hôtel Vol pour HNL Dîner @ Sushi Kona
HNL / 11	30 Di	9 h 00 11 h 00 3 h 00	Départ hôtel Vol retour maison Dîner @ Jimmies

1.　2.　　3.

LES TRAQUEURS

On ne peut pas gérer ce qu'on ne peut pas mesurer.
Peter Drucker

Dans le Bullet Journal, les collections personnalisées prennent très souvent la forme de traqueurs. Ils peuvent servir à effectuer le suivi d'à peu près tout ce qu'on peut imaginer. J'ai vu des illustrations de bibliothèques garnies de tous les ouvrages lus par quelqu'un, ou encore des grains de pop-corn potelés dans lesquels des bujoteurs inscrivaient les titres des films qu'ils avaient vus. Bien que ce type de traqueurs malins insufflent personnalité et fantaisie aux collections, ce ne sont pas nécessairement ceux qui apportent le plus de sens à notre vie : la plupart des traqueurs qui améliorent notre existence sont conçus pour suivre l'évolution de nos progrès vers un but fixé intentionnellement.

Les traqueurs sont le parfait exemple de la façon dont on peut déconstruire des objectifs ambitieux et potentiellement décourageants en une suite de petites étapes sur lesquelles il est possible d'agir. Non seulement une entreprise intimidante peut devenir plus facilement gérable lorsqu'on procède par étapes, mais la déconstruction nous rend aussi plus honnêtes avec nous-mêmes : notre mémoire et notre perception de la réalité ne sont pas toujours nos plus fidèles alliées, et avoir un espace où consigner et mesurer objectivement nos progrès peut grandement contribuer à nous maintenir sur la bonne voie.

Pour nos vacances à Hawaï, nous allons créer un simple traqueur de budget qui va avoir deux objets. Premièrement, il nous permettra de regrouper nos priorités sur une page, de sorte à nous donner une idée assez précise du coût de ce voyage. Ensuite, nous allons pouvoir faire un suivi visuel de notre progression vers le financement intégral des différents postes.

Vous trouverez plus bas un gabarit basique pour le traqueur de budget. Il se divise en trois colonnes principales. La première contient la liste des activités. La deuxième indique à la fois le coût de chacune d'entre elles et la somme minimum qu'il faut mettre de côté chaque mois pour la financer. La troisième est la colonne de suivi. Dans cet exemple, les coûts s'étalent sur le nombre de mois restant avant le départ. C'est le temps qu'il me reste pour faire les économies nécessaires. De cette façon, je vois rapidement le montant qu'il me faut économiser chaque mois, ainsi que les progrès réalisés vers l'accomplissement de mon objectif (le financement de chaque poste).

Si durant tel ou tel mois j'économise moins que la somme prévue sur un des postes, je peux inscrire ce montant dans la cellule correspondante. Ça me permet de rééquilibrer rapidement le solde si nécessaire.

Vous noterez qu'il y a un total tout en bas du traqueur. En face, j'ai réinscrit les mois. Cela rend la colonne plus lisible du bas vers le haut. Au même endroit, vous verrez un « – » devant le montant qui manquait pour atteindre le minimum prévu et un « + » qui correspond aux mois où j'ai ajouté plus que le minimum prévu (pour rééquilibrer le solde).

Cette mise en page permet de suivre au plus près l'évolution du financement. Elle y parvient en ménageant une place pour d'éventuels manquements. La vie est pleine de surprises et on peut, à la suite d'une dépense imprévue, être dans l'impossibilité de mettre de l'argent de côté à la fin du mois. C'est une donnée qu'il faut absolument prendre en compte. Quand on garde tout dans sa tête, on peut facilement perdre cette vue d'ensemble qui donne conscience des progrès qu'on accomplit… ou qu'on n'accomplit pas. En utilisant un traqueur, vous voyez clairement où vous en êtes et le chemin qui reste à parcourir pour atteindre votre but.

Utiliser les collections pour créer du contexte

Pour faire ressortir encore plus de contexte, vous pouvez utiliser conjointement un traqueur dédié et le contenu de votre feuille de route quotidienne. Le premier vous permet de mesurer, tandis que les informations contenues

BUDGET HAWAÏ

DÉPENSES	Total / M	4	5	6	7	8	9	10	11
Billets pour Hawaï	1200/150	x	x	x	x	x	x	50	x
Billets pour Mauna Kea	120/15	15	x	x	x	x	x	x	x
Billets pour Honolulu	140/17	x	18	x	x	x	x	x	x
Hôtel Honolulu	360/45	x	x	x	x	x	x	x	x
Hôtel Mauna Kea	235/29	30	x	x	x	x	x	x	x
Cours de Surf	100/13	x	x	x	x	x	x	x	x
Champs de lave	25/3	x	x	x	x	x	x	x	x
Plongée raies mantas	100/13	x	x	45	x	x	x	x	x
Nourriture	350/44	x	44	x	x	x	x	x	x
Essence	100/13	x	x	x	x	x	x	x	x
Divers	500/62	x	x	x	x	65	x	x	x
	TOTAL								
	3230/404	4	5	6	7	8	9	10	11
	+						217		50
	−	45	62	45	0	65	0	50	0

362

dans l'autre peuvent vous apporter un éclairage appréciable. Si je ne suis pas allé au club de gym, était-ce parce que j'étais paresseux ? Malade ? Déprimé ? Quelles ont été les circonstances qui m'ont permis de faire des progrès, et celles qui au contraire ont freiné ma progression ?

Même si progresser est de toute évidence souhaitable, n'avoir que ça en tête peut être préjudiciable. Se concentrer uniquement sur le résultat risque de vous mettre des œillères qui vous empêcheront de voir émerger les précieuses informations générées par le processus lui-même. J'irai jusqu'à dire qu'effectuer un suivi sert autant à cultiver sa pleine conscience qu'à avancer vers son but.

Pour réaliser de vrais progrès, nous devons être capables d'avoir une vision claire des effets produits par nos efforts. Comprendre ce qui fonctionne ou ne fonctionne pas (le *quoi*) ne suffit pas. Il faut aussi comprendre le *pourquoi* de cette réussite ou de cet échec. C'est formidable de perdre cinq kilos, mais savoir que c'est à mettre entièrement sur le compte de votre nouveau régime et pas du tout sur celui des séances de fitness vous sera bien plus profitable pour continuer à progresser. Bien sûr, la corrélation ne sera peut-être pas toujours aussi directe, mais on finit toujours par découvrir des schémas comportementaux quand on surveille régulièrement ses activités. Prendre conscience des causes et des effets, voilà ce qui compte. Plus nous en savons sur nous-mêmes, plus nos actions peuvent être efficaces, et plus nous avons de chances de faire des progrès.

PERSONNALISATION

Si les collections personnalisées jouent un rôle important en aidant votre Bullet Journal à refléter les innombrables facettes de votre personnalité, il n'est pas nécessaire de réinventer la roue chaque fois que vous entreprenez quelque chose de nouveau. Souvent, les collections de base peuvent être personnalisées pour s'adapter à la situation du moment.

Lorsque vous êtes chez vous, par exemple, votre feuille de route quotidienne est probablement en mode travail, principalement dédiée à la saisie de vos tâches et à l'organisation de vos diverses occupations. Mais quand vous êtes en voyage, vous passez en mode repos et vous n'utilisez plus votre feuille de route quotidienne pour accomplir des tâches, du moins je l'espère pour vous : vous êtes en vacances ! Les voyages brisent notre routine et nous exposent à de nouvelles expériences. Lorsque nous sommes au repos, toutes sortes de pensées peuvent émerger. Parfois, notre cœur ou notre cerveau peinent à les appréhender. Pour déminer une pensée et la considérer plus objectivement, nous pouvons la placer à juste distance de notre esprit en la couchant sur le papier.

L'expression écrite

De nombreux travaux se sont intéressés aux bienfaits de l'expression écrite, en particulier dans le domaine de la gestion du stress et de l'anxiété. Si vous lisez ce livre, c'est que vous avez probablement déjà tenu un journal sous une forme ou une autre, que ce soit en pratiquant l'écriture expressive ou la méthode des « pages matinales[70] ». Peut-être même noircissez-vous toujours des pages quotidiennement. Puisqu'on me demande souvent quelle est la place de ce type d'habitudes dans *La Méthode Bullet Journal*, penchons-nous sur la manière de personnaliser la feuille de route quotidienne, de sorte à saisir rapidement nos pensées *tout en* faisant de la place à l'expression écrite.

Quand vous ouvrez votre Bullet Journal pour faire le point avec vous-même lors de la réflexion quotidienne, dans votre chambre d'hôtel ou à la plage, notez toute pensée intense, qu'elle soit pesante ou simplement intéressante, comme vous le feriez avec n'importe quelle autre « notation ». Sauf qu'il ne s'agit pas de n'importe quelle notation, n'est-ce pas ? Car cette pensée vous empêche de profiter du moment présent et refuse de desserrer l'étreinte qu'elle exerce sur votre cerveau. Son intensité justifie qu'on lui accorde une attention particulière : il va donc falloir s'en délester pour l'examiner tranquillement.

Quand une pensée prend trop de place, il vous suffit de troquer le tiret de la puce « notation » contre un « + ». Désormais, un simple coup d'œil vous suffira pour repérer cette pensée parmi vos autres notations, lorsque vous serez prêt à laisser votre plume s'exprimer à son sujet. Prenez toute la place dont ont besoin vos pensées, vos sentiments. Après tout, votre BuJo est là pour ça. L'expression écrite peut être très bénéfique, mais ne vous sentez surtout pas obligé d'en faire une pratique régulière. Sachez simplement que cet outil précieux est toujours disponible si vous en avez besoin.

20/12. Lu

- o Je suis allée à la plage de sable vert
- − Avions de chasse dans le ciel
- o Cours de yoga
  - − Pas du tout en forme
  - − Je me suis sentie super stressée
- + Linda se dénigre trop.
- • J'ai réservé une table chez Lazlo
- • Racheter de la crème solaire

Linda

Ces derniers temps, j'ai remarqué que Linda était très dure avec elle-même, alors qu'en apparence, tout va bien pour elle : sa promotion, son nouveau mec, etc. Et pourtant, on dirait qu'elle ne s'accorde aucun répit. Est-ce qu'elle veut prouver aux autres qu'elle mérite ce qui lui arrive ? Une forme de syndrome de l'imposteur ? Quelle que soit la raison de son comportement, j'ai peur qu'elle finisse par se surmener et par craquer. En fait, je me demande si tout va aussi bien qu'elle le prétend, et ça m'inquiète. Alors qu'à une époque « jouir de l'instant présent » était son credo, aujourd'hui elle fonce tête baissée, sans prendre le temps de vraiment apprécier tout ce qui lui est arrivé de bien, cette année.

21/12. Ma

- o J'ai vu des dauphins
- − Je suis rouge comme une écrevisse
- • Trouver un moment pour parler à Linda
- • Horaires bus pour marché nocturne.

N'hésitez pas à créer une tâche basée sur la notation « + » que vous avez développée par écrit.

367

Effectuer un suivi de ses habitudes

L'intégration d'un traqueur d'habitudes dans votre feuille de route mensuelle permet aussi de personnaliser vos collections. Ce simple ajout facilite le suivi des habitudes que vous essayez de vous forger ou dont vous voulez vous débarrasser. Imaginons que je souhaite effectuer un suivi du nombre de fois où je fais la cuisine, bouquine et vais au club de gymnastique au cours d'un mois. Sous les dates, je vais légender les trois lettres qui vont me servir à nommer mes colonnes : C = Cuisine, L = lecture et G = Gym, les transformant ainsi en clefs[71] (ça permettra à mon moi futur de savoir quel était l'objet du suivi quand il feuillettera ce carnet). Sur la marge de droite de la page, je vais tracer trois colonnes : C, L, G. Notez que le contenu de ces colonnes s'aligne sur les jours du mois, ce qui me permet d'ajouter mon traqueur sur le gabarit existant. Je vais ensuite ajouter les puces tâches (•) dans les cellules, de sorte à pouvoir les transformer en « X » une fois l'action menée à bien. Ce traqueur me permet de voir en un clin d'œil à quel point j'ai été assidu. Là encore, il ne s'agit que d'un petit geste, mais facteur d'un grand nombre de nouvelles fonctionnalités.

Certains bujoteurs ajoutent la météo à leur feuille de route quotidienne ; d'autres une citation ou une phrase motivante. Comme toujours, faites ce qui fonctionne pour *vous*.

Pour être parfaitement clair, je ne vous encourage pas à *faire n'importe quoi.* Assurez-vous que chaque ajout ou personnalisation fasse la preuve de son utilité dans le temps. Souvenez-vous : *weniger, aber besser.* Moins, mais mieux.

Personnalisation

			C	L	G
Janvier					
1	L	Dîner avec Marc	X	X	X
2	Ma		X	X	X
3	Me	Soirée avec Sam	X	X	X
4	J	Présentation Handed in Might Co.	X	X	·
5	V		·	X	·
6	S		·	X	X
7	D	Convention Sakura-Con	X	X	X
8	L		X	·	X
9	Ma	Anniversaire de Lisa	X	X	X
10	Me		X	X	X
11	J	Essai Krav maga	·	X	·
12	V		·	X	·
13	S	Soirée avec l'équipe	X	X	X
14	D		X	X	X
15	L		·	X	X
16	Ma	Conférence IA	X	X	X
17	Me	Cours de vélo en salle	X	X	X
18	J		X	X	·
19	V	Râmen avec Darby @ Ichiran	X	X	·
20	S	Ciné avec Niclas	X	·	X
21	D		X	X	X
22	L		·	X	·
23	Ma	Anniversaire de Tim	·	X	X
24	Me		X	X	X
25	J	J'ai remporté le contrat Victor !!	X	·	·
26	V		X	X	·

C . Cuisine
L . Lecture
G . Gym

N'oubliez pas de légender ces lettres pour ne pas oublier l'objet de votre suivi.

369

LA COMMUNAUTÉ

On ne peut mieux donner une idée des applications potentielles de *La Méthode Bullet Journal* qu'en braquant les projecteurs sur la communauté qui s'est fédérée autour du BuJo. Elle réunit presque tous les continents, toutes les croyances, tous les secteurs économiques et toutes les classes sociales. Cette diversité se reflète dans les innombrables solutions imaginées par les bujoteuses et bujoteurs du monde entier pour s'attaquer aux défis – pas toujours si communs – auxquels nous devons faire face au cours de notre passage sur Terre.

Vous avez sans doute remarqué les #hashtags présents sous certains titres de chapitre, dans la deuxième partie du livre. Ces mots-clefs vous aideront à dénicher des exemples postés par des membres de la communauté sur les réseaux sociaux comme Instagram et Pinterest. En voici quelques autres : #bulletjournalkey, #bulletjournalgratitudelog, #bulletjournalfoodlog, #bulletjournalmoodlog, #bulletjournalgymlog.

La communauté

S'il vous semble que ça fait un peu trop d'un coup, commencez par une visite sur le site bulletjournal.com. Vous y trouverez une sélection de tutos, des exemples et une banque de ressources supplémentaire alimentée par la communauté. En attendant votre visite, je vais vous proposer quelques exemples malins et créatifs.

Mais avant de tourner la page, gardez à l'esprit que ce que vous allez voir est le fruit d'années d'exploration et de pratique. Chaque Bullet Journal est un voyage intérieur. Les exemples suivants sont tirés des cahiers de Bullet-journalistes conscients de l'impact que le BuJo a eu sur leur vie et désireux de partager leur expérience, dans l'espoir que cela vous inspirera et vous aidera à poursuivre votre voyage singulier ; à tracer votre chemin à nul autre pareil.

Kim Alvarez (@tinyrayofsunshine)

En août 2013, je sondais Internet à la recherche de techniques et d'idées pour m'aider à organiser ma vie. Je suis tombée sur un article de Lifehacker.com qui parlait du Bullet Journal. Le tuto vidéo de Ryder m'a captivée. « Quelle méthode géniale ! », me suis-je écriée en tendant la main vers un vieux carnet, impatiente de lui donner une nouvelle vie.

Mon petit ami est arrivé une vingtaine de minutes plus tard et je lui ai aussitôt montré la vidéo. Lui non plus n'en revenait pas de la simplicité du système. On était tellement conquis qu'on s'est mis à bujoter sur-le-champ !

J'ai toujours adoré les carnets et tenir un journal. Pour quelqu'un comme moi qui aime dessiner, planifier et conserver une trace écrite de ses souvenirs, le Bullet Journal est une merveilleuse solution qui réunit l'ensemble de ces centres d'intérêt dans un même espace.

Une des idées que j'avais vraiment hâte d'inclure dans mon BuJo était la page « Gratitude ». Depuis que j'ai découvert que cette pratique m'apporte un bien-être immédiat, en éveillant ma conscience des instants magiques du quotidien, penser aux choses qui m'inspirent de la reconnaissance et les consigner dans mon carnet est un rituel dont je ne me passerais pour rien au monde. Saisir tous ces petits moments si riches de sens qui réenchantent le quotidien m'apporte beaucoup.

La communauté

La souplesse de cette méthode formidablement accueillante et rafraîchissante aide à prendre le pouvoir sur sa vie. Chaque journée qui commence est pour moi une page à écrire, un espace vierge où je construis exactement ce dont j'ai besoin.

Je suis profondément reconnaissante à Ryder d'avoir généreusement partagé cette méthode qui a changé ma vie, et d'avoir lancé un mouvement qui prône la simplicité, la pleine conscience et l'intentionnalité, tout ça avec de l'encre et un bon vieux carnet à l'ancienne !

Collection Gratitude

Je suis reconnaissante à Ryder d'avoir partagé sa méthode avec tout le monde !

Je suis reconnaissante de vivre dans un endroit paisible où je me sens protégée & aimée

Je suis reconnaissante d'avoir un fauteuil douillet dans lequel m'adonner au plaisir de la lecture

Merci aux arcs-en-ciel qui viennent peindre mes journées

Je suis reconnaissante d'avoir un esprit & un cœur

Je suis reconnaissante de la gentillesse qu'on me témoigne

Merci aux rafraîchissantes averses d'été !

Merci aux journées ensoleillées !

Je suis reconnaissante envers celles et ceux qui m'ont offert leur amitié

Je suis reconnaissante d'avoir vécu toutes les expériences qui m'ont conduite jusqu'au moment où j'écris ces mots

Je suis reconnaissante de ces petits échanges bienveillants du quotidien

Je suis reconnaissante des lettres manuscrites que je reçois

Je suis reconnaissante que mes pensées & mes idées trouvent un écho chez d'autres personnes

La communauté

Kara Benz (@boho.berry)

J'ai entrepris mon voyage à bord du Bullet Journal en août 2015.

Après quinze années passées dans la restauration, je venais tout juste d'ouvrir une boutique de bijoux artisanaux sur Etsy. Bien décidée à mettre de l'ordre dans ma vie privée et professionnelle, je me suis mise en quête d'un agenda papier efficace, essayant toutes sortes de modèles préimprimés trouvés sur Internet. Mais rien ne semblait fonctionner pour moi. J'ai même téléchargé plusieurs applis, et, là encore, aucune n'offrait la flexibilité dont j'avais besoin pour organiser ma vie bien remplie et ma boutique en ligne, alors en plein essor.

J'ai fini par songer que la meilleure solution serait peut-être de créer mon propre système, mais par où commencer ? Je n'en avais pas la moindre idée. Alors que je cherchais des agendas à faire soi-même sur Pinterest, je suis tombée sur le concept du bujotage.

À l'époque, il n'y avait pas grand-chose à se mettre sous la dent quand on cherchait des exemples pour se lancer, mais après avoir consulté le site du Bullet Journal et adapté quelques autres idées glanées ici et là, j'ai commencé mon tout premier BuJo.

Cela remonte maintenant à deux ans et demi, et je me rends compte que j'étais loin d'imaginer à quel point cette méthode pourtant simple allait révolutionner ma vie.

J'ai beaucoup appris sur moi-même au cours de ces deux années et demie de bujotage. J'ai réussi à organiser ma vie, et j'ai fait d'immenses progrès. Ce qui est formidable, c'est que mon parcours a aussi inspiré des gens autour de moi et leur a donné envie d'y voir plus clair dans leur propre parcours.

Parmi mes collections préférées, je citerai sans hésiter ma feuille de route hybride quotidienne / hebdomadaire. Le dimanche, je dispose les jours de la semaine qui s'annonce en utilisant la mise en page que j'ai conçue spécialement pour cette collection, et j'inscris également les événements importants et les rendez-vous prévus. Chaque jour, j'ajoute mes tâches quotidiennes et je consigne des notes, l'espace restant me servant de journal de bord (météo de la journée comprise !). C'est un moyen super-efficace d'avoir une vue d'ensemble de la semaine dès le lundi et d'organiser jour après jour les petites choses de la vie quotidienne.

DO MORE
of what makes you *happy*

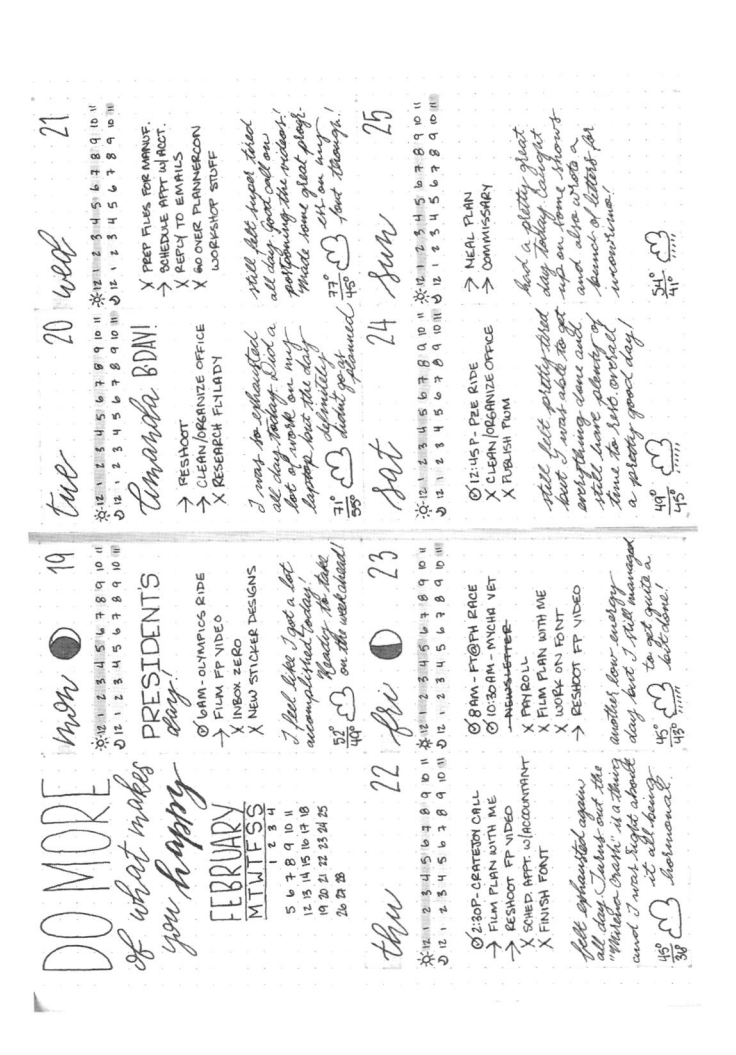

FEBRUARY
M	T	W	T	F	S	S
			1	2	3	4
5	6	7	8	9	10	11
12	13	14	15	16	17	18
19	20	21	22	23	24	25
26	27	28				

---

thu 22 ☾

- 2:30P - CRATEJOY CALL
- → FILM PLAN WITH ME
- → RESHOOT FP VIDEO
- X SCHED APPT. w/ACCOUNTANT
- X FINISH FONT

felt exhausted again all day. Taking out the "Matcha Crash" is a thing and I was right about it all being *hormonal*.

46°/38°

---

mon ☾ 19

PRESIDENTS day!

- ⊙ 6AM - OLYMPICS RIDE
- → FILM FP VIDEO
- X INBOX ZERO
- X NEW STICKER DESIGNS

I feel like I got a lot accomplished today! Ready to take on the weekend!

52°/40°

---

fri ☾ 23

- ⊙ 8AM - FP@PH RACE
- ⊙ 10:30AM - MYCHA VET
- → NEWSLETTER
- X PAYROLL
- X FILM PLAN WITH ME
- X WORK ON FONT
- → RESHOOT FP VIDEO

another low-energy day but I still manage to get quite a bit done!

45°/45°

---

tue 20

Amanda BDAY!

- → RESHOOT
- X CLEAN/ORGANIZE OFFICE
- X RESEARCH FLYLADY

I was too exhausted all day today. Such a lot of work on my laptop but the day definitely didn't go as planned.

71°/55°

---

sat 24

- ⊙ 12:45P - PZE RIDE
- X CLEAN/ORGANIZE OFFICE
- X PUBLISH PLUM

Still felt pretty tired but I was able to get everything done and still have plenty of time to rest. Overall a pretty good day!

49°/45°

---

wed 21

- X PREP FILES FOR MANUF.
- X SCHEDULE APPT W/ACCT.
- X REPLY TO EMAILS
- X GO OVER PLANNERCON WORKSHOP STUFF

Still felt super tired all day. Good call on postponing the video! Made some great progress on my font though.

77°/45°

---

sun 25

- → NEAL PLAN
- → COMMISSARY

Had a pretty great day! Today Colby got up on his own shoes and also wrote a bunch of letters for reccurences!

54°/41°

Dee Martinez (@decadethirty)

C'est la fin du mois d'août 2012. Alors qu'au-dessus de ma tête débordée se formaient sporadiquement des amas nuageux composés de fiches médicales, de diapos de conférence et de manuels de neuroanatomie émaillés de pense-bêtes (sur lesquels on pouvait généralement lire : « Penser à dormir un peu »), j'ai pris conscience que j'avais un problème d'organisation et de planning. Après presque dix années passées à l'étroit dans le cadre trop rigide des agendas et autres systèmes classiques, la méthode intuitive de Ryder est arrivée à point nommé, m'apportant le soutien dont j'avais besoin pour planifier et exécuter mes tâches avec un maximum d'efficacité.

Depuis lors, le Bullet Journal m'a épaulée à travers toutes les étapes importantes de ma vie – la fin de mes études de troisième cycle, mon installation dans une autre région et le début d'une nouvelle carrière, mon mariage, la création d'une petite affaire en ligne en marge de mon emploi salarié, l'achat d'une nouvelle maison et le déménagement, ma grossesse et le baby planning, et aujourd'hui ma nouvelle vie de parent qui travaille. Peu importe les défis auxquels j'ai dû répondre, le Bullet Journal a toujours été à mes côtés, m'aidant à planifier de façon réfléchie, à gérer mon temps plus efficacement, à accomplir certains de mes objectifs de vie et à traiter mes tâches quotidiennes avec moins de stress. Il m'a aussi permis d'intégrer une communauté en pleine expansion où je peux échanger avec d'autres gens qui réfléchissent aux moyens les plus efficaces d'organiser sa vie.

July

MON	TUE	WED	THU	FRI	SAT	SUN
Farewell July 31					**1** wonderful weekend with MUMMY **2**
PLAY DATE with max & BRIDGET **3**	**4** WORKING FROM home. How does anyone do it? I end up procrastinating and cleaning the house... **5**	Tm3 STARTS **6** City	MUMMY & daughter TIME IN THE City **7**	Creative pause	Coffee & Tea LUNCH **8** MEETUP with Lauren **8**	PLAY DATE with Thrube & SEAN **9** So MANY little thoughts
10 Back @ work for an TERM already	I've been entire **12**	I feel like **12**	Rough DAYS couple of seven **13**	70% vomiting of cuddles **14**	using a spoon to eat meat at her meals • a language burst • more teeth • throwing away nubbins **15**	**16**
17 LOW ENERGY DAYS **18**	High Anxiety **19**	Love **20**	chores NOTHING BUT **21**	MEMORISING ALL THE DETAILS IN HER little FACE **22** FAMILY TIME	**23**
24 WORKDAZE **25**			Precious MOMENTS: L. trying hard to figure out the world. **27**	TOO MANY **28** TASKS TO·DO ...let's binge watch Netflix instead...	~spontaneous trip to new farm ~ L. spending time w/ mama & mba ♡ MORE·FAMILY·TIME♡	L's 1st Christmas in July ♡ discovered the moon **29** ABBY'S PARTY **30**

Pour planifier, j'opte pour un design minimaliste (pas de graphisme sophistiqué pour les dates ; pas de fioritures, de couleurs ou de stickers), mais curieusement, la collection qui a eu le plus fort impact sur ma vie est une collection entièrement composée en lettrage créatif. Le format a changé au fil des ans, mais son objet est resté le même : accueillir quelque chose qui a marqué ma journée et que j'écris en lettrage créatif. Cette collection me permet de combiner mon désir de conserver une trace du quotidien et ma passion de toujours pour le lettrage, mais aussi de faire chaque jour une pause riche de sens.

Eddy Hope (@itseddyhope)

Salut, je m'appelle Eddy. Père de famille et mari dévoué, je travaille à mon compte pour l'industrie des médias sociaux. Gérer un grand nombre de clients et de stratégies peut se révéler complexe, et je cherchais des outils qui m'aideraient à rester organisé. À l'époque, on ne jurait que par le numérique, mais j'ai assez vite compris que se mettre en quête de la combinaison idéale d'applis d'aide à la productivité revenait à essayer de nager dans une mer de charbon. Et puis, un beau jour de 2013, je suis tombé sur le Bullet Journal. Il se présentait comme une méthode de prise de notes rapide pour accomplir et faire le suivi de ses tâches et projets, sans rien utiliser d'autre qu'un stylo et un carnet. Très vite, je me suis reposé sur ce système pour tout ce qui comptait dans ma vie. Et puis… qu'y a-t-il de plus cool que de se trimbaler partout avec un carnet ?

La communauté

Après de nombreux mois de collaboration fertile avec mon BuJo, j'ai eu besoin d'un moyen de planifier les événements, parfois prévus longtemps à l'avance dans mon métier. J'ai essayé de mettre la main sur une méthode existante ou un « bidouillage » qui résoudrait mon problème. Je n'ai rien trouvé qui me convienne, mais j'ai remarqué que je n'étais pas le seul à ressentir ce besoin. Alors j'ai décidé de créer mon propre système. Le « Calendex » est né. Ce croisement du calendrier et de l'index réunit l'aspect visuel d'un calendrier et la fonction d'un index. Un tableau conçu avec soin permet d'avoir une vue d'ensemble claire et pratique de tous les événements à venir sur plusieurs mois, que ce soit un rendez-vous, une date butoir, etc., de sorte à voir d'un simple coup d'œil si vous êtes libre ou si vous avez déjà un engagement à une date donnée.

Je suis fier de dire que le Calendex (thecalendex.com) est aujourd'hui un système abouti et autonome d'organisation et de planification qui peut s'enorgueillir de séduire un nombre croissant de femmes et d'hommes aux quatre coins de la planète.

THE CALENDEX

Datum / Date:

	JAN	FEB	MAR	APR	MAY	JUN
1		3 84	↓	101	23 109	131
2			HOL	43 43	120 69	↓
3	HOL			43 43	↓	
4		17	↑	43 43		
5		12 12	29	43 43	↓	99	↓
6			56			HOL
7		↑	13 27 5	10	117 6	
8	18	22	10 10	49	12	↓
9		50		8		
10	24 36	52	16 20	8	91	↓
11				13	91	
12	9	2	111 80	14	100	↓
13		12		30	88	HOL
14	24	30 71	17 17	52	76 2	
15		26			2	↑
16	27 27	26	80	120 56	113 120	
17	11				98 150	
18	41		66 66 3	19 87	120	84
19	32 32		1			141 98 14
20		↓	26			71
21					10 200	
22	1	HOL	19 16	50	34	151
23	39				34	
24		↓		8	99	120
25	22 23		19	87 116		
26	35		87	99		132
27		HOL	12	130 82	86 86	
28			101 90	140	103	155
29	40 60	////	26		85 103	
30	41		31	98 98 78	115 125	////
31				////	115	

V

CLAP DE FIN

• • •

BUJOTER
DANS LES RÈGLES DE L'ART

Quand j'observe l'évolution de *La Méthode Bullet Journal*, une des choses que j'aime le plus est la diversité des interprétations dont elle fait l'objet, et l'inventivité des bujoteuses et bujoteurs de par le monde. Pour ma part, j'ai opté pour une présentation très minimaliste de mon carnet. D'autres choisissent de le rendre beaucoup plus excitant à regarder. Le fait est qu'il n'y a pas deux BuJos identiques, et c'est sans doute la raison pour laquelle on me demande souvent s'il existe une bonne façon de tenir son Bullet Journal. Ce qui soulève une autre question, plus essentielle : existe-t-il une *mauvaise* façon de bujoter ? Pour faire court, la réponse est oui.

Il me semble que le succès du Bullet Journal tient en partie à sa capacité d'adaptation ; à la faculté qu'il a de devenir un outil différent selon la personne qui l'utilise. Bien que je recommande fortement de miser sur la simplicité lorsqu'on débute, si passer du temps à embellir votre BuJo vous motive, vous apporte de la joie et au bout du compte vous rend plus productif, alors vous êtes dans le vrai. Si vous êtes impatient de rouvrir votre carnet et que vous avez le sentiment qu'il est votre allié, vous êtes encore dans le vrai.

Ce n'est pas l'esthétique du Bullet Journal qui compte, mais ce qu'il vous apporte sur le plan pratique et spirituel.

Ne vous laissez pas intimider par les présentations sophistiquées que vous trouverez sur Internet. S'inspirer des autres peut être utile, mais c'est d'abord de soi-même qu'il convient de s'inspirer. Le bujotage est un voyage, un cheminement personnel. Je n'emploie pas ces mots à la légère. À bord du Bullet Journal, vous partez à la découverte de vous-même ; il vous aide à discerner ce qui compte vraiment pour *vous*, de sorte que vous puissiez mener la vie qui *vous* ressemble. Ne perdez jamais de vue que votre Bullet Journal doit évoluer en fonction de vos besoins. Si vous gardez ça à l'esprit, il vous sera de plus en plus utile au fil du temps. S'il vous semble que ce n'est pas – ou plus – le cas, le moment est venu de vous demander *pourquoi*. Bujoter est-il devenu chronophage ? L'envie d'impressionner les autres vous conduit-elle à négliger vos véritables besoins ? Avez-vous le sentiment de ne plus faire de progrès ? Définissez la nature du défi auquel vous faites face et demandez-vous : *Que puis-je faire pour que cette méthode me soit plus utile ?*

Si vous ne trouvez pas de réponse, vous pouvez compter sur l'aide d'une des communautés les plus créatives du monde, toujours prête à partager ses idées et à conseiller ses membres. Là, à portée de clic, il y a forcément une bujoteuse, un bujoteur qui a rencontré une situation similaire à la vôtre et qui sera ravi de vous apporter ses lumières. Désormais, quels que soient les défis qui se présentent à vous, vous n'êtes plus seul.

QUELQUES MOTS D'AU REVOIR

Le moment que je préfère dans *Le Magicien d'Oz* est la scène où la petite troupe comprend que le puissant magicien n'est en réalité qu'un homme vieillissant qui actionne des manettes derrière un rideau. Lorsque le pot aux roses est découvert, Dorothy s'exclame : « Vous êtes un très méchant monsieur ! » Ce à quoi le magicien répond : « Oh ! Non, ma chère enfant, je… je suis un très gentil monsieur. Je suis simplement un très mauvais magicien. »

Les membres de la petite troupe étaient venus lui demander des choses qu'ils estimaient ne pas posséder : l'un le courage, l'autre un cœur, l'autre encore un cerveau. Pour eux, seuls les pouvoirs d'un puissant magicien étaient à même de leur offrir ces merveilles qu'ils considéraient comme tout à fait hors de leur portée. Bien qu'il soit en effet un « très mauvais magicien », puisque dénué du moindre pouvoir magique, le vieil homme possède néanmoins un talent : il est un miroir pour ceux qui viennent réclamer son aide, leur renvoyant une image

Quelques mots d'au revoir

d'eux-mêmes libérée du doute et de la souffrance qui la brouillaient. À l'aide de simples observations, il aide les trois malheureux à prendre conscience que ce qu'ils désiraient si ardemment était en eux depuis toujours.

Le magicien symbolise cette idée erronée que le « remède » à nos maux, quels qu'ils soient, est à chercher hors de nous-mêmes. Le monde du « tout marchandise » dans lequel nous vivons finit par nous convaincre qu'il est possible de se procurer les solutions à tous les défis qui se présentent à nous ; que *quelque chose* ou *quelqu'un* finira par combler nos manques et nous permettra de connaître une forme de paix intérieure. Cette démarche nous éloigne encore plus de nous-mêmes. Bien que les autres puissent nous apporter beaucoup, nous sommes en fin de compte responsables de nous-mêmes, de nos actions. Faux magicien mais véritable être humain, le vieil homme qui règne sur Oz est capable de voir au-delà des apparences et d'analyser la situation avec clairvoyance. Sa perspicacité se nourrit de minutieuses observations, d'introspection et d'une bonne dose d'empathie. Voilà ce que *La Méthode Bullet Journal* nous aide à cultiver. Cette méthode n'a rien de magique, mais elle peut devenir un miroir révélateur dans lequel vous voir chaque jour avec davantage de clarté. Elle peut vous apporter l'éclairage dont vous avez besoin pour découvrir tout ce qui fait *déjà* votre force.

La Méthode Bullet Journal vous seconde tout au long de cette merveilleuse aventure qu'est la découverte de soi-même ; elle vous aide à prendre conscience du pouvoir qu'il est possible d'avoir sur sa vie. Pour en devenir l'acteur, tout dépend de vous ; de votre volonté de regarder au-delà des limites que vous vous imposez afin de vous donner une chance de voir ce dont vous êtes vraiment capable. C'est un processus de responsabilisation de soi, de reprise en main de son existence par le biais d'une courageuse introspection : là, au milieu de votre chaos intérieur et des myriades d'étoiles qui l'éclairent, vous reconnaîtrez celles qui guideront vos pas ; celles dont l'écho lumineux résonne le plus fort en vous. Tandis que vous tracerez votre route à travers les promesses incertaines de l'avenir, vous puiserez force et sérénité dans la conscience d'avoir – quel que soit le résultat de vos efforts – osé.

FOIRE AUX QUESTIONS

Q : Je n'ai pas la fibre artistique. Je peux quand même bujoter ?

R : Absolument. La seule chose qui compte vraiment est le contenu du BuJo, pas sa présentation.

Q : Quand commencer ?

R : Le meilleur moment pour commencer est toujours maintenant. Cela étant dit, le premier jour du mois, quand vous créez votre feuille de route mensuelle (page 131), est le moment idéal pour se lancer.

Q : Combien de temps dois-je l'essayer pour me forger une opinion ?

R : Si vous êtes un bujoteur débutant, votre première migration mensuelle (page 152) peut constituer un véritable déclic. C'est là que tout commence à se mettre en place dans votre esprit. Voilà pourquoi ceux qui essaient ma méthode devraient bujoter au moins deux à trois mois pour se faire un avis.

Q : Quel carnet utiliser ?

R : Un carnet de très bonne qualité qui tiendra le coup longtemps. Les deux paramètres à garder en tête sont la taille et la qualité de fabrication. S'il est trop imposant, vous ne l'emporterez jamais avec vous. S'il est trop petit, il ne sera pas pratique. Prenez soin d'acheter un modèle suffisamment robuste pour être trimbalé partout et résister à l'assaut du temps. Si le cœur vous en dit, vous pouvez vous rendre sur bulletjournal.com et acheter le carnet personnalisé que j'ai moi-même conçu. Il dispose de pages déjà numérotées, d'un index, d'une liste de « clefs » (symboles légendés), de trois marque-pages, et plus encore.

Q : Stylo ou crayon à papier ?

R : Utilisez ce qui rend votre écriture la plus lisible possible et qui ne s'efface pas avec les années. Un des grands bénéfices du bujotage est la possibilité d'assembler une collection de carnets au fil du temps. Ce sont autant de tomes de l'histoire de votre vie. Consulter cette bibliothèque intime des années plus tard est une expérience merveilleuse.

Q : Et si je perds mon carnet ?

R : Même si un Bullet Journal est souvent on ne peut plus personnel, je recommande vivement d'y inscrire,

Foire aux questions

de façon bien visible, des renseignements permettant de vous contacter si vous l'avez oublié quelque part. Votre prénom et votre numéro de téléphone devraient faire l'affaire. La promesse d'une récompense en espèces sonnantes et trébuchantes est presque une garantie de retour, mais un message sympathique écrit à l'attention de la personne qui trouvera votre BuJo fonctionne aussi très bien. J'ai fait tomber le mien dans le métro new-yorkais à l'heure de pointe, et il m'a été restitué.

Q : Comment traiter les tâches et les événements récurrents ?

R : Vous pouvez créer des puces personnalisées (page 119) et les ajouter à la page calendrier de vos feuilles de route mensuelles (page 131). Ça vous permet de parcourir rapidement le mois du regard et de voir quand telle tâche doit être effectuée ou quand tel événement va se produire.

Q : Comment faire si j'ai tendance à oublier d'ouvrir mon carnet ?

R : Nous avons conçu une application pour répondre à ce cas de figure. Elle s'appelle « The Bullet Journal Companion ». Il ne s'agit pas d'un BuJo numérique, mais d'une appli qui fonctionne de pair avec votre carnet. Elle vous permet d'entreposer vos pensées dans un endroit sûr lorsque vous êtes loin de votre carnet, de prendre des photos de vos pages, elle vous aide à honorer les rendez-vous avec votre BuJo en programmant des rappels, et plus encore. Elle est disponible pour iOS et Android.

Q : Combien de place doit prendre la feuille de route quotidienne ?

R : La place dont votre journée a besoin. La vie est imprévisible, et c'est pourquoi votre BuJo a été conçu pour évoluer organiquement. Le lendemain, reprenez simplement à l'endroit où vous vous êtes arrêté (et évitez de réserver des pages à l'avance : on ne parvient jamais à deviner l'espace dont on aura besoin).

Q : Comment puis-je migrer un carnet vers un autre ?

R : Passez en revue le carnet qui se termine et cherchez ce qui est susceptible de vous aider à faire des progrès. Dans le nouveau carnet, ne transférez que ce qui vous apporte vraiment quelque chose. Vous pouvez également utiliser la technique du fil d'exécution pour relier du contenu vous ne voulez pas recopier (page 149).

Q : Quelle est la différence entre une tâche programmée et une tâche migrée ?

R : Une tâche programmée est une tâche future associée à une date située au-delà du mois en cours, et qui a donc été déplacée vers l'arrière du carnet, dans la feuille de route de l'avenir (page 137). Une tâche migrée est une tâche à exécuter pendant le mois courant qui a été déplacée vers

Foire aux questions

l'avant, dans la feuille de route mensuelle (page 131) ou dans une collection personnalisée (page 324).

Q : Quand faut-il déplacer des éléments qui se trouvent dans la feuille de route de l'avenir ?

R : Quand vous créez votre nouvelle feuille de route mensuelle (page 131).

Q : Combien de carnets dois-je utiliser dans une année ?

R : Autant qu'il vous en faudra. Chacun a des besoins différents. Pour ma part, j'en utilise trois à quatre par an.

Q : Comment utiliser un calendrier numérique en association avec mon Bullet Journal ?

R : Vous pouvez utiliser un calendrier numérique à la place de votre feuille de route de l'avenir. Au cours de la journée, saisissez toute tâche ou tout événement à venir dans votre feuille de route quotidienne, et quand vous avez un moment libre – lors de la réflexion quotidienne, par exemple –, rentrez-les dans votre calendrier numérique.

Q : Combien de temps doit durer la réflexion quotidienne ?

R : Là encore, prenez le temps dont vous avez besoin. Plus que le nombre de minutes que vous y consacrez, c'est la constance de votre pratique qui importe. Si vous

vous rendez compte que vous faite trop souvent l'impasse sur la réflexion quotidienne, réduisez le temps que vous y consacrez pour privilégier la régularité.

Q : Comment planifier et gérer plusieurs projets à la fois ?

R : Quand je dois m'attaquer à plusieurs projets en même temps, je les sépare en créant différentes collections. Plus tard, j'utilise l'index pour accéder rapidement à chacun de ces projets. Vous pouvez également créer un « index dédié » pour chaque projet ; c'est particulièrement utile si le projet est grand et complexe. Si vous êtes au lycée, par exemple, vous pouvez consacrer une page de l'index à chacune de vos matières.

Q : Que faire avec une tâche qui reste à accomplir à une date précise ?

R : Si la date prévue pour l'accomplir se situe dans le mois en cours, la réflexion quotidienne vous y fera penser. Si cette date se situe au-delà du mois en cours, vous pouvez la noter dans votre feuille de route de l'avenir (page 137).

Q : Pourquoi dans vos tutos n'y a-t-il qu'un seul élément par jour dans la feuille de route mensuelle ? Est-ce intentionnel ?

R : Quand j'enregistre un tuto sur les fonctionnalités du Bullet Journal, je n'inscris qu'un seul élément par jour

Foire aux questions

afin que ma démonstration reste parfaitement lisible pour tous ceux qui regardent la vidéo. Dans mon propre BuJo, j'inscris deux à trois éléments par jour à l'aide de l'écriture rapide. Pour moi, la fonction principale de la feuille de route mensuelle est de fournir une vue d'ensemble de ce que j'ai déjà accompli. Par conséquent, il m'arrive souvent d'y ajouter des éléments alors que l'action qu'ils désignent a déjà eu lieu.

Q : Quelle est la différence entre la page des tâches de la feuille de route mensuelle et la feuille de route quotidienne ?

R : L'objet de la feuille de route quotidienne (page 126) est de vous désencombrer l'esprit : sur le moment, on ne réfléchit pas vraiment à ce qu'on consigne dans cette collection. On cherche seulement à délester son cerveau en couchant ce qui l'encombre sur le papier. À l'inverse, les tâches qui vont trouver leur place dans la feuille de route mensuelle sont celles que vous avez pris le temps d'évaluer : vous savez qu'elles sont importantes et vous les considérez comme des priorités.

Q : Comment relier entre elles des informations consignées en différents endroits de mon Bullet Journal ?

R : Pour ça, vous utilisez une technique appelée le fil d'exécution (page 149).

Q : Comment référencer les informations contenues dans un ancien carnet, qu'il s'agisse ou non d'un Bullet Journal ?

R : Soit avec la technique du fil d'exécution entre carnets, soit en utilisant l'application « The Bullet Journal Companion ». Elle a été conçue pour enrichir les fonctionnalités de votre carnet. La fonction « Library » (bibliothèque) vous permet d'ajouter vos précédents carnets à l'appli en téléchargeant les photos de leurs pages d'index et en leur attribuant des mots-clefs (ou *tags*) de sorte à pouvoir effectuer des recherches.

J'AIMERAIS REMERCIER...

John Maas et Celeste Fine, mes agents littéraires chez Sterling Lord Literistic, de m'avoir guidé et soutenu avec un infinie patience.

Leah Trouwborst et Toni Sciarra Poynter, mes éditeurs, pour leurs efforts titanesques, leurs conseils avisés et leur talent d'accoucheurs de livres.

L'équipe de la collection Portfolio chez Penguin Random House d'avoir cru à ce projet et de m'avoir aidé à le construire, et en particulier Helen Healey d'avoir démêlé les guirlandes de Noël.

Mes lectrices et lecteurs : Keith Gould, Linda Hoecker, Kim Alvarez, Niclas Bahn, Lisse Grullesman, Rachel Beider, Leigh Ollman, ainsi que mes parents pour leurs lumières qui m'ont aidé à voir la forêt qui se cachait parfois derrière l'arbre.

Tous les bujoteurs qui ont contribué à cet ouvrage par leurs illustrations, leurs récits et leurs idées : Dee Martinez, Eddie Hope, Kim Alvarez, Kara Benz, Heather Caliri, Amy Haines, Anthony Gorrity, Rachel M.,

Timothy Collinson, Cheryl Bridges, Hubert Webb, Bridget Bradley, Olov Wimark, Sandra-Olivia Mendel, Carey Barnett et Michael S.

La communauté du BuJo de m'avoir aidé à faire connaître le Bullet Journal à travers le monde. Je vous dois beaucoup.

NOTES

1. En web design, les gabarits sont des patrons de mise en pages *(N.d.T.)*.
2. En anglais, *bullet* signifie à la fois « balle » (d'arme à feu) et « puce » typographique, mais aussi « solution / recette miracle » lorsqu'il est accolé au mot « *magic* » (*magic bullet*). On notera également que le TGV japonais est connu aux États-Unis sous l'appellation « *Bullet train* » et que le Bullet Journal doit beaucoup à la culture japonaise *(N.d.T.)*.
3. Lifehack.org est un site Internet populaire aux États-Unis dont le slogan est « Aides, astuces et conseils pour améliorer la vie sous tous ses aspects » *(N.d.T.)*.
4. Lifehacker.com est un blog très fréquenté aux États-Unis (plus de vingt millions de visiteurs chaque mois) qui s'intéresse aux outils permettant de gagner du temps, d'être plus productif et, d'une manière générale, de se simplifier la vie *(N.d.T.)*.
5. Magazine d'affaires qui traite également de technologie *(N.d.T.)*.
6. « Bujoter » : tenir son Bullet Journal/BuJo (on peut aussi utiliser les termes « bujotage » et « bujoteuse/bujoteur ») *(N.d.T.)*.
7. Neil Irwin, « Why Is Productivity So Weak? Three Theories », *New York Times*, 28 avril 2016.
8. Chiffres communiqués par The Bureau of Labor Statistics.

9. Daniel J. Levitin, « Why the Modern World Is Bad for Your Brain », *The Guardian*, 15 janvier 2018.
10. Terme utilisé dans le monde informatique et marketing : l'approche granulaire prend en compte tous les niveaux possibles de configuration (ici, tous les niveaux d'un problème) *(N.d.T.)*.
11. Maria Konnikova, « What's Lost as Handwriting Fades », *New York Times*, 2 juin 2014.
12. Joan Didion, « On Keeping a Notebook », extrait de *Slouching Towards Bethlehem,* New York, Farrar, Straus and Giroux, 1968, p. 139-140.
13. Susie Steiner, « Top Five Regrets of the Dying », *The Guardian*, février 2012.
14. David Bentley Hart, *The Experience of God: Being, Consciousness, Bliss*, New Haven, Yale University Press, 2013.
15. Cyndi Dale, *Energetic Boundaries: How to Stay Protected and Connected in Work, Love, and Life*, Boulder, Sounds True, Inc., 2011.
16. Jory MacKay, « This Brilliant Strategy Used by Warren Buffett Will Help You Prioritize Your Time », *Inc.*, 15 novembre 2017.
17. Michael Lewis, « Obama's Way », *Vanity Fair*, octobre 2012.
18. Roy F. Baumeister et John Tierney, *Willpower: Rediscovering the Greatest Human Strength*, New York, Penguin, 2011.
19. « Americans Check Their Phones 80 Times a Day : study », *New York Post*, 8 novembre 2017.
20. Thuy Ong, « UK Government Will Use Church Spires to Improve Internet Connectivity in Rural Areas », *The Verge*, 19 février 2018.
21. Adrian F. Ward, Kristen Duke, Ayelet Gneezy et Maarten W. Bos, « Brain Drain: The Mere Presence of One's Own Smartphone Reduces Available Cognitive Capacity », *Journal of the Association for Consumer Research*, n° 2, avril 2017, p. 140-154.
22. « The Total Audience Report : Q1 2016 », étude réalisée par Nielsen, 27 juin 2016.
23. Olga Khazan, « How Smartphones Hurt Sleep », *The Atlantic*, 24 février 2015.

Notes

24. Pour plus de simplicité, nous utiliserons dans cet ouvrage le mot anglais « tracker » sous sa forme francisée. Un traqueur est une fonction qui permet d'effectuer un suivi (*N.d.T.*).
25. Perri Klass, « Why Handwriting Is Still Essential in the Keyboard Age », *New York Times*, 20 juin 2016.
26. Pam A. Mueller et Daniel M. Oppenheimer, « The Pen Is Mightier Than the Keyboard », *Psychological Science*, n° 6, avril 2014.
27. Robinson Meyer, « To Remember a Lecture Better, Take Notes by Hand », *The Atlantic*, mai 2014.
28. L'écriture dite « expressive » est une évocation écrite des pensées et des émotions ressenties à la suite d'un événement stressant ou traumatisant (*N.d.T.*).
29. Daniel Gilbert, *Stumbling on Happiness*, New York, Vintage, 2007.
30. Robert Bresson, *Notes sur le cinématographe*, Paris, Gallimard, 1975.
31. David Foster Wallace, *This Is Water: Some Thoughts, Delivered on a Significant Occasion, about Living a Compassionate Life*, New York, Little, Brown, and Company, 2009.
32. *Ibid.*
33. Leo Babauta, « How I'm Overcoming My Obsession with Constant Self-Improvement », *Fast Company*, 19 mars 2015.
34. Caroline Beaton, « Never Good Enough: Why Millennials Are Obsessed with Self-Improvement », *Forbes*, 25 février 2016.
35. Theresa Nguyen et al., « The State of Mental Health in America », *Mental Health America*, 2017.
36. « Facts & Statistics », étude parue par l'*Anxiety and Depression Association of America*, 2016.
37. Écart entre effet prévu et effet vécu (*N.d.T.*).
38. Tim Minchin, « Occasional Address », discours prononcé à l'université de l'Australie de l'Ouest, publié sur TimMinchin.com le 25 septembre 2013.
39. Olivia Solon, « Ex-Facebook President Sean Parker: Site Made to Exploit Human "Vulnerability" », *The Guardian*, 9 novembre 2017.

40. « Eudaimonism », article publié le 6 avril 2018 sur le site *Philosophy Basics*.
41. « Okinawa's Centenarians », étude publiée le 6 avril 2018 sur le site Okicent.org.
42. Héctor García and Francesc Miralles, *Ikigai: The Japanese Secret to a Long and Happy Life,* New York, Penguin, 2017.
43. Viktor E. Frankl, *Man's Search for Meaning*, New York, Simon & Schester, 1984.
44. Angela Lee Duckworth, « Grit : The Power of Passion and Perseverance », conférence *TED Talks Education*, avril 2013.
45. Maria Konnikova, « Multitask Masters », *New Yorker*, 7 mai 2014.
46. Sophie Leroy citée par Tanya Basu, « Something Called "Attention Residue" Is Ruining Your Concentration », *The Cut,* 21 janvier 2016.
47. L'animation en volume (ou *stop-motion*) est une technique d'animation image par image qui donne l'illusion que des objets inanimés (dessins, figurines en pâte à modeler, etc.) sont doués de vie.
48. Méthode de gestion et de développement de projets ou de programmes informatiques.
49. Issu du monde informatique, l'adjectif « incrémental » est un quasi-synonyme de « graduel », mais il insiste sur l'idée d'une progression douce, pas à pas, qui permet de s'assurer que chaque valeur ajoutée apporte une amélioration sans créer de dysfonctionnement *(N.d.T.)*.
50. Carl Sagan, *The Demon-Haunted World : Science as a Candle Dark,* New York, Ballantine Books, 1996.
51. Madison Malone-Kircher, « James Dyson on 5,126 Vacuums That Didn't Work – and the One That Finally Did », *New York*, 22 novembre 2016.
52. W. Edwards Deming, *The New Economics for Industry, Government, and Education,* Boston, MIT Press, 1993.
53. Mihaly Csikszentmihalyi, « Flow, the Secret to Happiness », conférence *TED*, février 2004
54. Synonyme de « *flow* » parfois utilisé en France *(N.d.T.)*.

Notes

55. Marcus Aurelius, *Meditations*, trad. du latin par Martin Hammond, New York, Penguin, 2006.
56. Jack Zenger et Joseph Folkman, « Ideal Praise-to-Criticism Ratio », *Harvard Business Review*, 15 mars 2013.
57. Amy Morin, « 7 Scientifically Proven Benefits of Gratitude That Will Motivate You to Give Thanks Year-Round », *Forbes*, 23 novembre 2014.
58. David Steindl-Rast, « Want to Be Happy ? Be Grateful », conférence *TED*, juin 2013.
59. Heinrich Harrer, *Seven Years in Tibet,* New York, TarcherPerigee, 2009.
60. Winnie Yu, « Workplace Rudeness Has a Ripple Effect », *Scientific American*, 1er janvier 2012.
61. Ancien directeur marketing de Yahoo, aujourd'hui consultant et conférencier (*N.d.T.*).
62. Seth Godin, « The First Law of Organizational Thermodynamics », *Seth's Blog*, 12 février 2018.
63. Joshua Fields Millburn, « Goodbye Fake Friends », *The Minimalists.*
64. Sam Cawthorn (@samcawthorn), « The happiest people don't necessarily have the best of everything but they make the most of everything !!! » tweet posté le 24 Juin 2011 à 16 h 39.
65. Méthode de rangement mise au point par Marie Kondo, auteure de *La Magie du rangement* (Éditions Pocket, 2015).
66. Drake Baer, « Malcolm Gladwell Explains What Everyone Gets Wrong About His Famous 10,000 Hour Rule », *Business Insider*, 2 juin 2014.
67. « 14 Ways to Be a Happier Person », enquête parue dans *Time*, 18 septembre 2014.
68. Expression allemande signifiant « moins, mais mieux ».
69. Jonathan G. Koomey, *Turning Numbers into Knowledge: Mastering the Art of Problem Solving*, Oakland, Analytics Press, 2008.
70. Exercice d'écriture matinal imaginé par Julia Cameron dans son livre *Libérez votre créativité !* (J'ai Lu, 2008) *(N.d.T.).*
71. L'ensemble des symboles du Bullet Journal, accompagnés de leur légende, qu'il s'agisse des puces, des indicateurs ou comme

ici de simples lettres destinées à fournir une information, sont regroupés sous le terme « clefs » (ou « *keys* »). Les clefs peuvent être réunies sur une page dédiée de votre carnet que vous nommerez, par exemple, « Glossaire », « Légendes » ou tout simplement « Clefs » *(N.d.T.)*.

INDEX

accomplissement, 152, 208, 210, 245, 254-255
adaptation, 196, 320, 385
Alvarez, Kim, 75, 372
amélioration continue, 228, 237, 241, 310
    et *kaizen*, 232
anxiété, 186, 194, 365
applications, 29, 36, 70
    Bullet Journal Companion, 393, 398
apprentissage, 116, 247, 277-278, 313
attention, 27, 35, 47, 54, 57, 113, 127, 177, 341
    manque d', 180
    troubles du déficit de l', 18, 23, 27
autocompassion, 273

Babauta, Leo, 193
Baldwin, Christina, 70
Barca, Hannibal, 300
Barnett, Carey, 149
Baumeister, Roy F., 62
Benz, Kara, 375
bonheur, 58, 175, 195-197, 199, 245
bouddhisme, 310
Bradley, Bridget, 80
brainstorming, 145, 148, 222
Bresson, Robert, 176
Bridges, Cheryl S., 143

calendrier, 132, 134, 142, 224, 257, 347
    la page, 122, 131-132
    numérique, 57
Caliri, Heather, 175
capoeira, 317, 347
carnet, 57, 70, 72, 312, 372, 392
    concentration et, 72, 74
Cawthorn, Sam, 284
célébrer, 26, 256

changement, 175-176, 231-232, 313
chaos, 19, 125, 289, 310, 319, 390
Cheshire, Ray, 94
choix, 49, 53, 60, 62, 64, 67, 73, 75, 179, 283, 352
   faire ses propres, 49
cinq pourquoi, 295, 330-331
Cohen, Leonard, 306
collections, 47, 104, 124-125, 144, 146, 149, 178, 209, 213, 336, 340-341, 357
   indépendantes, 47
   personnalisées, 42, 319, 325
   sous-collections, 146
commencer, 7, 174, 178, 391
communauté, 22, 27, 30, 149, 323, 370, 378
conscience de soi, 27, 54-55, 245
contenu et design, 320, 324, 335, 337
contexte, 116, 120, 127, 231, 318, 351, 354, 361
contrôle, 27, 64, 261-262, 267-268, 271
Csikszentmihalyi, Mihaly, 244, 404
curiosité, 116, 154, 201, 206, 209, 218, 231, 233, 235, 341

Debussy, Claude, 339
déclaration de mission, 330-332, 347

déconstruction, 320, 326, 359-360
définir ses priorités, 37, 61, 96, 107, 146, 149, 216
défis, 277, 289, 295, 298, 320, 325-326
Deming, Edwards, 236
   la roue de, 236
développement, 193, 203, 216, 231, 313
Didion, Joan, 40, 402
distractions, 7, 27, 35, 38, 63, 68, 72, 153, 189, 216, 252
Drucker, Peter, 152
Duckworth, Angela Lee, 208
Dyson, sir James, 236, 404

échec, 76, 174, 177, 206, 235, 256, 273, 307
écriture manuscrite
   expressive, 79, 111, 365
   rapide, 91, 94-95, 119, 122, 126, 178, 397
Edison, Thomas, 236
Einstein, Albert, 242
émotions, 161, 197, 200, 204, 263
encre et papier, 79, 355, 380
endurance, 208, 280
énergie, 33, 38, 58, 60-62, 67, 151, 153, 157, 159, 169, 181, 211, 214, 222, 228, 239, 244, 246, 261, 265, 267, 271, 276, 309, 340, 347
espace blanc, 339

Index

eudémonisme, 198
événement, 106-107, 110, 119, 122, 126, 156, 395

faire une pause, 24, 96, 153, 184, 190, 227, 303
feuille de route
    de l'avenir, 137-138, 155-156, 324, 394-395
    mensuelle, 122, 125, 131-132, 136, 138, 154, 156, 324, 397
    quotidienne, 97, 126, 129-130, 258, 324, 361
fil d'exécution, 356, 394, 397-398
flexibilité, 85, 319, 375
Flint, Mike, 60-61
Foster Wallace, David, 189
Frankl, Vicktor, 199
Franklin, Benjamin, 342
Frost, Robert, 202

Gandhi, Mahatma, 269
García, Héctor, 199
Gilbert, Dan, 110
Gladwell, Malcolm, 313
Godin, Seth, 271
Gorrity, Anthony, 29
Goruck Challenge, 193
« grand K », 308
gratitude, 255, 259
    rituel de, 257-258

Haines, Amy, 33
Harryhausen, Ray, 216

Hart, David Bentley, 53
Hope, Eddy, 380
Hunt, Andrew, 301

ikigaï, 199
impact bias, 195
imperfection, 306, 310-311
index, 97, 125, 137, 143, 146, 151, 157, 178, 324
    dédié, 147, 396
inertie, 300, 304
influence, 271, 275-276
intentionnalité, 53-54, 182, 309, 373
inventaire mental, 64-65, 67, 136

Japon, 198, 231, 310
Jobs, Steve, 62
journal, 91, 111

Kauffman, Trey, 264

Lee, Bruce, 188
Leroy, Sophie, 215
Levitin, Daniel, 35
Lincoln, Abraham, 242
listes, 48, 70, 119, 130, 152, 348-349
Lynch, David, 253

Magicien d'Oz, Le, 388
Mardouk, 289
Martinez, Dee, 378
méditation, 73, 254, 311, 336

memento mori, 250
mémoire, 77, 91, 110, 360
  faillibilité de la, 110
  prise de décisions et, 80
Mère Teresa, 206
migration, 136, 153, 159, 252, 341
  annuelle, 157-158
  hebdomadaire, 158
  mensuelle, 154, 156, 237, 268, 287, 391
Minchin, Tim, 195
modulaire
  approche, 124
  structure, 85, 143
Morris, William, 59
motivation, 52, 219, 224, 300, 304, 327, 329-332, 346
multitâche, 34
mythologie grecque, 216

Niebuhr, Reinhold, 261
Nietzsche, Friedrich, 280
Norton, Richie, 49
notations, 113, 118, 122, 178, 366

Obama, Barack, 61

pagination, 151
perfection, 308-310, 313-314
persévérance, 208-209, 211, 314
philosophie, 53, 81, 198
pilotage automatique, 54, 154, 283

plaisir, 159, 175, 195-196, 224, 230, 240
planifier, 85, 184, 237, 347, 372, 378, 380-381
pleine conscience, 33, 38, 189, 254, 280, 363, 373
pratique, 30, 167, 177, 319
  de la réflexion, 181
  quotidienne, 43, 138
prendre son temps, 25, 65, 116, 136, 153, 243
priorités, 351
productivité, 34-35, 48, 70, 73, 152, 232, 239, 380
progrès, 182, 186, 224-225, 232, 287, 309, 314, 327, 341, 359-360, 363

Quatrième Dimension (La), 192
questions simples, 67, 233, 235, 241

Rams, Dieter, 335
rayonnement, 270, 275, 277
réciprocité, 23, 275, 277
réseaux sociaux, 52, 370
  Facebook, 23, 61, 196, 403
  Instagram, 229, 370
résultat, 268, 313, 363, 390
risque, 177, 203, 206, 342
Rodin, Auguste, 179-180
Rose, Kevin, 219

Sagan, Carl, 235
Saint-Exupéry, Antoine de, 334

Index

Sandy, 23
Saunders, Allen, 169
se concentrer, 36, 96, 343, 346
se préparer, 45, 342
    à l'écriture manuscrite, 77
    à utiliser son carnet, 70
    en se désencombrant l'esprit, 59
Sénèque, 13
sens, 53, 55, 64, 81, 96, 154, 170, 199
    définition du, 183, 200
    quête de, 181, 183, 199-200
Sheldon, W. L., 313
Socrate, 179
Soljenitsyne, Aleksandr, 235
sprint, 224, 300, 303
    sprint-pause, 303
Steindl-Rast, David, 259
stoïcisme, 251, 261
structure modulaire, 85
succès, 257, 342
sujet, 95-96, 210, 295
système, 46-47, 83
    et la pratique, 30, 319
    personnaliser le, 85, 119

tâche, 65, 68, 74, 119, 121-122, 136-138, 152, 154, 175, 215
technologie, 27, 35, 39, 60, 71, 187
tenir un journal, 40, 79, 91, 372
Thomas, David, 301
Toyoda, Sakichi, 295
Toyota, 295
traqueurs, 359
    d'habitudes, 336-337
    numériques, 74
Twain, Mark, 267

Van Gogh, Vincent, 174
viabilité, 335

wabi-sabi, 310
Ware, Bronnie, 53
Wiest, Brianna, 253
Wimark, Olov, 400

« zone », 245, 248
Zuckerberg, Mark, 61